HERMA BASHIR-HECHT

DER MENSCH ALS PILGER

HERMA BASHIR-HECHT

DER MENSCH ALS PILGER

ALBRECHT DÜRER

UND DIE ESOTERIK

DER AKADEMIEN SEINER ZEIT

MIT EINEM GELEITWORT VON

RENATE RIEMECK

URACHHAUS

CIP-Kurztitelaufnahme der Deutschen Bibliothek

Bashir-Hecht, Herma:

Der Mensch als Pilger: Albrecht Dürer u. d.
Esoterik d. Akad. seiner Zeit /
Herma Bashir-Hecht. –
Stuttgart : Urachhaus, 1985.
ISBN 3-87838-410-6

ISBN 3 87838 410 6

SATZ UND DRUCK DER OFFIZIN CHR. SCHEUFELE, STUTTGART.
EINBANDGESTALTUNG BRUNO SCHACHTNER, DACHAU.

Inhalt

Geleitwort

Kunstwerke sind immer Ausdruck der geistesgeschichtlichen, sozialen, religiösen und politischen Bedingungen ihrer Entstehungszeit. Sie sind auch Ausdruck der Genialität ihrer Gestalter. Zugleich aber weisen sie immer auch über das Persönliche und konkret Historische ihres jeweiligen Entstehungsmomentes hinaus.

Kunstwerke berühren eine Sphäre jenseits aller Zeitgebundenheit. Sie vermitteln dem Betrachter, sobald er sich in ihren Sinnzusammenhang vertieft, den unmittelbaren Eindruck: hier ist Dauer; hier wird ein Zipfel bleibender Erkenntnis greifbar.

Albrecht Dürer gehört zu jenen Künstlerpersönlichkeiten der abendländischen Vergangenheit, denen es gelungen ist, in vielen ihrer Bilder etwas von der zeitlosen Dauer geistiger Erfahrungen zum Ausdruck zu bringen. Deshalb behält sein Lebenswerk aktuelle Bedeutung; deshalb eignen sich verschiedene seiner Werke gerade in unseren Tagen zum vertiefenden Studium ihrer Sinngehalte; deshalb wurde dieses Buch geschrieben.

Immer größer wird die Zahl der Menschen, die sich von den bleibenden Aussagen der älteren und alten Kunst angesprochen fühlen. Je »moderner« sie denken, um so intensiver möchten sie zu ihrem geistigen Besitz machen, was einer fernen Vergangenheit wertvoll war. Die großen Ausstellungen, die im letzten Jahrzehnt eine Fülle von Exponaten vor den staunenden Betrachtern ausgebreitet haben, konnten den Besucherstrom kaum fassen. Die alten Ägypter, die Etrusker, die Stauferzeit und andere Epochen der Vergangenheit zogen Tausende von Menschen an, die keine Mühe und keinen Aufwand scheuten, um dorthin zu gelangen, wo sie sich einen Eindruck vom Einmaligen, von der Schönheit, aber auch von den Geheimnissen der Alten vermitteln lassen wollten.

Man konnte beobachten, daß religiöse und mythologische Thematiken auf solchen Ausstellungen eine besondere Anziehungkraft ausübten. Gefragt wurde – ausgesprochener- oder unausgesprochenermaßen – nach der Bedeutung solcher Darstellungen, nach den Ursachen für ihre Ausformung, nach den Wirkungen in ihrer Epoche, nach der heute noch andauernden Aussagekraft. Wer mehr als einen flüchtigen Eindruck von dem Gesehenen behalten wollte, mußte sich in die Kunde von den geistigen Inhalten des Dargestellten vertiefen. Er konnte dann erkennen, daß religiöse und mythologische Kunstwerke letztlich nur eine Bildform oder ein Gewand für geistige Erkenntnisse, für spirituelle Urbilder sind.

Um solche Erkenntnisse geht es auch in diesem Buch. Es gibt unzählige Veröffentlichungen zum Thema Albrecht Dürer, und seit langem haben sich Kunsthistoriker schon darum bemüht, die Bedeutung seines Lebenswerks zu interpretieren. Die Kenntnis seiner Zeit und vergleichende Bildanalysen spielten dabei eine nicht zu unterschätzende Rolle. Um die geheime Bedeutung seiner von Allegorien und Symbolen reichen Bildsprache zu verstehen, bedarf es der Kenntnis des geistigen Umkreises, in dessen Mitte Dürer lebte. Es bedarf aber auch der Fähigkeit, die tieferen Schichten bestimmter Bildinhalte zu »entdecken«, die Signaturen geheimer Wissenschaften zu erkennen und die menschlichen Zusammenhänge alter »Akademien« zu erfassen. Sie mit größtmöglicher Objektivität zu interpretieren, ist für jedes echte Kunstverständnis unerläßlich.

Die Auswahl der behandelten Dürergraphiken in diesem Band läßt nicht nur eine qualitativ gesteigerte Beurteilung seines Gesamtwerkes zu. Sie zeigt auch das Grundmotiv seines künstlerischen Lebensweges auf: Der Maler Albrecht Dürer auf einer Pilgerreise, bei deren Nachvollzug wir heute und jetzt eben jene zeitlosen Momente bleibender Erkenntnis aufgreifen können.

1985 *Renate Riemeck*

Zielsetzung

Wir haben es uns zur Aufgabe gemacht, Dürers Werk unter einem Aspekt zu betrachten, der bisher von der Forschung vernachlässigt wurde. Vor allem unter den graphischen Blättern Dürers gibt es viele, die nur zu deuten sind, wenn man sich auf das Gebiet der Geheimwissenschaften vorwagt. Die Gefahr, hier in ein Dickicht zu geraten und sich in unlösbare Widersprüche zu verstricken, mag es mit sich gebracht haben, daß die Frage nach Dürers Beziehungen zu den einschlägigen geistigen Strömungen seiner Zeit bisher eher sporadisch in kleineren wissenschaftlichen Arbeiten, meist in Zeitschriften, erörtert wurde. Unsere Mühe gilt dem Ziel, eine größere Gesamtschau dieses Problems zu erarbeiten.

Geheimwissenschaft ist ein moderner Begriff, der zur Dürerzeit in etwa dem der Magie sowie dem der Hermetik entsprach. Eine der wichtigsten Fragen für uns ist die nach den Trägern und Übermittlern geheimer Lehren und nach ihrer Beziehung zur Kunst. Bei der Suche nach einer Antwort stoßen wir zwangsläufig auf Bewegungen, die zur damals noch allein herrschenden römischen Kirche in Widerspruch oder Abspaltung standen, bei deren näherer Betrachtung auf ein esoterisches Christentum. Obwohl dieses im Gegensatz zu den echten Häresien nicht von der fundamentalen Lehre des Christentums abweicht, so geriet es immer wieder in Konflikt mit der katholischen Kirche und sah sich daher zumeist in derselben Situation wie die Ketzerbewegungen. Eine Mittlerstellung zwischen den verschiedenen religiösen und philosophischen Strömungen nahmen die gelehrten Akademien ein, indem sie auf eine Synthese zwischen dem Christentum, heidnischen Vorstellungen aus der Antike und magischem Gedankengut zustrebten. Es soll anschaulich gemacht werden, daß gerade diese Akademien ein weitverzweigtes System von Länder übergreifenden Gesellschaften bildeten, die von der offiziellen Kirche nicht nur als Widersacher, sondern geradezu als Konkurrenz empfunden werden mußten. Ein Ausdruck hierfür ist die Tatsache, daß sie zumindest seit der Renaissance ebenfalls als Auftraggeber der Künstler auftraten und so ihr Ideengut in Bildvorstellungen einströmen ließen, wie es die Kirche seit jeher tat. Das Ziel dieser Gesellschaften war die Pflege der geistigen Güter und die Veredelung der menschlichen Seele.

Diesem Ziel hatten einerseits die in solchen Gesellschaften gepflegten Wissenschaften und Geheimlehren zu dienen, andererseits war auch die innere Struktur der Gruppen darauf abgestimmt. Die Läuterung der Adepten sollte durch einen Einweihungsweg erreicht werden, über den aufgrund des Gesetzes der Geheimhaltung, das all diesen Vereinigungen zugrunde lag, sich nichts Endgültiges aussagen läßt, so daß sich das Wissen um die eigentlichen Zeichen und Riten oft im Spekulativen verliert. Gerade hier bietet die Kunst ein Medium an, denn in die Bilder floß ungehindert all das, was man in Dokumenten niederzulegen vermied. Dies soll anhand ausgewählter Beispiele aus Dürers Werk, vor allem der drei Meisterstiche *Melencolia I, Ritter, Tod und Teufel* und *Hieronymus im Gehäus* gezeigt werden.

EINFÜHRUNG: ALBRECHT DÜRERS *Gerson als Pilger*

Dürers *Gerson als Pilger* (Abb. 1) ist der Titelholzschnitt zum 4. Teil von Wimpfelings Gerson-Ausgabe, die 1502 in Straßburg erschien. Der Holzschnitt wird jedoch bereits in das Jahr 1494 datiert und stammt somit aus der letzten Zeit von Dürers oberrheinischer Wanderschaft.[1]

Das Blatt zeigt Gerson, von einem Pudel begleitet, als Pilger auf der Wanderschaft durch eine Landschaft, in der sich rechts auf einem Hügel eine Burg erhebt. Gerson schreitet, von links kommend, rüstig auf seinem Weg aus. Er wird von einem Engel geleitet und trägt ein Wappen, das ein mit einem t-förmigen Kreuz versehenes geflügeltes Herz enthält, um das sich Sonne und Mond gruppieren. Über der Sonne sind drei Sterne, links und rechts neben der abwärts gerichteten Mondsichel je ein Stern zu sehen. In der Bildkomposition dominiert die Wegrichtung des Pilgers nach rechts vorn, wohin sein Stab ausgreift, parallel dazu sein rechter Fuß. In diese Richtung springt auch der ihn begleitende Pudel, und dorthin weist die Geste des Engels. Das Gras am Wegrand und die Mähne des Pudels sind durch unruhige Parallelschraffuren wiedergegeben. Wie Flammengebilde fahren die Flügel des Engels auf. Gerson trägt sein weites Gewand gegürtet, so daß um die Leibesmitte eine rotierende Faltenbewegung entsteht. Kurvige Schwünge kennzeichnen Ärmel und Halsausschnitt. All diese Formen gehören zum Stil der Spätgotik, der sich in Dürers Blättern zur Apokalypse zu unübertroffener Größe steigern sollte, eine Entwicklung, die sich hier schon ankündigt.

Die Darstellung steht bereits in einer Bildtradition. Am nächsten kommt ihr der Holzschnitt *Jean Charlier de Gerson als Pilger* (Abb. 2), gedruckt bei Georg Stucks in Nürnberg. Hier tritt uns Gerson ebenfalls in Pilgerkleidung entgegen; er hat einen Hund bei sich und hält ein ähnliches Wappen wie auf dem Dürer-Blatt. Es ist anzunehmen, daß Dürer den Holzschnitt gekannt hat und daß er sich an ihm orientierte, wofür z. B. der entlaubte Baum auf dem linken Hügel ein Hinweis ist. Doch gestaltet er seine Landschaft dramatischer, indem er zwischen steilen Hängen ein weit in die Tiefe führendes Panorama sichtbar werden läßt. Gerson ist bei ihm nicht der etwas verhärmte Wanderer wie auf der Vorlage, sondern eine kraftvolle Persönlichkeit, die sich ihrer höheren Berufung sehr wohl bewußt ist.[2]

Dürers *Gerson* (Abb. 1) offenbart sich als ein groß angelegter Charakter. Sein Gesicht mit den fest blickenden Augen und den sinnend geschlossenen Lippen ist von hohem Ernst. Unbeirrt schreitet er vorwärts. Im Verhältnis zu seiner machtvollen Gestalt wirkt der Engel etwas schemenhaft. Das führte zu der Annahme, der Holzschneider habe hier »manches verschnitten«.[3] Doch mag auch eine andere Erklärung einleuchten. Nichts im Verhalten Gersons deutet darauf hin, daß er den Engel, der ihm ins Gesicht schaut, ebenfalls sieht. Vielmehr ist dieser als ein transzendentes Wesen gemeint, und vielleicht hat Dürer das Körperlose seiner Gestalt besonders betonen wollen. Wenn Gerson ihn auch nicht erblickt, spürt er doch seine geistige Nähe und erkennt das Ziel, auf das der Engel mit der erhobenen Linken hinweist, während er die rechte Hand nach unten richtet. Nach esoterischer Überlieferung bezeichnet die erhobene Linke das passive und die nach unten gerichtete Rechte das aktive Prinzip. Der überirdische Bote zeigt sich als eine Art Genius des Pilgers, dessen Aufgabe es ist, das durch höhere Inspiration

Empfangene im Dienst an der Welt weiterzuvermitteln und nutzbar zu machen. Die in der Geste des Engels enthaltene Anspielung auf Passivität und Aktivität läßt sich auf zwei für den tätigen Christen notwendige Seelenfunktionen beziehen, die in der christlichen Überlieferung als »vita contemplativa« und »vita activa« bekannt sind und die sich bei einer voll ausgereiften und handlungsfähigen Persönlichkeit in Harmonie befinden müssen. Als solche stellt sich uns Gerson auf dem vorliegenden Blatt dar. In dem unbeugsamen Willen, seine Mission zu erfüllen, wird dieser ›christliche Pilger‹ zu einer Vorform des ›christlichen Ritters‹, wie ihn Dürer in seinem Meisterstich *Ritter, Tod und Teufel* (Abb. 56) gestaltet hat. Mit dem Hund, einem Treuesymbol, und der hochgelegenen Burg tauchen bereits in diesem frühen Holzschnitt Motive auf, die auch in dem späteren Meisterstich begegnen.

Eine in sich geschlossene und ganz linear aufgefaßte Komposition ist das Wappen, das Gerson mit den Fingern der linken Hand umgreift und so gegen Schulter und Brust drückt, daß es dem Betrachter frontal vor Augen steht. Es ist, als zeige der Wanderer dieses Wappen wie unabsichtlich, denn sein Blick ist fest auf das Ziel gerichtet und vollkommen darauf konzentriert. Das mit klaren Linien gezeichnete Wappen hebt sich von den übrigen Bildgegenständen ab und zieht dadurch die ganze Aufmerksamkeit auf sich. Es erscheint voll beleuchtet, obwohl das Licht nicht frontal, sondern von der rechten Seite schräg ins Bild fällt. Die Lichtquelle befindet sich also in derselben Richtung wie das Ziel, auf das der Engel hinweist und auf das der Pilger zuschreitet.

Durch die Art und Weise, wie Dürer das Wappen formal aus dem Bildzusammenhang herauslöst, erhebt er es zu etwas zeitlos Gültigem, das über das eigentliche Bildgeschehen hinausweist. Eindringlich ist es als Symbol dargeboten. Doch eröffnet sich der Zugang zu ihm erst unter der Voraussetzung einer gewissen Vertrautheit mit den Lehren und Auffassungen der sogenannten Geheimwissenschaften, deren wichtigste Zweige zur Dürerzeit die Astrologie und Alchimie waren. Zieht man die Symbolik dieser Disziplinen zu Rate, so lassen sich zunächst zwei Bedeutungsschichten als geistiger Hintergrund des Wappens herausarbeiten, wobei die erste Inhalte der Astrologie enthält.

Die Astrologie stand besonders zur Dürerzeit in Blüte. Sie erfreute sich großer Beliebtheit und wurde auch an Universitäten gelehrt, von denen man sie erst sehr viel später, in Folge der Aufklärung vertrieb. Es handelt sich bei dieser Disziplin um die Lehre vom Einfluß der Gestirne auf den Menschen und sein Schicksal. Die Astrologie arbeitete damals mit den sogenannten sieben Planeten, wobei zwei von ihnen, die Sonne, eigentlich ein Fixstern, und der Mond, Trabant der Erde, auch als Lichter bezeichnet werden können. Wir dürfen also in Sonne, Mond und den fünf Sternen auf dem Wappen die wichtigsten Bestandteile des astrologischen Lehrsystems erkennen, aus dem die erste Bedeutungsschicht des Wappens stammt.

Das geflügelte Herz, um das sich die Himmelskörper gruppieren, ist einer zweiten Bedeutungsschicht zuzuordnen, die aus dem Themenkreis der Alchimie hervorgeht. Da alchimistische Operationen unter ganz bestimmten Gestirnständen ausgeführt werden müssen, ist die Astrologie seit jeher mit der Alchimie verschwistert. Als einer Lehre von der Entwicklung des Niederen zum Höheren geht es der Alchimie vor allem um Veredelung, und zwar sowohl um die der menschlichen Seele als auch um die der Materie. Ihr Ziel ist die Vermählung der aktiv-männlichen Sonnen- und der passiv-weiblichen Mondkräfte,

1 *Gerson als Pilger*, Holzschnitt, 1494

die Ausdruck für die Polarität des Kosmos sind. Aus ihrer Vereinigung geht das mannweibliche Wesen, der Hermaphrodit oder auch große Mensch, d. i. Adam Kadmon, hervor, in dem die Polarität erlöst ist. In alten alchimistischen Handschriften wird der Hermaphrodit immer wieder als geflügeltes Wesen abgebildet. Manchmal besitzt er einen weiblichen Körper, so in einer Darstellung aus dem 16. Jahrhundert *Der Mercurius der Philosophen* aus der »Turba philosophorum«.[4] Hier steht er mit dem rechten Fuß auf der Sonne und mit dem linken auf dem Mond, wobei Sonne und Mond im Zustand der Vereinigung nur je einen Flügel haben. Zusammen umgreifen ihre Flügel die Gestalt des Mercurius und kennzeichnen ihn so als kosmisches Wesen. Der Vergleich mit dem geflügelten Herzen im Wappen Gersons ist naheliegend. Ein Symbol für die Mitte des Menschen, deutet es auf den Verschmelzungsprozeß von Sonne und Mond, aus dem es selbst hervorgeht. Das Herz im Wappen ist letztlich ein Hinweis auf den Ort, an dem sich dies geheimnisvolle Geschehen vollziehen kann.

Mit dem t-förmigen Kreuz in dem geflügelten Herzen eröffnet sich uns eine dritte, den beiden ersten übergeordnete Bedeutungsschicht, die sich auf das Christentum bezieht. Das Kreuz ist ein Erlösungssymbol, und der Erlösungsgedanke ist auch in der Alchimie von zentraler Bedeutung. Er ist die Voraussetzung dafür, daß sich ihre Symbolik mit der des Christentums verknüpfte. Da es der Alchimie nicht nur um Seelisches, sondern auch um Körperliches geht, kann das Wunder der leiblichen Auferstehung Christi für sie Sinnbild der Transmutation des stofflichen Leibes sein. Das Wappen wird von einem christlichen Pilger getragen. Somit ist eine entsprechende Deutung aus christlicher Sicht einleuchtend. Das Kreuz läßt an den Gekreuzigten denken, das gesamte Wappen an die Gottesmutter als apo-

2 Anonymer Meister, *Jean de Charlier de Gerson als Pilger*, Holzschnitt, 1489

kalyptisches Weib, denn in der Offenbarung des Johannes (12, 1) heißt es:

> *Und ein großes Zeichen erschien im Himmel; ein Weib, angetan mit der Sonne und der Mond unter ihren Füßen, und auf ihrem Haupt ein Kranz von zwölf Sternen.*

Ein Beispiel für die Verbindung der Idee des Gekreuzigten mit der des apokalyptischen Weibes ist eine Abbildung aus dem »Buch der heyligen Dreyfaltigkeit«, einer alchimistischen Handschrift um 1400.[5] Hier ist eine auf einer Mondscheibe sitzende, in Sonnenflammen gehüllte Muttergottes dargestellt, der der gekreuzigte Sohn entwächst. Das Kreuz ist als Lilie gestaltet. Halbkreisförmig ordnen sich die Sterne über dem Haupt der apokalyptischen Maria an. Sie ist ein kosmisches, alle Gegensätze umfassendes Sinnbild, dem das abstraktere Wappen Gersons durch seine innere, geistige Verwandtschaft vergleichbar ist.

Die Darstellung eines Kirchenmannes wie Gerson als Pilger läßt sich aus einer besonderen Art praktischen Christentums ableiten. Vom Gedanken der Pilgerschaft ist auch die christliche Architektur getragen, denn ihre Gotteshäuser sind überwiegend nach Osten gerichtete Wegkirchen. Diese Tatsache erklärt sich daraus, daß der aktive Christ ein Pilger ist, der sich immer auf dem Weg befindet, und zwar auf einem Kreuzweg. Diesen gilt es, in der Nachfolge Christi zu beschreiten. Besonders nachdrücklich belehren darüber die Kreuzwegstationen, die zur Ausstattung zahlreicher Kirchen gehören. Die aufrechte Haltung, mit der Gerson das ihm auferlegte Schicksal denkend und handelnd ertrug, machte ihn für viele Humanisten zu einem Repräsentanten christlicher Pilgerschaft. Selbstlos stellte er sein Leben in den Dienst von Wahrheit und Gerechtigkeit und war bereit, für seine Überzeugung zu kämpfen und zu leiden. Sein persönlicher Mut zeigte sich z. B. darin, daß er den Herzog von Burgund, Jean de Nevers, wegen des 1407 in Paris begangenen Mordes am Herzog von Orléans, seinem Vetter, öffentlich verurteilte, was ihm Verfolgungen einbrachte, die ihn zur Flucht nötigten.[6] Er begab sich nach Rettenbach in Tirol, und man nimmt an, daß es diese Flucht ist, auf der Gerson wiederholt und zuletzt in so großartiger Form von Dürer wiedergegeben wurde – als ein Symbol des wachsamen Wanderers, der den Weg der Erkenntnis durch alle Gefahren hindurch zu gehen versteht.

Wenden wir uns dem Leben dieses Mannes zu. Jean Charlier de Gerson wurde am 14. 12. 1363 geboren. 1392 erwarb er den Doktor der Theologie und war seit 1395 Kanzler der Sorbonne. Gerson gilt als einer der bedeutendsten Theologen seiner Zeit. Eines seiner Hauptanliegen war die Erhaltung der Einheit der christlichen Kirche. So kämpfte er auch um die Beendigung des Schismas. Auf dem Konzil von Konstanz verfocht er die Überordnung eines allgemeinen Konzils über den Papst. Diese Bestrebung brachte ihn selbst, der doch ein treuer Christ war, in Widerspruch zur Kirche. Auch das Wappen in seiner Hand auf Dürers Darstellung deutet auf eine geistige Gesinnung, der die offizielle Kirche kritisch gegenüberstand. Wohl hatte sich auch Gerson in seinen Schriften gegen die magischen Disziplinen gewandt, doch galten seine Angriffe ihrem Mißbrauch durch gewinnsüchtige Goldmacher und Sterndeuter. So warnte er in seinem 1419 für den Dauphin, den späteren Karl VII., verfaßten Traktat »Trilogium astrologiae theologinatae« vor falschem Vertrauen in die Ratschläge der Astrologen und vor Fixierung auf ihre Voraussagen. Dennoch verwarf er die Astrologie nicht, sondern begriff sie, dem scholastischen Denken gemäß, als eine der Theologie untergeordnete Wissenschaft. So konnte er die »wahre Astrologie« bejahen, in die nur wenige Erfahrene

Einblick haben. Hierin stimmte er mit vielen der humanistischen Gelehrten überein. Als Theologe erstrebte Gerson eine Synthese zwischen der scholastischen, eher spekulativen Theologie und der aufkommenden Mystik, der es um unmittelbare Gottesschau ging. Gerson erkannte beide Richtungen als Erkenntniswege an und hielt ihre gegenseitige Ergänzung für möglich. In diesen Ideen spricht sich eine Hinwendung zur Mystik aus, die den Konflikt mit der Kirche bereits in sich trägt. Da Mystik in seelische Bereiche einwirkt, in denen sich ein letztlich nicht mitteilbares Erleben ereignet, entzog sie der Kirche einen Teil der Kontrolle über ihre Gläubigen. Zwar duldete die Kirche mystische Frömmigkeit, förderte sie auch in gewissem Rahmen, doch ihr Anspruch auf uneingeschränkte Macht führte dazu, daß sie Anhänger der Mystik oft allzu schnell des Ketzertums verdächtigte. Darin werden Probleme sichtbar, denen sich ein esoterisch verstandenes Christentum schon immer gegenübergestellt fand und von denen Gerson aufgrund seiner weltanschaulichen Eigenart berührt wurde. Da er ein Mensch war, der Konflikten nicht auswich, sondern sich ihnen mit allen Konsequenzen stellte, wurde er als Christ und echter Gottesmann zum großen Vorbild. Die letzten zehn Jahre seines Lebens verbrachte er zurückgezogen und in völliger Armut im Cölestiner Kloster in Lyon, wo er am 12. 7. 1429 verstarb.

Kämpferische Gesinnung, geistige Ausstrahlung und sittliche Kraft trugen Gerson den Titel eines »Doctor christianissimus« ein. Seine Schriften fanden die Sympathie des humanistischen Bürgertums und wurden im vorreformatorischen Deutschland herausgebracht. Gersons Persönlichkeit muß viel Resonanz gefunden haben, und es erhebt sich nun für uns die Frage, welche Gruppen es waren, die ihn aufgrund seiner geistigen Haltung zu einem ihrer Gewährsmänner machten. Auch Dürer muß ihn hoch eingeschätzt haben, denn er gestaltet ihn auf eine Weise, die es dem Betrachter nahelegt, sich mit diesem unbequemen Kirchenmann zu identifizieren. Diese Darstellungsweise muß durchaus im Interesse seiner Auftraggeber gelegen haben. Da sich die Gerson-Ausgabe an den Kreis der gelehrten Humanisten wandte, werden wir in dieser Richtung weiter nachforschen müssen.[7]

Denken wir noch einmal an das t-förmige Kreuz. Ludwig Keller geht auf dieses Zeichen ein und macht darauf aufmerksam, daß es sich hierbei auch um den doppelten Winkelhaken handeln kann, der in Verbindung mit der Taube, dem Lamm oder dem Fisch in den Katakomben begegnet. Keller betrachtet solche Symbole als Lehrzeichen religiöser Gruppen, darunter der ersten Christen, die vom römischen Staat verfolgt wurden. So wie sich diese Gruppen aus Sicherheitsgründen zumindest zeitweise in den Katakomben, die gleichzeitig Begräbnisstätten waren, verbergen mußten, kleideten sie auch ihre Lehren in eine Symbolsprache, die nur Eingeweihten zugänglich war. Dabei bedienten sie sich der Sinnbilder auch als Erkennungszeichen, die ihnen im praktischen Leben, z. B. auf Reisen, nützlich sein konnten. Auch dieser Aspekt ist im Wappen Gersons mit enthalten.

Gerson, der Kanzler der Universität von Paris, kann letztendlich als eine Schlüsselfigur betrachtet werden – für einen Kreis von Menschen, die durch ein geistiges Band, hier durch das Wappen gekennzeichnet, zusammengeschlossen sind. Obwohl dieser Kreis sich weltanschaulich auf das Christentum gründet, gestaltet sich seine Beziehung zur offiziellen Kirche zeitweise recht unerfreulich, vor allem dann, wenn er sich und seine Lehrinhalte ihrem unmittelbaren Zugriff entzieht. Hier stoßen wir auf die Erscheinung eines esoterischen Christentums, das oft nur mühsam von häretischen Bewegungen zu unterscheiden ist.

ESOTERISCHES CHRISTENTUM

Johannes (21, 15ff.) berichtet von der Berufung Petri. Christus stellt ihm dreimal die Frage, ob er ihn liebe, bevor er ihn zur Nachfolge auffordert. Dann fährt der Evangelist mit folgenden Worten fort:

> *20. Als Petrus sich umwandte, sieht er den Jünger nachfolgen, den Jesus liebhatte, der auch beim Mahle sich an seine Brust gelehnt und gesagt hatte: Herr, wer ist es, der dich verrät?*
>
> *21. Als nun Petrus diesen sah, sagt er zu Jesus: Herr, was wird aber aus diesem?*
>
> *22. Jesus sagt zu ihm: Wenn ich will, daß er bleibt, bis ich komme, was geht es dich an? Folge du mir nach!*
>
> *23. Da verbreitete sich diese Rede unter die Brüder, daß dieser Jünger nicht sterbe. Aber Jesus hatte zu ihm nicht gesagt, daß er nicht sterbe, sondern: Wenn ich will, daß er bleibt, bis ich komme, was geht es dich an?*

Versucht man diese Worte von ihrem rein historischen Gehalt aus zu erfassen, so bleiben sie dunkel und unverständlich. Man mag sich damit begnügen, Gefühle der Eifersucht und des Neides bei Petrus zu erkennen. Doch ist dies eine vordergründige Interpretation, durch welche die beiden letzten Verse nicht mehr erklärt werden können. Ihr Verständnis gelingt erst unter Berücksichtigung der Mehrschichtigkeit des Bibeltextes, den man nur dann erschöpfend zu deuten vermag, wenn man sich außer der historischen Ebene auch dahinterliegender psychischer und kosmischer Dimensionen bewußt geworden ist. Stellt der historische Bericht eher die äußere Hülle des Textes dar, erschließt sich sein tieferer Gehalt in der Betrachtung des in der Erzählung verborgenen seelischen Aspektes, in dem sich göttliche Weisheit offenbart. Erst so eröffnet sich der Zugang zu ihren esoterischen Wahrheiten. Dennoch darf die spirituelle Interpretation biblischer Texte keine Entfremdung zur historischen Erzählung mit sich bringen, die dem Christentum prinzipiell widerspräche, denn die Fleischwerdung Christi und damit seine historische Erscheinung würde damit infrage gestellt.[8]

Berücksichtigt man die Mehrschichtigkeit dieser Verse des Neuen Testaments, so erschöpft sich der von uns zitierte Text nicht in der Erzählung von der Rivalität zweier Jünger Christi. Vielmehr repräsentieren diese Apostel zwei Pole des Christentums, nämlich den exoterischen und den esoterischen. Während Petrus, der Fels, auf dem Christus die Kirche gründete, als Prototyp des Exoterikers vor uns hintritt, liegt Johannes unmittelbar an der Brust Christi, d.h. an der Quelle selbst, aus der ihm die göttliche Liebe entgegenströmt. Damit aber vertritt er den esoterischen Pol des Christentums und ist der erste Vertreter eines inneren Kreises. Jede Religion kennt einen solchen inneren Kreis, von dem der äußere oft wenig oder gar nichts weiß. Dennoch können beide Kreise im Idealfall einander ergänzen, indem der esoterische der inhaltlich befruchtende und belebende und der exoterische der tragende Teil des Ganzen ist. Im Christentum jedoch wurde dieser zu einer Gefahr für den inneren Kreis, den er bedrohte, zurückdrängte und sogar verfolgte. In der zitierten Textstelle des Johannes-Evangeliums wird eine solche Polarisierung sichtbar, und zwar in der Reaktion des Petrus. Petrus wurde dann zu einer Säule des Christentums und erhielt die Schlüsselgewalt über die Kirche. Er erfaßte Christus durch die Kraft seines Glaubens und war damit würdig, ihm nachzufolgen. Aber er mußte mehrmals zur Liebe ermahnt werden, denn er begriff Christus nicht umfassend. Daher konnte er auch nicht verstehen, daß der Esoteriker Johannes, der den Weg zu Christus über die Erkenntnis beschritt, dessen besondere Liebe genoß. Mit seiner Einstellung zu Johannes ist zugleich diejenige der exoterischen Kirche zur esoterischen charakterisiert, und zwar bis zum heutigen Tag. Da die Jurisdiktion immer von der offiziellen Kirche ausging, ist Kirchengeschichte zu einem großen Teil die Geschichte des Kampfes der exoterischen Kirche gegen die esoterische, deren Unterdrückung jedoch nicht gelingt, eine Tatsache, auf die Christus hinwies, indem er sagte: »Wenn ich will, daß er bleibt, bis ich komme, was geht es dich an?« Daher steht die esoterische Kirche immer hinter der exoterischen, ist zugleich Wurzel und Möglichkeit des Christentums bis zu seiner schließlichen Vollendung im Kommen Christi und wirkt wie ein immerwährender Quell, aus dem die Religion sich ständig neu speist.

Der Arkancharakter des Urchristentums war vor allem durch die äußeren Umstände bedingt, unter denen es sich entfaltete. Da die Christen bis zum Toleranzedikt des Galerius im Jahr 311 oft härtesten Verfolgungen ausgesetzt waren, konnten sie meist nur in kleinen Gruppen wirken. Aufgrund dieser Situation war der esoterische Strom bei den ersten Christen besonders stark ausgeprägt und erfuhr erst mit der Legalisierung des Christentums und der danach einsetzenden Verweltlichung eine Einschränkung. Doch konnte er nie ganz unterdrückt werden und wirkte im Verborgenen weiter, so daß sich eine christliche Esoterik wie ein roter Faden durch die ganze Geschichte des Christentums zieht. Die Entwicklung der Kirche als Institution geht auf den Missions-Auftrag Christi an die Jünger zurück, das Wort in aller Welt zu verkünden. Doch geriet die Entwicklung daraufhin in einen gewissen Widerspruch zur Arkandisziplin der Urchristen. Im Ringen um die Ausgestaltung der Lehre lag die Voraussetzung zur späteren Expansion der Kirche. Die frühe Phase des Christentums war von hoher Spiritualität geprägt. In der Ausrichtung auf Christus und den Gedanken der christlichen Liebe fühlten sich die Gläubigen einander brüderlich verbunden. Sie bildeten kleine, intime Kreise; Gemeinden, die sich teils in den Katakomben, zumeist in Privathäusern trafen. Der strengen Geheimhaltung unterlagen vor allem das Glaubensbekenntnis und die Riten von Abendmahl und Taufe, denn sie enthielten Elemente des Einweihungswesens, das die alten Mysterienreligionen gekennzeichnet hatte.

Da Glaubensbekenntnis und Abendmahl nur Getauften zugänglich waren, besaßen sie einen Rang, der dem der in Mysterienkulte Eingeweihten entsprach. Die Katechumenen, Anwärter auf die Taufe, mußten sich einer gründlichen Unterweisung und strengen Prüfungen, vor allem asketischen Übungen, unterziehen, bevor sie die meist am Ostertag stattfindende Taufe erhalten konnten. Damit wurde nur in die christliche Gemeinschaft aufgenommen, wer sich bewährte und seine charakterliche Zuverlässigkeit bewies, eine Maßnahme, die nicht nur den Verfolgern gegenüber notwendig war, sondern auch die Würdigkeit der Katechumenen zur Nachfolge beweisen sollte. Vor der Taufe richteten sich die neu Aufzunehmenden nach Westen und schwuren dem Bösen ab. Dann erst durften sie sich gen Osten wenden, dem Licht zu. Dem entspricht die Richtung der geosteten christlichen Wegkirchen. Vor der Taufe legten die Katechumenen ihre Kleider, d. h. ihren alten Adam, ab und wurden gesalbt. Die Taufe selbst bestand in einem dreimaligen Untertauchen. Das erinnert an die drei Tage, die Christus in der Hölle verbracht hatte. Nach der Taufe galten die Katechumenen als gereinigt und wiedergeboren und waren ganz in die Gemeinschaft der Gläubigen aufgenommen.

Die Arkandisziplin esoterischer Gemeinschaften bezieht sich immer auf Riten, Zeremonien, Zeichen und Symbole, die jederzeit exoterisiert werden können, nicht aber auf das eigentliche esoterische Geheimnis. Dieses verbirgt sich von selbst und kann daher niemals verraten werden. Die Riten, Zeichen und Symbole haben ihren Sinn in der Umschreibung des esoterischen Geheimnisses. In ihm finden sie ihre Wirksamkeit und Gültigkeit. Haben sie jedoch nicht mehr ausschließlich diesen Sinnbezug, so können sie auch dem äußeren Kreis zugänglich gemacht werden. Am Anfang einer solchen Entwicklung steht zumeist der Mysterienverrat. Solcher Verrat wurde auch Christus vorgeworfen. Da die Mysterien mit ihrer Geheimhaltung stehen und fallen, wurde im Altertum der Mysterienverrat häufig mit dem Tod bestraft. Und dennoch wird das esoterische Geheimnis vom Mysterienverrat nicht betroffen. Gerade diese Wahrheit setzte Christus den alten Mysterienkulten entgegen, indem er sagte, daß nur der verstehen wird, der »Ohren hat zu hören« und Augen hat zu sehen (Matth. 13,9–16). Damit meinte er nicht die Wahrnehmungsfähigkeit der äußeren Sinnesorgane, sondern das Phänomen unmittelbarer Gottesschau, das nur wenigen zuteil wird. Unter dieser Voraussetzung wird Geheimhaltung überflüssig. Die Kirche selbst verzichtete nach dem Ende der Verfolgungen darauf und wertete sie bald sogar als ein Zeichen religiösen Außenseitertums.[9]

Manche christliche Inhalte sind so schwer verständlich, daß sie den Charakter des Geheimnisses bereits in sich tragen. Zu ihnen gehört die Fleischwerdung des Gottessohnes. Da diese Lehre eine Bejahung physischer Existenz beinhaltet, entzündete sich gerade an ihr der Konflikt vor allem mit den an der Gnosis orientierten Häresien. Sie waren zumeist von so starker Leibfeindlichkeit geprägt, daß das wirkliche Herabsteigen eines Gottes in den irdischen Körper nicht für möglich gehalten wurde. Das führte schließlich zu der Auffassung, Christus habe nur einen Scheinleib besessen, in dem er nicht wirklich gelitten hat. Diese, als Doketismus bezeichnete Lehre stieß bei der Kirche deswegen auf so großen Widerstand, weil sie zwar die Erlösung der einzelnen menschlichen Seele für möglich hält, nicht aber die der ganzen Welt, denn die Materie gilt der Gnosis als böse und unerlösbar. Eine solche Auffassung führt letztlich zu einer Weltverneinung, die nicht im Sinn des Christentums liegt. Indem dieses annimmt, Christus sei in die Physis eingegangen, um auch sie als göttliche Schöpfung zu durchlichten und der Erlösung zuzuführen, kann es dem Gläubigen eine Sinnfindung im Diesseits ermöglichen. Der Erlösungsgedanke bezieht sich im Christentum nicht nur auf den psychischen, sondern auch auf den materiellen Aspekt der Welt. Darin kommt es zur Überwindung des Dualismus, der die Gnosis beherrscht. Die Aufgabe christlicher Esoterik besteht vor allem darin, zur Christusbegegnung zu führen und damit die Erlösung zu ermöglichen. Dies ist in den Christusworten angedeutet: »Wenn ich will, daß er bleibt, bis ich komme, was geht es dich an?«

Christus selbst stand von vornherein über den Alternativen von Esoterik und Exoterik, denn er inkarnierte sich für die gesamte Menschheit und nicht etwa nur für einen kleinen Kreis von Auserwählten. In seinen Belehrungen drückt sich das darin aus, daß er der Menge Gleichnisse gab, die dem begrifflichen Denken nur schwer zugänglich sind, in ihrer Bildhaftigkeit aber das Gemüt berühren und seelische Prozesse auslösen können. Von den

Jüngern als den in seine Lehre Eingeweihten erwartete Christus allerdings, daß sie seine Wahrheiten auch über die Vernunft aufnehmen und mit dem Verstand einsehen sollten, denn in ihnen sprach er die Esoteriker an, die den Weg über die Erkenntnis zu gehen haben.[10]

Daß sich die frühen Christen häufig in die Katakomben zurückzogen, liegt nicht nur an den Verfolgungen durch den römischen Staat. Man hat nachweisen können, daß katakombenartige Gruftbauten in Ägypten, Syrien, Mesopotamien, Nordafrika, Griechenland, Italien, Frankreich und am Rhein vorzufinden sind und auch bereits aus vorchristlicher Zeit stammen. Sie waren Kult- und Begräbnisstätten zugleich und wurden nicht nur von den Christen, sondern auch von Anhängern anderer Mysterienkulte benutzt.[11] In allen Mysterienkulten aber gab es die Tradition des Mysterientodes, das Durchschreiten der Todespforte, und die Katakomben stellten einen geeigneten Ort für die Durchführung der entsprechenden Riten dar. Es handelte sich dabei um eine künstlich herbeigeführte Todeserfahrung, die zur unmittelbaren Gottesschau führen konnte. Wie aus der Katakombenmalerei hervorgeht, muß diese Praktik den frühen Christen bekannt gewesen sein. Auf sie verweisen Darstellungen wie Noah in der Arche, Jonas, der von einem Fisch verschlungen wird, und die Lazarus-Erweckung, die gleichsam die Bedeutung eines öffentlich durchgeführten Mysterientodes besitzt.[12] Daß dies von den Urchristen tatsächlich so verstanden wurde, geht aus der Art der bildlichen Wiedergabe hervor. Lazarus steigt zumeist aus einem kastenartigen Sarg, zu dem Stufen hinaufführen, eine Anspielung auf die verschiedenen notwendigen Stufen zur Vorbereitung auf den Mysterientod. Der Leidensweg Christi selbst ist gewissermaßen die letzte Konsequenz der Tradition des Mysterientodes. Durch ihn geht Christus denen voran, die ihm nachfolgen und in sich Wirklichkeit werden lassen wollen. Mit dem Beschreiten des Christusweges – Annahme des Kreuzes, Tod und Abstieg zur Hölle – eröffnet sich dem Gläubigen eine Möglichkeit, Verwandlung und Wiedergeburt zu erfahren. Dies findet außer in den Sakramenten in der sarkophagähnlichen Gestaltung der Altarmensa, an welcher der Priester amtiert, auf besonders augenfällige Weise seinen Ausdruck.

Wie Petrus berufen war, die Kirche als Institution aufzubauen, so war es die Aufgabe des Johannes, die geistige Verbindung zu ihrem ursprünglichen Quell aufrechtzuerhalten als derjenige, der Christus am nächsten gestanden hatte. Dies sowie seine visionäre Schau, die in der Apokalypse aufleuchtet, macht ihn zum Prototyp des christlichen Esoterikers. Deshalb hat sich die esoterische Kirche auch immer als Johannes-Christentum verstanden. Geprägt von dessen Spiritualität ging die Kirche aus den Katakomben hervor. Als Petrus-Christentum ergriff sie weltliche Macht. Der Geist der Katakomben lebte in den Krypten der romanischen Dome noch eine gewisse Zeit nach, bevor er endgültig in Vergessenheit geriet. Nachdem die katholische Kirche erstarkt war, nahm sie alle Machtmittel für sich in Anspruch, die einst zu ihrer eigenen Unterdrückung gedient hatten. Ganz im Gegensatz zu den Christusworten »Mein Reich ist nicht von dieser Welt« (Johannes 18, 36) kannte das Streben des Klerus nach weltlicher Geltung bald keine Grenze mehr. Was von der alten Esoterik übriggeblieben war, nahm nun zuweilen Züge der Magie an. Während die römische Kirche immer mehr an Einfluß gewann und sich ausdehnte, wurde das esoterische Christentum verketzert und zeitweise verfolgt. Nur noch selten konnten esoterisch gesinnte Kirchenmänner ihren Wirkungskreis innerhalb der rechtmäßigen Kirche finden. Das Priestertum der offiziellen Kirche grenzte sich als Inhaber einer besonderen Weihe und damit der geistigen Macht immer mehr von den Laienchristen ab, was in der Baukunst seinen Niederschlag darin gefunden hat, daß Chor und Apsis der Geistlichkeit vorbehalten blieben. Die Kirche verstand sich bald nicht mehr allein als Repräsentant der geistlichen Macht, sondern suchte auch, sich mit der weltlichen zu verbinden. Daraus entstand der Cäsaropapismus der frühen Kirche.

Die Entwicklung dahin setzte mit der Legalisierung des Christentums durch das Religionsfreiheit garantierende Mailänder Edikt Kaiser Konstantins von 313 ein. Nun entstand eine streng hierarchisch aufgebaute Staatskirche, die Geheimhaltung nicht mehr nötig hatte. Die Sakramente verloren ihren Arkancharakter, die Taufe hatte bald nichts mehr mit Einweihung zu tun. Dadurch, daß sich nun sehr viele Menschen taufen ließen, war es auch nicht mehr möglich, die Katechumenen so sorgfältig auf dieses Sakrament vorzubereiten wie ehedem. Die meisten der heidnischen Kulte wurden 341 verboten. Dennoch ließ sich die Kirche bei der Ausarbeitung ihrer Liturgie vom Gedankengut der alten Mysterienreligionen anregen.

Unter den Mysterienkulten, die nun verschwanden, war der Mithraskult der dem Christentum nächste. Er hatte im 3. Jahrhundert Weltgeltung erreicht. Sein großer Einfluß und die zahlreichen Analogien zum Christentum brachten es mit sich, daß viele seiner religiösen Vorstellungen lebendig blieben und unterschwellig weiterwirkten, so z. B. in der Auffassung Christi als Helios, wie sie in der Katakombenmalerei begegnet. Auch Mithras wurde in engem Zusammenhang mit Helios gesehen. Oft trägt er den Beinamen »Sol invictus«, der später auch für Christus in Anspruch genommen wurde. Noch in Dürers Stich *Sonne der Gerechtigkeit* (Abb. 20) und in den Apolloblättern klingt dies nach.

Ein ausgesprochen esoterischer Zug des Mithraskultes ist die »Schau der Sonne um Mitternacht«, bei der es sich nicht um das irdische Sonnenlicht handelt, sondern um die Gottesbegegnung, die sich in größter Dunkelheit ereignet. Daraus erklärt sich auch, daß die Heiligtümer des Mithraskultes, der doch eine Sonnenreligion war, prinzipiell unter der Erde liegen – vergleichbar den Katakomben. Dementsprechend wird die Geburt des Mithras und später auch die Christusgeburt zur Wintersonnenwende angesetzt. In beiden Religionen findet sich der Gedanke der Höhlengeburt. Der grundlegende Unterschied des Mithraskultes zum Christentum besteht darin, daß im Mithraskult der Erlöser erst angekündigt wird, d. h. präexistent bleibt. Das aber ist ein doketistischer, der Gnosis nahestehender Zug. Der Christusgeist dagegen inkarnierte sich wirklich in der Gestalt des Menschen Jesus von Nazareth.

Mithras wird oft inmitten eines Tierkreises dargestellt und so als kosmisches Wesen, als eine Sonnengottheit ausgewiesen. Dieser Gedanke wirkt in der mittelalterlichen Astrologie weiter und wird auf Christus übertragen. Er findet seinen Niederschlag in sakralen Kunstwerken, z. B. in den Portalprogrammen gotischer Kathedralen und in den Miniaturen von Kalendarien, Gebets- und Stundenbüchern.

Im Zentrum des Mithraskultes steht die eigentliche Erlösungstat des Mithras, die Stiertötung, Ausdruck für die Bändigung der Triebnatur des Menschen. Mit dieser Tötung ist aber nicht die Vernichtung des Stiers gemeint, sondern seine Verwandlung, denn aus seinem Schweif entstehen Ähren, und sein Blut wird zum Weinstock. So transmutiert die animalische Natur des Tieres in die Ausgangsprodukte der Kulturgüter des Menschen, Brot und Wein. Sie sind es, die nach der Transsubstantiationslehre des Christentums im Abendmahl eine Verwandlung in den göttlichen Leib Christi und sein Blut erfahren.[13]

Härter noch als die Auseinandersetzung des Christentums mit dem Mithraskult gestaltete sich diejenige mit der Gnosis, eine aus dem Synkretismus der Spätantike erwachsene religiöse Richtung, auf die nicht nur orientalische und griechisch-hellenistische Religionen Einfluß nahmen, sondern in die auch Impulse aus der griechischen Philosophie, besonders aus dem Platonismus und Neuplatonismus, einströmten. Diese durch eine reiche Vielfalt charakterisierte heidnische Gnosis beeinflußte das Christentum besonders deshalb so stark, weil es selbst dualistische und leibfeindliche Züge entwickelte. Das Einfließen gnostischer Ideen in das Christentum brachte den Gnostizismus hervor, der nicht mit der christlichen Gnosis verwechselt werden darf. Der Weg der christlichen Gnosis führt zur rational nicht erfaßbaren, unmittelbaren Gottesschau, wie sie in eindrucksvoller Weise im Damaskuserlebnis des Apostels Paulus und vor allem in der Offenbarung des Johannes überliefert ist. Die wichtigsten frühchristlichen Lehrer, die diesen Weg aufzeigten, waren Clemens von Alexandrien, sein Schüler Origines und die historisch schwer faßbare Gestalt des Dionysios Areopagita, der den Zugang zu den übersinnlichen Welten zu vermitteln versuchte.

Allen gnostischen Richtungen gemeinsam ist ein starker Dualismus. Er drückt sich vor allem darin aus, daß die Welt als das Werk eines bösen Gottes, des untersten Äons oder Archonten erachtet wird, der die göttlichen Lichtfunken, die Seelen, in Materie einschließt und so von dem göttlichen Urwesen trennt. Um das göttliche Element wieder aus der Materie zu befreien, steigt der oberste Äon in einem Scheinleib in die Materie hinunter. Er kann nicht jeden Menschen befreien, sondern nur den pneumatischen, bereits vom göttlichen Geist erfaßten sowie den pistischen Menschen, der sich noch im Stadium des Glaubens befindet. Unerlöst bleibt der an die Materie gebundene Mensch, der Hyliker. Die Prädestinationslehre, die später im Calvinismus eine Rolle spielt, ist also bereits in der Gnosis enthalten. Erlösung ist gleichbedeutend mit Rückkehr zu Gott. Eine Auferstehung des Leibes gab es für die Gnostiker nicht, denn sie betrachteten die Materie grundsätzlich als böse. Im Gnostizismus wurde nun Christus als oberster Äon aufgefaßt, während als böser Äon zumeist der Gott des Alten Testamentes galt, weswegen es in der Regel vom Gnostizismus abgelehnt wurde.

Die Kirche betrachtete diese Lehren – Vorstellung der Welt als Werk des bösen Gottes, Doketismus, Verachtung des Alten Testamentes, Verleugnung der Auferstehung – als Häresien und bekämpfte sie erbittert. Dennoch erwiesen sie sich als außerordentlich zählebig und waren zu allen Zeiten lebendig, sei es nun in den Ketzerbewegungen oder später in den sogenannten Geheimgesellschaften. Die Überlieferung berichtet z. T. von krankhaften und unerfreulichen Erscheinungsformen des Gnostizismus. Da es sich dabei zumeist um Überlieferung aus zweiter Hand, noch dazu aus der Sicht der Verfolger, handelt, sind solche Zeugnisse mit Vorsicht zu beurteilen. Die Kirche pflegte häretische Schriften zu vernichten, wo sie ihrer habhaft werden konnte, und so fehlt es heute bezüglich des Gnostizismus an zuverlässigen Quellen.

Die Weltverneinung des Gnostizismus führte zu zwei einander entgegengesetzten Grundhaltungen gegenüber den irdischen Genüssen. Am naheliegendsten war die Herausbildung asketischer Ideale. Diese Richtung erhielt starke Impulse vom Manichäismus, einer persischen, ebenfalls gnostisch gefärbten Religion, in deren Lehre der Urmensch von zentraler Bedeutung ist. Dieser, eine Erlöserfigur, steigt aus der Lichtwelt in das Reich der Finsternis hinab, wo er jedoch gefesselt bleibt und durch Eingreifen der Lichtwelt selbst errettet werden muß. Im Unterschied zum Christentum bedarf also in dieser Religion der Erlöser selbst der Erlösung.

Aus der Weltverachtung des Gnostizismus entsprangen nicht immer nur asketische Strebungen. Auch das Gegenteil konnte möglich sein. Wenn die Welt die Schöpfung eines bösen Gottes ist, so stammen auch die Sittengesetze von ihm. Daraus folgt, daß sich die Seele durch den Verstoß gegen sie vom bösen Archonten befreien kann. Da sich diese Auffassung vor allem auf die geschlechtliche Moral bezog, kam es in verschiedenen gnostizistischen Lehren auch zu libertinistischen Tendenzen. Gelegentlich entwickelten sich ausschweifende Riten, denen zumeist eine exzentrische Vorstellung des Erlösungsprozesses zugrunde lag.

Als Urvater des Gnostizismus gilt der auch im Neuen Testament erwähnte Simon Magus. Er zeichnet sich durch eine hohe Bewertung des weiblichen Prinzips aus, was Ausdruck in seiner Lehre von der aus Gott emanierten Epinoia findet. Indem er sich aber persönlich so stark mit seinen Ideen identifizierte, daß er sich selbst und seine Gefährtin vergöttlichte, trat bei ihm das Phänomen ein, das C. G. Jung später mit dem Begriff »psychische Inflation« gekennzeichnet hat. Die starke Betonung der weiblichen Seite Gottes findet sich auch in anderen gnostizistischen Lehren, so bei Valentinus, der annimmt, daß Gott die Welt mit Hilfe eines weiblichen Wesens zeugte. Valentinus (um 100 bis um 160) kennt eine Serie von göttlichen Paarungen, darunter eine zwischen Bythos und Sophia, aus der Christus hervorgeht, der sich schließlich mit dem gleichfalls weiblich gedachten Heiligen Geist vermählt. Besonders dominierend erscheint das weibliche Prinzip in einer der extremsten Richtungen des Gnostizismus, in der Sperma-Gnosis, einem Unzuchtskult, der seine stärkste Ausprägung in der Barbelo-Gnosis findet. Barbelo ist eine als höchster Gott empfundene weibliche Gottheit, deren Sohn Jadalboath zum bösen Gott wurde, indem er von der Mutter abfiel. Er entwendete Barbelo Lichtkeime, die er in die Materie einschloß. Da Jadalboath in der siebten Sphäre thront und die Welt von dort aus nach oben hin abschließt, entspricht er in seiner Funktion Saturn, dem Hüter der Schwelle. Den Barbelo-Gnostikern ging es vor allem darum, den in Materie eingeschlossenen Seelenstoff zu sammeln, um ihn der Mutter zurückzugeben. Dies geschah durch das Verzehren pflanzlicher Nahrung und vor allem von Sperma, in dem man die meisten Lichtfunken vermutete. Die damit verbundenen Orgien dienten einzig dazu, der höchsten Göttin die Lichtkeime wiederzugeben. Liebe und Zeugung galten jedoch als sündhaft, da sie die Ursache dafür waren, daß wieder eine neue Seele in die Materie eingeschlossen und der Herrschaft Jadalboaths ausgeliefert wurde.[14]

Hinter der Dominanz des Weiblichen in den eben erwähnten religiösen Praktiken verbirgt sich eine Vorstellung von der göttlichen Sophia, des weiblichen Gegenbildes Gottes. Daß gerade der Dienst an der weiblichen Gottheit so extreme, in die Perversion führende Formen annehmen konnte, liegt auch daran, daß in einer einseitig patriarchalisch ausgerichteten Gesellschaft der weibliche Pol der Gottheit verdrängt wurde. Spätere Erscheinungen der europäischen Kultur wie der Minnesang, gewisse Formen der Frauenmystik und die oft ekstatische Marienverehrung sind ebenfalls Reaktionen auf solche Verdrängungen. Die christliche Kirche mußte in diesem Punkt schließlich Zugeständnisse machen, vor allem auch, um der oft tiefen und innigen Marienverehrung des einfachen Volkes entgegenzukommen. Sie hat dem Bedürfnis nach einer weiblichen Gottheit offiziell Rechnung getragen, wenn auch erst spät, in der Verkündung der Dogmen von der unbefleckten Empfängnis durch Pius IX. im Jahre 1854 und der leiblichen Aufnahme Mariens in den Himmel durch Pius XII. am 1. November 1950.[15] In der mittelalterlichen Kunst hatte sich die Inthronisation Mariens schon sehr früh durchgesetzt, und zwar in den Bildvorstellungen der Himmelfahrt Mariens und ihrer Krönung. Eine Folge der Lehre von Mariens Jungfräulichkeit war, daß die Sexualität ins Dämonische abgedrängt und als die dunkle Seite des Weiblichen vom Liebesprinzip abgespalten wurde. Damit war der Vorstellung von zwei weiblichen Typen, dem der Heiligen auf der einen und dem der Hexe auf der anderen Seite, Tür und Tor geöffnet, worin einer der Gründe für die Verteufelung der Frau im Alltagsleben liegt, welche die europäische Kultur weitgehend geprägt hat.

Da der gnostische Weg in dem Wissen der Wege besteht, die »nach oben« führen, kann er in gewissem Sinn auch als magischer Weg betrachtet werden. Ziel ist der Wiederaufstieg der Seele und ihre Befreiung aus der Knechtschaft des irdischen Daseins. Dabei muß sie das Reich der Dämonen durchqueren und gelangt in die Planetensphären, wo sie die einstmals empfangenen Anlagen zurückläßt und so eine irdische Hülle nach der anderen ablegt, bevor sie den Fixsternhimmel erreicht und als Lichtwesen der Gottheit wieder nahe sein kann. Außer magischen und astrologischen Vorstellungen können auch solche aus dem Bereich der Kabbala auftreten, vor allem in der Gnosis der Basilianer, die drei Trinitäten der Sohnschaften als Emanation Gottes kennt. Zwei Trinitäten befinden sich über den drei Weltseelen, während die dritte Sohnschaft in das irdische Reich hinabgesunken ist, d. h. in den Weltkörper unter dem Mond. Es gilt nun, die dritte Sohnschaft wieder über die erste Weltseele zu erheben, um die Harmonie in der Welt von neuem herzustellen. Der Gedanke der trinitarisch aufgebauten Sohnschaften erinnert an den Baum der Sephiroth, die in den unteren Weltkörper abgesunkene Sohnschaft an Malkuth oder das Reich, die unterste Sephira am kabbalistischen Baum. Von besonderer Wichtigkeit für die christliche Gnosis ist die Übernahme von Gedanken aus dem Bereich der Alchimie, denn sie übernimmt eine gewisse Mittlerstellung zwischen christlichen und gnostischen Ideen. In der Auffassung des Christus als »lapis« findet der Dualismus von Geist und Materie eine Synthese, die »Chymische Hochzeit« stellt die Überwindung der Polarität des weiblichen und männlichen Prinzips dar. Der Gedanke der Transmutation schlägt eine Brücke vom Stieropfer des Mithraskultes bis hin zum christlichen Abendmahl. All das erhob die Alchimie in den Rang einer »Königlichen Kunst«. Sie entwickelte eine reich differenzierte und schwer enträtselbare Bildsprache, in die alles einzugehen vermochte, was verbal nicht ausgedrückt werden konnte, ohne in den Verdacht der Häresie zu geraten.

Die Kirche kämpfte erbittert gegen die Häresien. Eines der größten in diesem Zusammenhang auftretenden Probleme war, die Grenze zwischen den häretischen und rechtgläubigen Lehrinhalten zu ziehen, um der Angst vor dem Einströmen ketzerischer Gedanken in das orthodoxe Christentum zu begegnen. Zu den wichtigsten der von der Kirche bekämpften häretischen Strömungen im Mittelalter zählen die Katharer in Frankreich und die in Bulgarien lebenden Bogumilen.[16] Geistig eng miteinander verwandt, orientierten sie sich an gnostischen Lehren der asketischen Richtung. Sie faßten sich selbst als Christen auf und stellten bedeutende religiöse Gemeinschaften dar. Die Bogumilen hingen der doketistischen Auffassung an, Christus habe nicht wirklich gelitten, und hielten daher das Kreuz nicht für ein Marterwerkzeug und Symbol des Todes, sondern für ein Symbol des Lebens. So erscheint es auch in den Ritzzeichnungen auf den zahlreichen Grabsteinen, die von den Friedhöfen der Bogumilen stammen. In seiner Funktion als Marterwerkzeug wird das Kreuz als Werkzeug des bösen Archonten, Satanael, angesehen, der mit dem Judengott identisch ist. Er ist der ältere Gottessohn, der vom guten Gott abfiel. Die Bogumilen glaubten, es käme einstmals zu einer Versöhnung zwischen Satanael und dem jüngeren, guten Gottessohn, und gaben damit auch der Schattenseite Gottes Raum, ein Schritt, den die offizielle Kirche nie ging. Als häretisch wurde diesen Gruppen der Doketismus vorgeworfen, die Verachtung des Kreuzes als Leidenswerkzeug, die Leugnung des Judengottes, des Alten Testaments und die Ablehnung der Sakramente. Der Kabbala nahestehend ist die Vorstellung der Bogumilen, der Sohn und der Heilige Geist seien in Form von Strahlen aus den Augen Gottes hervorgetreten und kehrten nach vollbrachtem Werk wieder in den Schoß des Vaters zurück. Das Motiv der aus den Augen heraustretenden flammenden Strahlen begegnet noch bei Dürer, und zwar in dem Blatt *Sonne der Gerechtigkeit* und beim Herrn der Apokalypse auf *Johannes erblickt die Sieben Leuchter* (Abb. 20, 22).

Ein häufig anzutreffendes Motiv auf den Bogumilensteinen ist das Symbol des zwischen Sonne und Mond stehenden Menschen, der seine Arme ausbreitet und so als kosmisches Wesen wiedergegeben ist.[17] Es handelt sich hierbei um einen Bildinhalt, der ebenfalls in dem inmitten des Tierkreises vorgestellten Mithras enthalten ist und der in geistigem Zusammenhang mit dem Bild des großen Menschen oder Adam Kadmon gesehen werden kann. Diese Symbolik ist auch in dem Wappen des Kanzlers Gerson enthalten (Abb. 1). Auch der Heilige Gral, als dessen Hüter u. a. die Katharer galten, begegnet in der Symbolik der Bogumilensteine, und zwar in der Darstellung der in der Mondsichel ruhenden Sonnenscheibe.

Die Bogumilen bevorzugten unter den Aposteln Paulus und lehnten Petrus als den Repräsentanten der römischen Kirche ab. Damit ist eingeleitet, was dann in der Reformation von den evangelischen Christen ausgestaltet wird, nämlich das paulinische Christentum als ein neuer Aspekt neben dem kanonisierten Petrus- und dem esoterischen Johannes-Christentum.

Wie die Bogumilen lebten auch die Katharer in strenger Askese, die in einigen Fällen bis zur »Endura« betrieben wurde, dem Tod durch Nahrungsentzug. Die strengen Übungen waren Vorschrift, wenn jemand das »Consolamentum« erhalten wollte, ein Ritus, der durch das Auflegen der Hand vollzogen wurde und in dem etwas vom Einweihungswesen des Urchristentums weiterlebte. Derjenige, der das »Consolamentum« erhielt, galt als erlöst. Auch die Katharer kannten die Prädestinationslehre, indem sie zwischen zwei Arten von Menschen unterschieden, solchen, die eigentlich in Materie gestürzte Engel und damit erlösbar sind und um derentwegen Christus erscheint, und solchen, die vom bösen Gott geschaffene, unerlösbare Menschen sind. Das Wort Ketzer leitet sich von den Katharern her, und zwar von »katharoi«, was »die Reinen« bedeutet.

Die Ketzerverfolgung ist wohl das dunkelste Kapitel der Kirchengeschichte. Es waren vor allem die Katharer, gegen die sich die grausamen Verfolgungen mit einem Höhepunkt in den Albigenserkriegen von 1229 richteten. Mit der Rückführung der Albigenser in den »Schoß der Kirche« war ab 1232 vorwiegend der Dominikanerorden beauftragt, und zwar durch Gregor IX. Ebenfalls begünstigt wurde dieser Orden von Innozenz IV., der 1252 auch die Anwendung der Folter genehmigte. Die Albigenser, deren Name von der Stadt Albi abgeleitet ist, sind eigentlich auch Katharer.

In der bildenden Kunst ist dem Wirken des Dominikanerordens mit der Spanischen Kapelle von Santa Maria Novella in Florenz ein Denkmal gesetzt worden, und zwar in den 1366–1368 von Andrea da Firenze geschaffenen Fresken mit Darstellungen lehrhafter Inhalte. Eines zeigt die Dominikaner im Disput mit Ketzern, während schwarz-weiß gefleckte Hunde eine Schar von Wölfen vertreiben. Mit diesen Hunden verbindet sich das Wortspiel von den »canes domini«. Es will ausdrücken, daß die Hunde dienstbereite Kräfte sind, während die Wölfe den Einbruch dämonischer Mächte in die Scharen der Christenheit repräsentieren. Der Hund tritt in diesem Zusammenhang für treue Ergebenheit gegenüber Gott auf. Er hat einen guten Spürsinn und ist wachsam. Diese Eigenschaften werden in den Dienst des Herrn gestellt.[18] Das Motiv des Hundes ist auch auf den Blättern Dürers *Gerson als Pilger* (Abb. 1) und *Ritter, Tod und Teufel* vertreten (Abb. 56), hier allerdings mehr im allgemeinen Sinn treuen Christentums.

Mit dem wundertätigen Gral, der in der Symbolik der Bogumilen als eine in der Mondsichel liegende Sonnenscheibe erscheint, werden am engsten die Templer in Verbindung gebracht, heißt es doch bereits in der Sage, die »Templeisen« würden ihn bewachen. Der Legende nach ist der Heilige Gral das Gefäß aus dem aus der Krone Luzifers herausgebrochenen Stein, in dem Josef von Arimathia das Blut aus Christi Seitenwunde auffing. Als in der Mondsichel ruhende Sonnenscheibe ist er ein Symbol für die Überwindung der Polarität.

Auch die Templer traf der Vorwurf häretischer Bestrebungen, und die Geschichte der Verfolgung dieses von der Kirche selbst ins Leben gerufenen Ordens ist ein trauriges Kapitel von Geldgier und Machthunger. Zum entscheidenden Vorwurf wurde ihnen gemacht, sie verehrten einen Kopf, den Baphomet, wobei nicht geklärt ist, ob es sich hierbei um einen Männerkopf handelt oder um den Kopf einer Frau, vielleicht sogar den der Isis. Als esoterisches Symbol ist der Baphomet das Pentagramm, das, mit einer Spitze nach oben gerichtet, auf den Menschen oder auch Christus hinweist, der die Polarität überwunden hat und in die Einheit eingegangen ist. Dreht man das Pentagramm um, daß zwei Spitzen nach oben weisen, so hat es eine dämonische Bedeutung und ist ein Zeichen des Teufels und ein Symbol für die Zweiheit. Es handelt sich hier um eine alte esoterische Weisheit, welche die Templer in den Verdacht der Häresie brachte. Weitere Vorwürfe gegen sie waren Sittenverderbnis und eine allzu enge Beziehung zum Islam, mit dem sie aufgrund ihrer vielfältigen und weit ausgreifenden Aktivitäten tatsächlich intensiven Kontakt hatten. Die gewichtigsten Ursachen für die Verfolgung stellten jedoch ihr großer Reichtum, ihr weitreichender Einfluß und ihre Unabhängigkeit dar.[19]

Im Zusammenhang mit den Ketzerverfolgungen ist es besonders interessant, daß gerade in den Reihen der Dominikaner die größten Mystiker der Zeit heranwuchsen, Meister Eckhart (um 1260–1328), Seuse (1295–1366) und Tauler (um 1300–1361). Auch die Stellung der Mystik innerhalb der Kirche gestaltete sich problematisch. Mystisches Gedankengut galt oft als häresieverdächtig, was z.T. auch daran lag, daß es rational nur schwer erfaßbar ist. So wurde auch ein Teil der Lehre Meister Eckharts als der Häresie nahestehend angegriffen. Dennoch unterscheidet sich die Mystik sowohl von den Häresien als auch von der Esoterik grundlegend. Christliche Esoterik vermag an das mystische Erleben heranzuführen. Ihre Erfüllung findet sie allerdings erst in dem Augenblick, in dem das Christus-Ereignis eintritt. Das ist in diesem Zusammenhang nicht unbedingt eschatologisch zu verstehen. Denken wir nochmals an die eingangs zitierte Bibelstelle. Es heißt: »Da verbreitete sich diese Rede unter die Brüder, daß dieser Jünger nicht sterbe. Aber Jesus hatte zu ihm nicht gesagt, daß er nicht sterbe«, auch nicht: »Wenn ich will, daß er bleibt«, bis ich wiederkomme, sondern »bis ich komme«. Die Esoterik kann das mystische Erlebnis zwar vorbereiten, ist aber nicht notwendigerweise dessen Voraussetzung. Im mystischen Erleben verschmilzt die Seele mit Gott, ein Geschehen, das auch ganz spontan eintreten kann. Die Skepsis der Kirche dieser Form von Frömmigkeit gegenüber beruht vor allem darauf, daß dieser mystische Vorgang nichtformulierbare Geheimnisse in sich birgt, die sich dem kirchlichen Dogma entziehen. Außerdem wird das Phänomen der unmittelbaren Gottesschau von der christlichen Dogmatik abgelehnt.[20] Daß die größten Mystiker aus dem Dominikanerorden, der u. a. auch ein Predigerorden war, hervorgingen, mag in erster Linie daran liegen, daß dessen Mitglieder, im Kampf gegen die Ketzer geschult, mit der Erscheinung religiösen Außenseitertums besonders gut vertraut waren und sich intensiv mit ihm auseinandersetzen mußten. Das aber förderte die Entwicklung mystischer Frömmigkeit, die eine Überbrückung scheinbar unvereinbarer Widersprüche durch tiefe Versenkung in das Wesen Gottes zu erreichen sucht.[21]

Als ein Bindeglied zwischen den älteren Ketzerbewegungen und den reformatorischen Strömungen können die »Böhmischen Brüder« betrachtet werden, auch »altevangelische Gemeinden« genannt, da sie bereits Vorformen der Reformation darstellen. Es war u. a. die Unerbittlichkeit, mit der die katholische Kirche Andersdenkende verfolgte, die letztlich zur Spaltung führen mußte. Mit dem eigentlich esoterischen Christentum haben diese »altevangelischen Gemeinden« nur insoweit zu tun, als ihre Intentionen dem Urchristentum vergleichbar sind und sie eine ähnliche christliche Nächstenliebe pflegten. Wie die Bogumilen orientierten sich auch diese Gemeinden am Apostel Paulus. Doch faßte man ihn mehr als den Pragmatiker auf, während die esoterischen Züge seiner Gestalt, die z. T. in seinem visionären Erleben Ausdruck fanden, eher verdrängt wurden. Wie einstmals die katholische Kirche, so beschritt auch die evangelische, nachdem sie sich durchgesetzt hatte, den Weg der Exoterisierung.[22]

Ebenfalls von großer Bedeutung für unser Thema ist die Steinmetzenzunft, von der sich später die Freimaurer unmittelbar ableiteten. Da die Bauhütten wandernde Zunftgemeinschaften waren, hatten sie einen relativ großen Freiheitsraum. Später, als die Zahl der eigenen Mitglieder abnahm, fanden auch Nichtangehörige des Berufes Aufnahme, so daß die Organisation religiösen Außenseitern Unterschlupf gewähren konnte. Die Zeichen der Steinmetzen enthielten ursprünglich die Berufsgeheimnisse, doch waren sie seit jeher weitreichender aufzufassen und hatten fast immer mehrere Bedeutungsschichten. So wurden diese Bauhütten, die sich zunächst vorwiegend dem Kirchenbau widmeten, zu Bewahrern esoterischen Gedankengutes. Da sich später auch andere Handwerkerverbände in dieser Richtung orientierten, stellt das Zunftwesen zu Beginn der Renaissance eine Vorform der nun aufblühenden Akademien dar.[23]

Für den Prozeß der gegenseitigen Durchdringung von Christentum und antikem Heidentum war Italien, der Schauplatz der frühesten Auseinandersetzung beider Religionen, ein besonders günstiger Boden. Die Assimilierung heidnischen Kulturguts fand ihren hervorragenden Ausdruck in der Kunst. So griff die Architektur in der Renaissance auf aus der Antike stammende Bauformen zurück, in denen sich eine mehr anthropomorphe Gestaltungsweise ausdrückt. Dies entspringt letztlich einem Geist, der in Italien, das sich der Gotik stets in einem hohen Grad verschlossen hatte, nie verlorengegangen war und der nun in einer weltbejahenden Kunst wieder zur vollen Entfaltung kam. An die Stelle des mittelalterlichen Jenseitsglaubens trat das neue Ideal des vollkommenen Menschen, der sich mit dem Kosmos in Harmonie weiß. Dieses Ziel zu erreichen, gehörte zu den zentralsten Anliegen der Akademien, in denen sie alle übereinstimmten. Unterschiedliche Vorstellungen bestanden lediglich hinsichtlich des Weges, der zur Verwirklichung des hohen Ideals führen sollte.

Die Akademien waren in erster Linie Vereinigungen von Gelehrten, dementsprechend leiteten sie hinsichtlich der Esoterik eine Art Säkularisierung ein, wodurch es zu einer allmählichen Ablösung der Esoterik von der Religion kam. Das wiederum führte bis zu einem gewissen Grad zum Verlust der christlichen Auffassung von der Funktion der göttlichen Gnade. Indem der Gedanke der Selbsterlösung mehr in den Vordergrund rückte, stellte sich die Esoterik nun eher in den Dienst der Magie als in den religiöser Pflege. Wie die folgenden Kapitel darlegen sollen, stellen die esoterischen Ideen und magischen Disziplinen ein Teilgebiet des in den Akademien gepflegten Wissens dar.

ZUR GESCHICHTE DES AKADEMIENWESENS

Die Akademien waren Gelehrtenvereinigungen kosmopolitischen Charakters und stellen einen wichtigen Faktor in der Kultur- und Bildungsgeschichte des Abendlands dar. Ihre Bezeichnung als »Akademie« geht auf den Hain des attischen Helden Akademos zurück. In diesem Hain pflegte Platon sich seit etwa 387 v. Chr. mit seinen Schülern und Anhängern zu gelehrten Gesprächen zu treffen. Von der Kirche der Häresie verdächtigt, hatten sich die Akademien in einem harten Kampf zu behaupten. Das geht bereits aus den Bestimmungen des Konzils von 1248 in Valence unter Innozenz IV. hervor, die alle Vereinigungen von Adligen und Bürgern in sogenannten »Brüderschaften«, »Confratrien«, »Sozietäten« usw. bei Strafe der Exkommunikation untersagten. Diese Gemeinschaften stellen die unmittelbaren Vorläufer der Akademien dar. Sowohl 1282 als auch 1327 wurden die Beschlüsse von 1248 erneuert, ein Indiz dafür, wie ernst die Kirche solche Gesellschaften nahm, die z. T. auch unter dem Deckmantel der Zünfte und Gilden wirkten. Bekämpft wurde mit besonderem Nachdruck die in solchen Vereinigungen übliche Kleidung, der Gebrauch des Brudernamens, die Bezeichnung führender Mitglieder als Prioren, Äbte usw. Erst als der Klerus feststellen mußte, daß eine gewaltsame Unterdrückung die Ausbreitung des Akademienwesens nicht verhindern konnte, ging er zu einer anderen, gemäßigteren Taktik über. So wurden einige Akademien offiziell erlaubt, was eine gewisse Kontrolle über sie ermöglichte. Doch blühten neben diesen kirchlicherseits »protegierten« die alten Akademien als Geheimgesellschaften weiter. Obwohl sie sich im Konflikt mit der Kirche befanden, haben wir es bei den Akademien keinesfalls mit häretischen Gesellschaften oder Gruppen einer religiösen Subkultur zu tun. Vielmehr handelt es sich um Vereinigungen von Gelehrten, z. T. auch Künstlern, die das gesamte verfügbare Wissen der damaligen Zeit pflegten, d. h. neben der Theologie und Philosophie auch die jetzt aufkommenden Sprach- und Naturwissenschaften.[24] Damit waren sie auch eine der Keimzellen für die im 17. Jahrhundert entstehenden Sprachgesellschaften und die Akademien der Wissenschaften der modernen Zeit. Die sogenannten Geheimwissenschaften stellen nur einen Teil der in den Akademien gepflegten Wissensgebiete dar. Erst nachdem sie im Zuge der Aufklärung in den Bereich des Aberglaubens abgedrängt worden waren, begannen sie, ein Außenseiterdasein zu führen, und wurden als Lehrinhalte von Geheimgesellschaften außerhalb der Öffentlichkeit weiter gepflegt. Geheimhaltung diente den alten Akademien nicht zur Mystifikation. Sie hatte vorwiegend Schutzfunktion. Die Notwendigkeit von Decknamen führte zu den verschiedensten Bezeichnungen ein und derselben Sache. Gemeinsam war diesen Gelehrtengesellschaften die Verankerung im Platonismus, demgegenüber sich die katholische Kirche mehr und mehr an Aristoteles orientierte.

Die Akademie von Rom

Die Akademie, an der sich der Kampf mit der Kirche am heftigsten entzündete, war die Akademie von Rom. Wie bereits die Urchristen fanden auch die römischen Akademiker einen Unterschlupf in den Katakomben, deren gewaltige Ausdehnung und schwere Zugänglichkeit sie gerade für diesen Zweck so geeignet machten. Sie waren in der Antike Begräbnisstätten, deren Pflege besonderen Begräbnisvereinen oblag. Da bereits Diokletian (240–um 316) die Benutzung dieser unterirdischen Gänge und Räume, in denen er geheime Versammlungsorte der Christen vermutete, verboten hatte, suchten die ersten Christen häufig, die Mitgliedschaft in solchen Begräbnisvereinen zu erlangen, um ihre Treffen unter einem Deckmantel fortführen zu können. Obwohl die Katakomben auch geheiligte Stätten der frühchristlichen Märtyrer waren, untersagte die Kirche, sobald sie die Macht erlangt hatte, ebenfalls Versammlungen in den für geheime Aktivitäten so geeigneten Räumen.

Einer der Gründe für die Überführung der Gebeine der Märtyrer in besondere, ihnen geweihte Kirchenbauten ist das Bemühen, die ehrwürdigen Reliquien aus den Katakomben zu entfernen, um berechtigte Argumente für die Benutzung der alten Begräbnisstätten zu kultischen Zwecken zu entkräften. Die Aufgaben der Begräbnisvereine übernahm nun das »Kollegium der Steinmetzen«, dessen Arbeit unentbehrlich war, solange man die Gruftbauten noch als Begräbnisplätze duldete. Aus dem gleichen Anlaß wie die alten Begräbnisvereine wurde jetzt dieses Kollegium von Gruppen unterwandert, die noch immer kultische Versammlungen, z. T. nach dem Vorbild alter Mysterienorganisationen, in den Katakomben abhielten. Hierzu gehörten auch die Mitglieder der Philosophenschulen, die sich auf die platonische Akademie zurückführten. Mit ihrer Auffassung, Gott sei der »Baumeister der Welt«, fühlten sie sich den Steinmetzen verbunden. So erlangten sie für die Philosophie und Geheimwissenschaften eine zentrale Bedeutung, die sich bis hin zur Freimaurerbewegung erhielt, in deren Symbolik das Handwerkszeug der Bauberufe einging.[25] In diesem Zusammenhang verdient auch die Tatsache, daß Johannes der Evangelist, der Repräsentant esoterischen Christentums, Patron der Steinmetzen war, besondere Erwähnung.

Zu den wichtigsten Initiatoren der italienischen Akademien gehörten nach Italien ausgewanderte Griechen, unter denen Basilius Bessarion, ein Vertreter des Platonismus, die herausragende Persönlichkeit war. In seiner Eigenschaft als Kardinal nahm er eine Mittlerstellung zwischen der Kirche und den Akademien ein, besonders als 1464 ein ausgesprochener Gegner der Platoniker, Paul II. (1464–1471), den päpstlichen Thron bestieg. Nicht ganz zu Unrecht vermutete dieser gerade in Rom ein Zentrum der »Ketzerei« unter dem Deckmantel gelehrter literarischer und philosophischer Interessen, die nur zum Schein nach außen hin vertreten wurden. Deshalb ließ er 1468 zur Fastenzeit Mitglieder der Akademie von Rom verhaften. Er wollte vor allem ihr Oberhaupt treffen, den hochgeachteten Pomponius Laetus, der sich zu diesem Zeitpunkt in Venedig im Haus Conaro befand. Seine Freunde konnten ihn jedoch nicht schützen und mußten dem Drängen des Papstes nachgeben, der seine Auslieferung verlangte. Nachdem man ihn in Ketten durch Rom geführt hatte, wurde er in den päpstlichen Gefängnissen eingekerkert. Pomponius Laetus (1428–1497), als Fürstensohn geboren, hatte aus Überzeugung und Bescheidenheit auf Namen und Besitz verzichtet. Er war ein Schüler des griechischen Gelehrten Valla, des Philologen, der die Konstantinische Schenkung als Fälschung entlarvt hatte. Laetus gründete seine Akademie in Rom offiziell als gelehrte Gesellschaft, und zwar als Akademie für Archäologie. Seine Bedeutung war von europäischem Rang und seine Ausstrahlung reichte über seine Schüler Conrad Celtis und Conrad Peutinger (s. S. 42) bis nach Deutschland.

Merkwürdigerweise hielt die Verfolgungswelle des Papstes gegen die Mitglieder der römischen Akademie nicht lange an. Nach einem Jahr wurden die Gefangenen, unter ihnen auch Pomponius Laetus, freigegeben. Die Akademie jedoch blieb verboten. Man kann annehmen, daß der Papst gezwungen war nachzugeben, weil der Akademie auch Persönlichkeiten aus höchsten Kreisen, wahrscheinlich sogar Kardinäle, verbunden waren. Unter solchen Umständen hätte die Angelegenheit zuviel Aufsehen erregt. Offenbar hatten die Akademiker auch Verbindungen, vor denen der Papst zurückschreckte. Daß die Akademiker tatsächlich geheime Versammlungen in den Katakomben abgehalten haben, geht, wie Ludwig Keller nachweist, aus Inschriften hervor, die in den Grüften gefunden wurden. Da einige von ihnen aus der Zeit nach den päpstlichen Verfolgungen stammen, ist anzunehmen, daß die Kirche mit dem Verbot nichts erreicht hatte. Man traf sich weiterhin in den unterirdischen Gängen und Räumen. Den Akademikern ging es dabei neben der religiösen Pietät den Märtyrern gegenüber auch um das Christentum in seiner ursprünglichen Form des Urchristentums und in diesem Zusammenhang um die »Wiederherstellung der alten Riten«. Dies weist auf ihre Nähe zur Idee des esoterischen Christentums hin. Sie selbst betonten immer wieder, rechtgläubige Christen zu sein und keineswegs den berüchtigten Häresien anzuhängen. Die esoterische Grundgesinnung des Pomponius Laetus drückt sich u. a. auch in seiner Vorliebe für das Johannes-Evangelium aus.

Die Kirche mußte also einen anderen Weg beschreiten. Sixtus IV. (1471–1484) gründete eine päpstlich privilegierte Akademie, die »Academia di storia ed archeologica«, in der Pomponius Laetus eine besondere Ehrenstellung eingeräumt wurde. Dennoch kam es zur Plünderung seines Hauses, bei der nur seine Manuskripte verschwanden. Daher ist nicht mehr viel von der literarischen Tätigkeit dieses bedeutenden Mannes erhalten. Die Tat kann kaum von gewöhnlichen Räubern verübt worden sein, denen es um materiell interessantere Dinge gegangen wäre, aber niemals nur um Manuskripte. Als Pomponius Laetus starb, war sein Ansehen so groß, daß selbst Alexander VI. (1492–1503) seine Höflinge zur Leichenfeier sandte. Dem Gelehrten wurden bei seinem Begräbnis alle kirchlichen Ehren zugestanden.[26]

Die kompromißbereite Haltung der Kirche unter Sixtus IV. und den folgenden Päpsten fand ihren Niederschlag auch in der Kunst, z. B. in Wandgemälden der vatikanischen Gemächer, unter denen mehrere aufgrund ihrer Bildinhalte geistig im Umkreis der Akademien anzusiedeln sind. In diesem Zusammenhang wäre ein Fresko von Pinturicchio von 1492/1494 im Appartamento Borgia zu erwähnen mit der Darstellung des Hermes Trismegistos, dem wichtigsten Patron der Geheimwissenschaften. Auch Raphaels *Schule von Athen* (Abb. 52) in den unter Julius II. (1503–1513) und Leo X. (1513–1521) ausgestalteten Stanzen fügt sich in diesen Rahmen. Damit wurde der Nachfahrin der platonischen Akademie, die 529 unter dem christlich-römischen Kaiser Justinian geschlossen worden war, im Herzen des Katholizismus ein Denkmal gesetzt.[27] Die Tatsache, daß ein solches Fresko im Vatikan entstand, verdeutlicht die ambivalente, von Unsicherheit geprägte Haltung, welche die Kirche gegenüber den Akademien einnahm, deren geistiger Anziehungskraft sich auch der Klerus nicht entziehen konnte.

Die Akademie von Florenz und ihr Repräsentant, Marsilio Ficino

Als bedeutendste unter den italienischen Akademien muß die Akademie von Florenz angesehen werden. Eine der frühesten Bruderschaften, aus denen später die um die Persönlichkeit Marsilio Ficinos gruppierte Akademie hervorging, waren die »Humiliaten«, d.h. »Demütige« oder »Gottergebene«. Diese, mit dem Florentiner Tuch- und Seidengewerbe zusamenhängende Gemeinschaft wurde von der Kirche als häretisch erachtet und bereits mit einem Erlaß aus dem Jahr 1173 bekämpft. Ähnliche Sozietäten existierten um die Mitte des 14. Jahrhunderts unter anderen Namen, so die »Compagnia di S. Luca«, offenbar eine unter dem Patron der Maler, Lukas, stehende Künstlergilde, und die »Compagnia de Disciplinati«, eine Vorläuferin der späteren »Academia della Crusca«, die unter den Sprachgesellschaften des 17. Jahrhunderts eine hervorragende Rolle spielte. Solche Gesellschaften wurden von den führenden Geschlechtern der Stadt protegiert. Gelehrte und Dichter verhalfen ihnen zu geistiger Blüte, so auch Dante (1265–1321) und Petrarca (1304–1374), der sich ganz den Ideen Platons zugewandt hatte. Seiner Meinung nach war unter den Philosophen des Altertums Platon derjenige, welcher der Lehre Christi am nächsten gekommen war. Überhaupt spielten platonische Ideen in der Form des Neuplatonismus an den italienischen Akademien eine zentrale Rolle. Eine der Ursachen dafür ist in der historischen Situation Griechenlands zu suchen. Bereits vor der türkischen Invasion hatte Manuel Chrysoloras (um 1350–1415), ein Anhänger der platonischen Lehre, als Gesandter des Kaisers Manuel II. Palaiologos das Abendland bereist. Ludovico Marsilio, der einer Akademie namens »Academia di San Spiritus« vorstand, veranlaßte ihn, sich längere Zeit in Florenz niederzulassen, um das alte Kulturgut zu verbreiten. Seit 1396 war er Lehrer des Griechischen. Nach der Türkeninvasion verließen viele der gebildeten Griechen die besetzten Gebiete und fanden eine Zuflucht in Italien. Bevorzugt wurde von den Gelehrten vor allem Florenz, so daß man geradezu von einer griechischen Kolonie sprechen kann, zu deren bedeutendsten Vertretern Georgios Gemistos Plethon (um 1355–1451) zählte, ein leidenschaftlicher Bewunderer Plotins, der sich seit 1438 in Italien aufhielt. Neben dem platonischen Gedankengut vertrat er auch das der Pythagoreer und Zoroasters, das zur Magie tendierende Anschauungen enthält. Aus Plethons Schule ging die wichtigste Persönlichkeit unter den Griechen hervor, Basilius Bessarion (um 1395 oder 1403–1472), der als Vermittler zwischen den Akademien und der Kirche eine so bedeutende Rolle spielte und dem die Blüte des Akademienwesens, besonders in Venedig, mit verdankt werden muß. In erster Linie ist er als Gelehrter und großer Büchersammler bekannt geworden. Unter den Büchersammlern ragen neben ihm vor allem noch Papst Nicolaus V. (1447–1455), Cosimo de' Medici (1389–1464) und sein Enkel Lorenzo il Magnifico (1449–1492) hervor. Durch die griechischen Emigranten wurde bisher unbekannte Literatur zugänglich, denn die Griechen brachten eine Fülle von Büchern aus ihrer Heimat mit, vor allem, um sie vor der Vernichtung zu retten. Unter den Gründern der 1454 entstandenen, mit dem Namen Marsilio Ficinos verknüpften »Academia«, befand sich neben Rinuccini und Donato Aciaiuoli ebenfalls ein griechischer Gelehrter, nämlich Argyropulos (um 1415–1487).[28]

Zu den geistigen Hauptströmungen, die in den Akademien zusammenflossen, gehörten einmal Ideen des Urchristentums sowie der Mystik, zum anderen Ideen der Antike, in erster Linie diejenigen Platons in der speziellen Form des Neuplatonismus. Diese Richtung der griechischen Philosophie ist gleichzeitig ihre letzte Phase. Sie entwickelte sich in der Zeit von der Mitte des 3. bis zur Mitte des 6. Jahrhunderts und besitzt ausgesprochen synkretistische Züge. Außer platonischem war aristotelisches, stoisches und pythagoreisches Gedankengut vertreten, das sich mit gnostischen Lehrmeinungen mischte. Schließlich wurden auch Elemente der orientalischen Religionen integriert. All dies bildete bald ein undurchdringliches Gewebe, dem die vielschichtigen, in allen Schattierungen schillernden Geheimwissenschaften erwuchsen.[29]

Ein für die Akademie von Florenz epochemachendes Ereignis ist mit dem Namen Cosimo de' Medici verknüpft. Um 1460 wurde von einem mazedonischen Mönch ein griechisches Manuskript nach Florenz gebracht und von einem der Agenten Cosimos erworben. Es enthielt eine, allerdings nicht ganz vollständige Abschrift des »Corpus Hermeticum«. Cosimo de' Medici, der sich ganz besonders für diese Schriften interessierte, wünschte eine Übersetzung und gab sie bei Marsilio Ficino in Auftrag, der damals ein junger Student von 23 Jahren war und sich besonders dem Studium des Griechischen zugewandt hatte. Mit der Übersetzung fand er die ihm adäquate Aufgabe. Es handelte sich dabei um zwei Schriften des Hermes Trismegistos, »Asklepios« und »Pimander«, die für Ficinos geistige Entwicklung große Bedeutung erlangten. Das Buch »Asklepios« erkannte er als ein göttliches Werk über den Willen und seine Emanation, den »Pimander« als eines über die Kraft und Weisheit Gottes, dessen Spiegel der zwischen Diesseits und Jenseits wandelnde Mensch ist.[30]

Verfasser dieser hermetischen Schriften ist die legendäre Gestalt des Hermes Trismegistos, der die Grundprinzipien aller Esoterik in der »Tabula smaragdina« (s. S. 81) formulierte und als einer der Urväter der Geheimwissenschaften anzusehen ist. Vielfach gilt er als ägyptischer Oberpriester, der gleichzeitig Gesetzgeber war und die Stadt Hermopolis gründete. Als Priester und Weiser soll er sich in einem ägyptischen Tempel zu gelehrten Gesprächen aufgehalten haben, aus denen als Quintessenz der »Asklepios« hervorging. Diese Persönlichkeit erscheint mit gottähnlichen Zügen ausgestattet, was sich besonders in seinem Namen niedergeschlagen hat, der auf den Gott Hermes, römisch Mercurius, verweist. Hermes Trismegistos kann als der »dreimalgroße Hermes« übersetzt werden. Somit eignet dem sagenhaften Weisen eine Triplizität, die auf seine drei Rollen zu beziehen ist, einmal auf sein Priestertum, zum anderen auf sein Wirken als Philosoph und schließlich auf sein Königtum und seine Tätigkeit als Gesetzgeber. Seine Bedeutung war so herausragend, daß auch die Kirche nicht umhinkonnte, zu dieser Persönlichkeit Stellung zu beziehen. Doch war es ihr ebenso wenig wie hinsichtlich des Urchristentums oder der verschiedenen Strömungen der antiken Philosophie möglich, zu diesem Urvater der Geheimwissenschaften ein eindeutiges Verhältnis zu gewinnen. Teils stieß der heidnische Philosoph auf Ablehnung, so bei dem Kirchenvater Augustinus (354–430), teils wurde versucht, ihn in das christliche Weltbild zu integrieren, wie es Lactantius (zwischen 250 und 260 – nach 317) tat, indem er ihn den Sibyllen und Propheten zuordnete, zu denen, welche die Geburt Christi vorhersagten.[31]

So konnte er auch Eingang in die christliche Kunst finden. In diesem Zusammenhang ist eine Intaglioarbeit Giovanni di Stefanos an der Kathedrale zu Siena von 1418 erwähnenswert. Sie bildet Hermes Trismegistos zusammen mit einer Sibylle und einem Propheten ab (Abb. 3) und bezeichnet ihn inschriftlich als Zeitgenossen von Moses. Hermes Trismegistos ist hier eine würdige, priesterlich gekleidete Gestalt, welche die zwei Begleitfiguren um mehr als Haupteslänge überragt. Seit dem frühen Mittelalter diente dieses Mittel der Bedeutungsgröße dazu, heilige oder gar göttliche Personen hervorzuheben. Dem heidnischen Philosophen wird hier also ein Rang zugestan-

3 Giovanni di Stefano, *Hermes Mercurius Trismegistos*, Intaglio-Arbeit, 1418

den, der in der christlichen Kunst in der Regel nur noch Heiligen zukam. Die Begleitfiguren befinden sich im Gespräch mit ihm, was eine Anspielung auf die hermetischen Dialoge sein könnte. Es fällt auf, daß der Hermes Trismegistos der Intaglioarbeit an zwei Blätter Albrecht Dürers erinnert. Eines trägt den Titel *Sitzender bärtiger Mann,* das andere, eine schwer enträtselbare Federzeichnung, ist als *Thronender Greis mit Zepter und kniender Jüngling* bezeichnet (Abb. 62). Der Greis auf diesem Blatt trägt einen ähnlichen Hut und ist im Halbprofil wiedergegeben wie der große Weise auf dem Sieneser Intaglio. Obwohl sitzend dargestellt, eignet ihm dieselbe Würde, die besonders durch die Fülle des stoffreichen Gewandes unterstrichen wird. Das Fresko im Vatikan mit der Darstellung des Hermes Trismegistos wurde bereits im letzten Abschnitt erwähnt (s. S. 30). Es befindet sich in der Sala delle Sibylle, die im Auftrag Alexander VI. (1492–1503) ausgestattet wurde. Hermes Trismegistos in der Mittelachse des Freskos ist von Philosophen umgeben, mit denen er Gespräche führt. Über seinem Kopf schwebt eine Sphärenkugel mit den Tierkreiszeichen. Das Motiv der über einer Person schwebenden Sphärenkugel begegnet auch bei Dürer, und zwar in dem 1496 entstandenen Einblattholzschnitt *Der Syphiliskranke* (Abb. 23). Das Fresko im Vatikan ist Bestandteil eines größeren Programms, zu dem auch die Propheten, Sibyllen, Tierkreisbilder und Planetenpersonifikationen in den Lünetten gehören.[32] Wie der platonischen Akademie mit Raphaels *Schule von Athen* ist mit diesem Fresko in der Hochburg der römischen Kirche auch dem Urvater der Geheimwissenschaften ein Denkmal gesetzt worden.

Marsilio Ficino (1433–1499), tief beeindruckt von der Persönlichkeit des archaischen Weisen, verhalf den hermetischen Schriften nicht nur zur Weiterverbreitung, sondern verwertete ihren Ideengehalt auch in den eigenen Arbeiten. Als Herz der Akademie von Florenz gehört er zu den bedeutendsten Köpfen der abendländischen Geistesgeschichte. Unter seinen Freunden genoß er besondere Sympathie. Klein von Statur, wußte er durch seine Geistesgröße eine ganze Generation zu befruchten. Obwohl von höchsten Ansprüchen auf geistigem Gebiet, blieb er in seinen persönlichen Bedürfnissen bescheiden und führte, gleich dem ihm kongenialen Pomponius Laetus, ein einfaches, zurückgezogenes Leben. Unermüdliches Schaffen machte ihn zu einem der profundesten Forscher im Zeitalter der Renaissance. Im Museo Nazionale in Florenz gibt es eine bronzene Medaille mit seinem Profilbild, datiert zwischen 1496 und 1499, die Niccolò Fiorentino zugeschrieben wird (Abb. 4). Marsilio Ficino stand in dieser Zeit zwischen seinem 63. und 66. Lebensjahr. Trotz den Spuren des Alters, ersichtlich an den bereits etwas schlaff gewordenen Wangen, eignet dem von einer knappen Kappe bedeckten Kopf eine starke Ausstrahlung und Energie. Unter wulstigen Brauen ist der Blick fest geradeaus gerichtet. Energisch springt die Nase nach vorn. Die Lippen sind fest geschlossen. All das drückt den Ernst und die Würde des großen Gelehrten aus, der eine in sich ruhende Persönlichkeit war. Eine leichte, über sein Antlitz gebreitete Versonnenheit deutet auf die melancholische Veranlagung, die eine wichtige Seite seines Wesens ausmachte. In der Verbindung von Kraft und Schwermut formuliert sich Altersweisheit, die, fern aller spekulativer Gelehrsamkeit, einem erfahrungsreichen Leben entstammt. Der Kopf vermittelt ganz den Eindruck eines Mannes, der, seiner hohen Sendung bewußt, mit beiden Beinen im tätigen Leben stand. Seine Biographie bestätigt, was uns die Medaille erkennen läßt. Von Cosimo de' Medici zum Haupt der Akademie von Florenz erkoren, hatte er einen weitgesteckten

4 Niccolò Fiorentino (zugeschrieben), *Marsilio Ficino*, Bronzemedaille, 1496/99

Aufgabenbereich, zu dem besonders die Erziehung vornehmer junger Männer gehörte. So wurde auch Cosimos Enkel, Lorenzo de' Medici (1448–1492), einer seiner Anhänger und später auch Schirmherr der Akademie, die gerade in seiner Zeit ihre volle Blüte erreichte. Nach dem Vorbild Platons wurde der Freundschaftskult unter den Akademikern gepflegt. Man tauschte gegenseitig Briefe aus. Sie dürfen allerdings nicht als Privatbriefe im heutigen Sinn aufgefaßt werden. Vielmehr handelt es sich um wohl ausgefeilte, literarisch wertvolle Episteln, anhand derer fundamentale Gedanken in den Gelehrtenkreisen diskutiert wurden. Am bekanntesten ist wohl der Briefwechsel Ficinos mit Giovanni Cavalcanti. Dieser Briefwechsel sollte auf Dürers Kupferstich *Melencolia I* einen großen Einfluß nehmen (s. S. 131).

Ficino hatte es sich zum Anliegen gemacht, die verschiedenen Strömungen des Platonismus, Plotinismus, Aristotelismus und des Christentums zu einer großen geistigen Gesamtschau zu vereinen. Sein Interesse umspannte das mit den Namen der größten heidnischen und christlichen Philosophen verbundene Gedankengut. Zu diesem Zweck betrieb er ein intensives Quellenstudium. 1475 übersetzte er das »Symposium« von Platon, das zu einer der in Europa bekanntesten Schriften dieses großen Philosophen wurde. Die Verehrung, die Platon bei den Akademikern genoß, drückt sich besonders darin aus, daß es bei ihnen Brauch war, unter seiner Büste eine ewige Lampe brennen zu lassen.

Auch religiöse Vorstellungen des Orients hatten in Ficinos Gedankenwelt Platz. Indem er Gott als einheitlichen Mittelpunkt ansieht, der die Vielheit der existierenden Dinge aus sich selbst heraus erschafft, zieht er eine Parallele zur Lehre der Erschaffung der Welt durch den schlummernden Brahma. Ficino betrachtet die Schöpfung gleichsam als Peripherie Gottes, der den Nabel der Welt der Erscheinungen bildet, und hält es für möglich, von jedem Punkt der Peripherie aus zum Zentrum selbst, d. h. zum höchsten Schöpfergeist, zu gelangen.[33] Da Ficinos System von gnostischen, kabbalistischen und astrologischen Ideen durchsetzt war, mußte es zwangsläufig in Widerspruch zu den kanonisierten christlichen Dogmen geraten.

Immer wieder kreisten Ficinos Gedanken um die hermetischen Schriften, die reich an magischen Vorstellungen sind. So war er Anhänger der sympathetischen Astralmagie, eine Lehre, welche die Fähigkeit vermitteln will, die positiven Kräfte der Sterne anzuziehen. Ihr liegt der Gedanke der Affinität zugrunde, man ziehe an, was in der eigenen Seele aktiviert wird. Da die seelischen Bereiche wie Saiten schwingen und so auf bestimmte kosmische Einflüsse antworten, kommt es darauf an, sich selbst so einzustimmen, daß man Kontakt zu den positiven Kräften bekommen und auf ihrer Ebene mitschwingen kann. Dies soll vor allem durch die Praktiken der sogenannten »weißen Magie« erreicht werden, mit der sich Ficino intensiv auseinandersetzte. Seine eigenen Gedanken hierzu legte er in seinem Werk »De vita coelitus comparanda« nieder, von dem auch Agrippa von Nettesheim Kenntnis gehabt haben muß. Der Begriff »Magie« umfaßte damals wesentlich mehr als heute, da zur »weißen Magie« auch die »natürliche oder Naturalmagie« gehörte. Sie umfaßte sämtliche damals zugänglichen Erkenntnisse der Naturwissenschaften und ist daher als einer der Ansatzpunkte ihrer Entwicklung anzusehen. Ein Magier der damaligen Zeit beschäftigte sich also nicht nur mit spekulativen Dingen, sondern konnte auch Naturwissenschaftler sein.[34]

Eine der wichtigsten Arbeiten Marsilio Ficinos, »De vita triplici«, von der auch Dürer beeinflußt wurde, erschien 1489. Im gleichen

Jahr kam es zu Schwierigkeiten mit der Kirche, wohl im Zusammenhang mit diesem Werk, das mit astrologischen und magischen Gedankengängen durchsetzt ist. Doch konnten sie rasch beseitigt werden und waren auch in keiner Weise mit der Schmach verbunden, wie sie sein Gesinnungsgenosse, Pomponius Laetus, über sich hatte ergehen lassen müssen. Prinzipiell mußte der Gelehrte durch sein Engagement für magische Praktiken wie Astrologie und Mantik den klerikalen Kreisen verdächtig erscheinen. Dennoch kann er nicht als Magier oder Astrologe im heutigen Sinn bezeichnet werden, denn er blieb im Grunde seines Herzens Philosoph und Gelehrter, jeder Scharlatanerie abhold. So bejahte er die Astrologie niemals bedingungslos, sondern sah die Gefahren, die ihrem Mißbrauch erwuchsen. Das hinderte ihn allerdings nicht, sich gelegentlich selbst als Astrologe zu betätigen und seinen Freunden Horoskope zu stellen, wie es damals unter Gelehrten Brauch war. Die Unsicherheit gegenüber dem undurchschaubaren Gebiet der Geheimwissenschaften, in dem man sich so leicht verlieren konnte, war also nicht nur unter den Vertretern der offiziellen Kirche verbreitet, sondern auch unter den weniger dogmatisch, aber durchaus christlich denkenden großen Gelehrten.

Die Akademie von Venedig

Hatte die Akademie von Rom an den Quellen des Christentums angeknüpft, so verhalf diejenige von Florenz dem Neuplatonismus zum Durchbruch. Venedig dagegen erwies sich als eine Art Knotenpunkt, in dem alle geistigen Strömungen zusammenflossen und von hier aus weitergereicht wurden. Seit jeher war das Inselreich aufgrund seiner geographischen Lage ein Bindeglied zwischen Okzident und Orient gewesen. Nun bezog sich seine vermittelnde Rolle in besonderer Weise auch auf den kulturellen Austausch zwischen Nord und Süd. Hier wirkte Kardinal Bessarion und gründete eine Akademie. Seine Stellung als hoher Kirchenfürst führte ihn dazu, sich um eine Integration des aus der heidnischen Antike stammenden Gedankenguts mit dem Christentum zu bemühen; ein schwieriges und nicht ungefährliches Unterfangen.[35] Ein Zeugnis dieses Bestrebens sind die »tarocchi«, als Meditationshilfe gedachte Spielkarten, an deren Ausarbeitung er beteiligt war und zu denen Dürer Nachzeichnungen anfertigte (s. S. 91).

In Venedig lag der Akzent auf dem Buchwesen sowie auf magisch orientierten Disziplinen. Neben der Akademie des Kardinals Bessarion entstand hier eine weitere unter Ermolao, die jedoch bereits 1500 wieder geschlossen wurde. Zur repräsentativsten Akademie jedoch wurde die des Druckers Aldus Manutius d. Ä. (1450–1515), die bereits eine päpstlich privilegierte, also kirchlicherseits kontrollierte Akademie war. Sie bezeichnete sich im Gegensatz zu den älteren Akademien als »Neoakademie«, wohl um sich von den beim Klerus in Mißkredit stehenden Einrichtungen abzugrenzen. Eines ihrer bedeutendsten Mitglieder, Aurelio Augurelli (1441–1524), ein petrarkischer Humanist und Dichter, war zugleich Mitglied der Akademie von Florenz, wo er Ficino und Pico della Mirandola nahestand. Damit ist dieser Gelehrte einer der Mittler, die an der Verbreitung des Ideengutes der Akademien arbeiteten.

Augurelli hatte die Behauptung aufgestellt, die »prima materia«, der Ausgangsstoff der Alchimie, sei in den Bergen von Treviso zu finden. Doch ist diese Bemerkung wohl mehr im übertragenen Sinn zu verstehen. Sie kann auf den Freundeskreis um Aldus bezogen werden sowie auf die Tatsache, daß die Alchimie in Venedig besonders gepflegt wurde. Das Interesse für diese Disziplin erreichte ein solches Ausmaß, daß die venezianische Regierung, die Signoria, mit Verboten gegen ihre Ausübung einschritt. Daraufhin soll in Venedig eine Geheimgesellschaft unter dem Namen »Voarchudumia« gegründet worden sein, ein Name, den auch ein von Agrippa von Nettesheim in Paris gegründeter Geheimbund trug. Diese Namensgleichheit verweist auf den übernationalen Aspekt der Gelehrtenbünde, die sich vergleichbaren Ideen und Intentionen verschrieben hatten. Der Name »Voarchudumia« begegnet auch in der Schrift eines in Venedig lebenden Priesters, der unter dem Namen Pantheus veröffentlichte und eine »Kunst der Transmutation«, also eine alchimistische Schrift, verfaßt hatte mit einer Widmung an Papst Leo X. Durch solche Widmungen trachteten die Gelehrten danach, Schriften zu schützen, deren Inhalt den Widerspruch der Geistlichkeit hätte herausfordern können.[36]

Die starke Zuwendung zur Alchimie wie zur Astrologie, den eigentlichen Säulen der Geheimwissenschaften, ist ein charakteristisches Merkmal der Akademie von Venedig. Damit wird auch die Brücke zum Norden geschlagen, wo eine besondere Empfänglichkeit für alles Magische verbreitet war. Mit der Bevorzugung dieser Disziplinen war in Venedig die Hermetik, zu der alles verborgene, nur Eingeweihten zugängliche Wissen mit seiner verschlüsselten Symbolik gehört, besonders stark ausgeprägt, wodurch die Akademie von Venedig eher noch als die ihr vergleichbaren Gruppen zu einer Vorläuferin moderner Geheimgesellschaften wurde. Wenn die Alchimie auch von den venezianischen Akademikern betrieben wurde, so wäre es doch irreführend, sie als »Goldmacher« zu bezeichnen. Das Bemühen, alchimistisches Gold herzustellen, dürfte trotz Augurellis Bemerkung nur eine untergeordnete Rolle gespielt haben. Zudem machte die Alchimie während der Renaissance eine Art Verinnerlichungsprozeß durch, in dessen Verlauf geistig-seelische Entwicklungen bei den Alchimisten selbst in den Vordergrund traten. Dies erreichte einen Gipfel im späteren Rosenkreuzertum.

Im Gegensatz zur Alchimie wurde die Astrologie, die in Venedig ebenfalls eine alte Tradition hatte, weiterhin öffentlich betrieben. Am eindrucksvollsten wird dies in der unter venezianischer Herrschaft stehenden Universitätsstadt Padua sichtbar, und zwar in dem astrologischen Zyklus ihres Palazzo della Ragione, auch »Il Salone« genannt, der Darstellungen von Planeten, Tierkreiszeichen und Planetenkindern enthält. In seiner Gesamtheit ist er oft als Horoskop der Stadt gedeutet worden. Auch in Venedig selbst, in den Kapitellen des Dogenpalastes, begegnen astrologische Themen, so im Tierkreiszeichen-Kapitell (Abb. 5) unter der Eckpfeilergruppe mit dem Sündenfall, weiterhin in einem Kapitell, das die Monate wiedergibt, teilweise mit den ihnen zugeordneten Tierkreiszeichen, und schließlich in einem den Lebensaltern gewidmeten Kapitell. Hier steht jedes Lebensalter unter dem Patronat eines bestimmten Planeten.[37]

Der eigentliche Schwerpunkt der geistigen Wirksamkeit, der Venedig einen großen Teil seines Mittlertums verdankte, war das Buchwesen. Aldus Manutius, das Haupt der Neoakademie, hatte bereits 1489 in Venedig eine Offizin gegründet, aus der die Schriften fast aller bekannten antiken Autoren, darunter zahlreicher Griechen, hervorgingen. Sein Signum, ein von einem Delphin umschlungener Anker mit der geteilten Umschrift AL – DUS, war für die Zeitgenossen ein Begriff. Es handelt sich dabei um ein Symbol, das bereits die Katakombenmalerei kennt. Die eng mit der Druckerei des Aldus verbundene Akademie beschäftigte sich ausgiebig mit verlegerischen Problemen.

5 Tierkreiszeichen-Kapitell *Jupiter mit Schütze und Fische* vom Dogenpalast in Venedig, um 1415

6 *S. Claudius,* Kapitell *Il Quattuor Coronati* am Dogenpalast in Venedig, um 1400

Die zu druckenden Werke wurden von den Akademikern für den Satz vorbereitet, wobei in erster Linie philologische Fragen zu erörtern waren. Unter den Werken, die bei Aldus erschienen, gab es zahlreiche alchimistische und astrologische Schriften. Große Bedeutung erlangte die »Hypnerotomachia Poliphili«, ein Werk, welches das gelehrte humanistische Wissen in Form einer Traumdichtung enthält und 1499 von Francesco Colonna (1433–1527), einem Mönch im Dominikanerkloster in Venedig, verfaßt wurde. »Poliphilus« ist der Name des Helden, dessen Herzenskönigin »Polia« eine Personifikation der Antike darstellt. In der »Hypnerotomachia Poliphili« gehen Humanismus und Hermetik eine enge Verbindung ein, wobei der ägyptisch-antike Charakter des Werks von besonderer Bedeutung ist. Da die Pflege der ägyptischen Hieroglyphenmystik, ein Versuch, dem Sinn der noch nicht entschlüsselten Schriftzeichen näher zu kommen, zu den speziellen Interessen der Akademiker gehörte, war das Erscheinen eines solchen Buches bei Aldus naheliegend. Seine Wirkung reichte im Norden bis zum Humanistenkreis am Hof Maximilians I., wo die Hieroglyphenkunde in noch intensiverer Form betrieben wurde und ihre größte Blüte während der Renaissance erreichte.[38] Auch im Besitz Albrecht Dürers befand sich ein Exemplar der »Hypnerotomachia Poliphili«.

Über die Gepflogenheiten unter den Akademikern gibt es kaum Nachrichten. Angeblich wird im Status der Aldus-Akademie ein »Presbyter« erwähnt; die Mitglieder selbst nannten sich »Philosophen«. Der Haupttreffpunkt der »Neoakademie« befand sich in den Gärten von Murano.

Schutzpatron der Akademie war der Esoteriker unter den Aposteln, der hl. Johannes, der häufig auch das Patronat über die Steinmetzen- und Malergilden des 14. und 15. Jahrhunderts innehatte.[39] Unter anderem deutet gerade dieses Patronat darauf hin, daß die Beziehung der Akademie zur Kunst damals bereits eine Tradition hatte. Man darf annehmen, daß auch Künstler in den »logenartigen« Gesellschaften vertreten gewesen sind. Einen Hinweis darauf können zwei Kapitelle des Dogenpalastes geben, welche die sogenannten »Vier Gekrönten«, die Schutzheiligen des Bildhauerhandwerks, darstellen. Da diese Heiligen relativ selten repräsentiert worden sind, gibt ihr zweimaliges Auftreten in dem Kapitellzyklus ein Rätsel auf. Eines der beiden Kapitelle befindet sich unter den vierseitigen Kapitellen der Loggia. Es zeigt die Bildhauerheiligen als Märtyrer mit Kronen und Märtyrerpalmen. Bei diesen Heiligen handelt es sich, obwohl sie den Namen »Quattuor Coronati« tragen, eigentlich um fünf Personen, die nach der offiziellen Überlieferung zur Zeit Diokletians den Märtyrertod erlitten. Doch waren sie mit hoher Wahrscheinlichkeit keine Christen. Nach der »Passio«, einer Sammlung von zeitgenössischen Berichten über die Martyrien der frühen Christen, skulptierten die »Quattuor Coronati« zwar einen Sonnengott, verweigerten aber die Anfertigung einer Äskulapstatue. Zwangsläufig entsteht hier die Frage, wieso Christen, jedem Götzendienst abhold, einen Sonnengott hätten anfertigen können. Zu diesem Widerspruch kommt noch die Tatsache, daß die ersten Christen Bildhauer grundsätzlich als Götzenbildhersteller verachteten. Aus diesen Faktoren läßt sich die Vermutung herleiten, daß es sich bei den Märtyrern nicht um Christen, sondern um Anhänger eines heidnischen Mysteriums gehandelt habe, eventuell des Mithraskultes, in deren Glauben wohl der Sonnengott, nicht aber Äskulap eine Rolle spielte. Die Gruppe könnte später ins Christliche umgedeutet worden sein. Wahrscheinlich erlitten die »Vier Gekrönten« das Martyrium sogar durch die christliche Kirche, als diese zur Vernichtung der alten Kulte schritt. Ihre Herkunft aus einer alten Mysterienreligion geriet niemals in Vergessenheit, und dies ist wohl einer der Gründe dafür, daß die »Quattuor Coronati« später auch von den Freimaurern für sich in Anspruch genommen wurden. Es war naheliegend, daß Gruppen, die sich in einem gewissen Konflikt mit der Kirche befanden und die um das Rätsel der Bildhauerheiligen wußten, gerade diese Märtyrer auf ihr Panier setzten. Nicht zufällig sind wohl die schönsten und würdevollsten Skulpturen der »Quattuor Coronati« in Florenz entstanden, dem eigentlichen Zentrum des Akademienwesens. Sie wurden gegen 1420 von Nanni di Banco geschaffen und befinden sich in einer Nische des Außenbaus von Or San Michele. Der Künstler hat sie als antike Philosophen wiedergegeben, auf deren Tätigkeit als Bildhauer die Reliefs am Sockel hinweisen. Ebenso geht das achtseitige Kapitell vom Portikus des Dogenpalastes in Venedig auf den Beruf der Heiligen ein (Abb. 6), indem es sie bei ihrer Arbeit abbildet, und zwar zusammen mit Thomas, dem Patron der Maurer und Steinmetzen, sowie Johannes dem Evangelisten, der uns als Schutzherr der venezianischen Akademie bereits begegnet ist. Aufschlußreich sind hier die Inschriften, die Thomas als den »ungläubigen«, Johannes aber als den »besten Schüler« bezeichnen. Wenn auch die Wertschätzung, derer sich die Künstler während der Renaissance in der Gesellschaft zu erfreuen begannen, ein Motiv für die wiederholte Darstellung der Bildhauerheiligen am Dogenpalast gewesen sein mag, so muß aufgrund dieser Zusammenhänge doch auch an einen Einfluß der Akademien und ihrer Vorläufer gedacht werden. Dabei ist auch die Rolle zu berücksichtigen, welche die Künstler in den Akademien spielten.

Die Aufnahme von Künstlern in die Reihen der Akademiker läßt sich für Venedig relativ gut nachweisen. Die herausragende Persönlichkeit muß hier Giorgione (1478–1510) gewesen sein, dessen Gemälde *Die drei Philosophen* (Abb. 54) und *La Tempesta* (Abb. 53) einen engen Zusammenhang mit der Akademie vermuten lassen (s. S. 121ff.). In höherem Maße noch als bei vergleichbaren Künstlern in Rom oder Florenz ist Giorgiones Bildsprache hermetisch und steht somit unter dem Gesetz echter Geheimgesellschaften. Zusammen mit Dürer malte er im Fondaco dei Tedeschi in Venedig Fresken, die bereits für Vasari unverständlich waren.[40]

Aus dem Briefwechsel Dürers mit Pirckheimer geht hervor, welch großer Wertschätzung sich der bedeutende Nürnberger in Venedig erfreute. Doch war Dürer nicht der einzige in Venedig anwesende deutsche Künstler. Gerade in Murano, einem der Treffpunkte der Akademie, lebten zahlreiche Künstler aus Deutschland, die dort eine regelrechte Künstlerkolonie bildeten. Hier fanden Deutsche nicht nur in der Malerei, sondern auch in verschiedenen Handwerken Beschäftigung. In Treviso hielten sich deutsche Bildhauer, Holzschnitzer und Maler auf. Die Gegend war für sie besonders attraktiv, weil hier keine Scuola dei pittori existierte und damit auch kein Zunftzwang, der den Fremden die Konkurrenz erschwert hätte. Gustav Friedrich Hartlaub machte darauf aufmerksam, daß sich im Fondaco dei Tedeschi die Calzabrüder versammelten, wobei er erklärt, nicht entscheiden zu können, ob es sich bei diesen um eine Karnevalsgesellschaft oder einen Geheimbund gehandelt habe. Auch dies ist ein Indiz dafür, wie stark Deutschland vom Akademienwesen Italiens besonders über Venedig befruchtet wurde.[41] Gerade bei einer Künstlerpersönlichkeit wie Dürer, der in Venedig im Auftrag der deutschen Kaufmannschaft des Fondaco dei Tedeschi sein *Rosenkranzfest* schuf, kommt dies zum Tragen. Als Dürer nach Venedig kam, war der Boden für ihn gleichsam vorbereitet. Er fand ein Milieu, in dem er gut Fuß fassen konnte und das ihn seinen ersten großen Erfolgen zuführte.

Conrad Celtis und die Sodalitäten in Deutschland

Als Conrad Celtis (1459–1509) in den Jahren 1487–1489 in Italien weilte, verkehrte er in Florenz auch mit Marsilio Ficino. Während seines Aufenthalts in Rom wurde er ein Schüler des Pomponius Laetus. Dieser regte ihn an, nach dem Vorbild der italienischen Akademien in Deutschland entsprechende Sozietäten zu gründen. Celtis, ein Mann von umfassender Bildung, nahm diese Anregung auf und begann in den folgenden Jahren, in Deutschland zahlreiche humanistische Organisationen zu gründen. So forderte er 1491 die Errichtung einer humanistisch orientierten Poetenschule in Nürnberg, was jedoch erst 1496 verwirklicht wurde. Seine fundamentalen akademischen Studien hatten ihn mit der Scholastik, mit den Werken von Albertus Magnus (um 1200–1280) und Thomas von Aquin (1225–1274) bekanntgemacht; in Heidelberg, wo Rudolf Agricola (1444–1485) sein Lehrer war, wandte er sich dem Humanismus zu sowie den klassischen Sprachen Griechisch und Hebräisch; seine Lebenserfahrung bereicherten lange Wanderjahre. Er genoß hohes Ansehen. Auf Fürsprache des Kurfürsten Friedrich III. von Sachsen wurde er am 18. April 1487 von Kaiser Friedrich III. auf der Burg in Nürnberg als erster deutscher Dichter zum »Poeta laureata« gekrönt. Während seines Italienaufenthaltes ließ er sich vom Geist der Renaissance durchdringen und nahm die Ideale des Neuplatonismus auf. Den Gedanken, eine den italienischen Akademien entsprechende »Academia Platonica« auch in Deutschland zu gründen, verwirklichte er während seines Aufenthalts in Ingolstadt ab 1491 und dann in Heidelberg 1495/96 mit der »Sodalitas litteraria Rhenania«, zu deren Mitgliedern auch Reuchlin und der Abt Trithemius gehörten. Ein weiteres Betätigungsfeld eröffnete sich Celtis, als er im März 1497 von Kaiser Maximilian I., seinem Gönner und Mäzen, an die Wiener Universität berufen wurde, wo er vor allem Rhetorik und Poetik unterrichtete. Hier baute er seine Akademien weiter aus und errichtete die in ihrem Einzugsbereich bis ins ungarische Ofen reichende »Sodalitas litteraria Danubia«, eine Erweiterung der Heidelberger Gründung; andere Stiftungen folgten in Augsburg, Nürnberg, Olmütz usw. Wie die italienischen Akademiker, so suchte auch Celtis die Synthese von Christentum, Neuplatonismus und der römisch-griechischen Antike. Dazu kam die Hinwendung zur Kunst, vor allem zur Musik. Jeder Einseitigkeit abhold, wollte er die literarisch-philosophische Seite der Bildung auch nach der mathematisch-naturwissenschaftlichen Richtung hin erweitern. Diesem Bestreben entspringt das mit Hilfe Maximilians I. ins Leben gerufene »Collegium poetorum et mathematicorum«.[42]

Auch die deutschen Akademien mußten von klerikalen Kreisen her Schwierigkeiten gewärtigen. Die Sodalitäten trugen möglichst harmlose Namen, um keine unnötigen Verdächtigungen auf sich zu ziehen. Besonders seit der Verhaftung der Mitglieder der Akademie in Rom im Jahr 1468 und anderen Vorkommnissen war man vorsichtig geworden und versuchte, mit folgenden Decknamen die Sodalitäten zu schützen: »Deutsche Sozietät«, »Rheinische Sozietät«, »Donau-Gesellschaft«, »Lilien-Gesellschaft«, »Gymnasium«, »Museum«, »Sodalitas«, »Collegium«, »Sozietas«, »Sodalitium«, auch »Stuben« oder »Kammern«. Erwin Panofsky weist auf eine »Sodalitas Staupiziane« hin, der sich auch Dürer anschloß, und Gustav Friedrich Hartlaub nimmt ebenfalls die Zugehörigkeit Dürers zu einer der auf Anregung von Konrad Celtis entstandenen Gruppen an, die später z. T. in die deutschen Sprachgesellschaften einmündeten. Die Mitglieder wurden zumeist in Grade eingeteilt, und zwar in den Grad der Anfangenden (Incipiantes), den Grad der Fortschreitenden (Proficientes) und den dritten Grad der Fertigen (Perfectis). In diesen Gesellschaften waren außer den gelehrten Humanisten und Poeten auch Maler, Bildhauer und Buchdrucker vertreten.

Eine große Rolle bei der Verbreitung des in diesen Organisationen gepflegten Wissens spielte, wie anhand der venezianischen Akademie dargestellt wurde, die nun aufblühende Buchdruckerkunst, welche die Voraussetzung dafür war, daß sich die neuen Ideen des Humanismus fortpflanzen und durchsetzen konnten. Als eines ihrer wichtigsten Zentren ist Nürnberg zu nennen. Das in den Sodalitäten gepflegte Wissen und Forschen galt neben der Rhetorik, Poetik und Philosophie auch der Astrologie, Kosmographie, Geographie, Alchimie – worin sich eine Vielfalt zeigt, der wir ebenfalls bei den italienischen Akademien begegnet sind.

Außer Celtis traten auch andere Männer als Begründer solcher Gesellschaften auf, so Reuchlin, der eine »Academia secretissima philosophiae« einrichtete, und vor allem Agrippa von Nettesheim (1486–1535), der u. a. einen Alchimistenbund in Lyon gründete. Typisch ist der übernationale Charakter dieser Vereinigungen (s. S. 28).[43]

Wenn die deutschen Sodalitäten mit den italienischen Akademien auch durchaus in ihren Zielsetzungen übereinstimmten – Anknüpfung an die ältesten Bräuche des Christentums, Veredelung des Menschen durch sittliche und wissenschaftliche Bildung, Befreiung der Naturwissenschaften aus der Bevormundung durch die Kirche –, so liegt bei ihnen doch ein stärkerer Akzent auf dem magischen Gedankengut. Außer der hermetischen Spätantike rückten hier jüdische und arabische Lehren mehr in den Vordergrund als im Süden. So tritt dem Typ des italienischen Akademikers in Deutschland der des Magiers entgegen, dem Goethe in seinem »Faust« ein Denkmal setzte. Es waren vor allem zwei Geistesströmungen, welche die deutschen Magier mit Vorliebe pflegten, die durch Reuchlin eingeführte Kabbala, die von Agrippa von Nettesheim mit älterem magischen Denken sowie mit der Astrologie verknüpft wurde, und eine eng im Naturerleben wurzelnde »Naturalmagie«, wie sie sich durch das Schaffen des großen Arztes Paracelsus zieht. Auf diese Männer wird im folgenden näher einzugehen sein.

Johannes Reuchlin

Zu den bedeutendsten Mitgliedern der »Sodalitas litteraria Rhenania« gehörte seit 1496 Johannes Reuchlin (1455–1522), dessen besonderes Verdienst die gründliche Erforschung der Kabbala ist, einer der Säulen der Geheimwissenschaften. Seine umfassende akademische Bildung reichte von der Rhetorik und Sprachwissenschaft bis zur Rechtswissenschaft, in der er 1484 den Doktortitel erwarb. Von Graf Eberhard im Barte (1459–1496) wurde er zum Geheimen Rat ernannt und reiste in dessen Dienst nach Italien, wo er mit Marsilio Ficino in Verbindung trat, vor allem aber mit dem Grafen Pico della Mirandola (1463–1494), der einer seiner geistigen Führer wurde. Er war es, der sein Interesse auf die jüdische Geheimlehre und das Hebräische lenkte, das für ihn als »heilige Sprache« zu einem Hauptanliegen seiner weiteren geistigen Bemühungen wurde. Deren Ergebnis ist sein Buch »De verbo mirifico« (»Vom wundertätigen Wort«), bestehend aus drei Büchern in

Gesprächsform, der damals üblichen Form akademischer Abhandlungen. In diesem Werk geht es ihm einmal um die Aufgaben und Grenzen der Philosophie, zum anderen um die Geheimlehre der Kabbala, vor allem in ihrer Anwendung auf das Christentum. Indem Reuchlin eine christliche Kabbala vertrat, ermöglichte er diesem Gedankengut die Aufnahme in das große Gebäude der auf christlichem Boden erwachsenen Geheimwissenschaften des Abendlandes. Da die christliche Kabbala eine möglichst weitgehende Übereinstimmung der jüdischen und heidnischen Philosophie mit den Grundsätzen des Christentums erstrebt, setzt sie die Einbeziehung von Christus in das kabbalistische System voraus. Zu diesem Zweck deutete Reuchlin den Erlöser als das von Gott, der Urquelle aller Dinge, ausgehende Wort, d.h. als den Sohn, der, selbst eine Inkarnation des göttlichen Wortes, einzig und allein den Allmächtigen erkennen kann. Daher wird in der christlichen Kabbala dem aus dem Gottesnamen bestehenden Tetragrammaton IHWH (Jahwe) für Christus das Pentagrammaton IHSWH (Joshua) hinzugefügt, dessen Symbol u. a. das Kreuz ist. Diesem Kerngedanken wird die für die jüdische Geheimlehre typische Buchstaben- und Zahlenmystik verbunden sowie die aus den pythagoreischen Lehren stammende Zahlenphilosophie. Reuchlins Lehren wurden von Agrippa von Nettesheim aufgenommen, der 1509 in Dôle in Burgund Vorlesungen über dieses Buch hielt. Bei Agrippa sollte dann die magische Seite der Kabbala besonderes Gewicht erhalten.

1517 erschien ein weiteres, Papst Leo X. gewidmetes Buch von Reuchlin, »De arte cabbalistica libri tres«. In diesem, ebenfalls in Gesprächsform abgefaßten Werk baut Reuchlin die Gedankengänge des ersten Buches weiter aus, wobei er besonders großen Wert auf die Übereinstimmungen zwischen der Kabbala und der Philosophie der Pythagoreer legt, die die Messias-Erwartung bereits kannten. Den Gottesnamen denkt er sich aus 72 Engelnamen zusammengesetzt, deren mögliche praktische Anwendung, wie die weitere Entwicklung der Kabbala zeigt, bereits tief in das Phänomen der Magie führt.[44]

Abt Johann Trithemius

Stärker in den Vordergrund tritt das Problem der Magie beim Abt von Sponheim, der ein Bindeglied zwischen Reuchlin und Agrippa darstellt und ebenfalls ein Mitglied der »Sodalitas litteraria Rhenania« war. Ein um 1517 entstandenes Grabmal des Abtes wird Tilman Riemenschneider zugeschrieben (Abb. 7).[45] Es zeigt Trithemius (1462–1516) in geistlicher Tracht mit einer über dem vollen Antlitz schwer lastenden Mithra. Das ernste Gesicht mit dem starken Doppelkinn, den fleischigen Wangen und den fest verschlossenen, abwärts gerichteten Lippen ist durch einen Anflug von Dämonie charakterisiert, die sich in den unregelmäßig nach oben gezogenen Brauen ausspricht. Die Festigkeit der Gestalt, die den Krummstab energisch umschließende linke Hand und die bestimmte Geste, mit welcher der Dargestellte das geöffnete Buch an sich hält, zeugen von Willenskraft und Entschlossenheit, die der mehrfach in den Ruf der Hexerei geratene und der Zauberei verdächtigte Mann, der nur mit Mühe dem Scheiterhaufen entkam, bitter nötig hatte.

Nach Abschluß seiner Studien war Trithemius 1482 in das Benediktinerkloster in Sponheim eingetreten, wo er die Klosterbibliothek zu einer der großartigsten in ganz Deutschland ausbaute. Da er mit viel Eifer auch magische Schriften gesammelt hatte, geriet er in Konflikt mit seinen Mitmönchen. 1505 bestand die Bibliothek aus 2000 Bänden in 11 Sprachen, darunter Handschriften und

7 Tilman Riemenschneider (zugeschrieben), *Grabmal Abt Johann Trithemius,* um 1517

Drucke. In diesem Jahr, während er wegen einer Krankheit abwesend war, verbrannten die Mönche seine gesamte magische Bibliothek, worauf er nicht wieder nach Sponheim zurückkehrte, sondern sich vorübergehend bei Kurfürst Joachim I. in Brandenburg aufhielt. 1506 übernahm er die Schottenabtei St. Jakob in Würzburg, wo er ungestört seine geheimwissenschaftlichen Studien fortsetzen konnte.

Als ein faustischer Mensch, der Spekulatives mit Klostergelehrsamkeit verband, der sich ebenso mit Astrologie und magischen Künsten beschäftigte wie mit der Unterhaltung dienenden Zaubertricks und der ein bewußtes Magiertum pflegte, war Trithemius auch anfällig für Irrtümer und Täuschungen. So mißverstand er das kabbalistische System Reuchlins, mit dem seine als »Steganographie« bezeichnete Kabbala nichts zu tun hat. Diese stellt sich vielmehr als eine Art Geheimschrift dar, die ihm viele Angriffe einbrachte, weil sie mit Dämonennamen operiert. Wie Ficino vertrat auch Trithemius den Standpunkt der »Naturalmagie« und wollte wie Pico della Mirandola ein christlicher Kabbalist und ein christlicher Hermes Trismegistos sein – in der Nachahmung Christi, in der Verachtung der Welt und in der Überwindung der Leidenschaft. Seine Persönlichkeit wirkte stark auf seinen Freund und Schüler Agrippa von Nettesheim, der zum Inbegriff des deutschen Magiers wurde.[46]

Agrippa von Nettesheim

Agrippa von Nettesheim (1486–1535), der von Maximilian I. zum Ritter geschlagen wurde, gilt als der große Magier seiner Zeit. Agrippa war so sehr Prototyp des Zauberers, daß sich in der Bretagne die Bezeichnung eines Zauberbuches als ein »Agrippa« einbürgerte. Welches Ansehen ein Magier haben konnte, geht beispielsweise aus der Beziehung des Bischofs von Bamberg zu dem historischen Faust hervor. Georg von Bamberg, auch Auftraggeber von Loy Hering und Albrecht Dürer, ließ sich von Faust ein Horoskop stellen, das er wesentlich höher honorierte als die Arbeiten der Künstler.[47]

Agrippa von Nettesheim wurde in Köln geboren und trat 1507 in Paris einem geheimen Bund bei. 1515 hielt er in Pavia Vorlesungen über Hermes Trismegistos. Sein Werk »De occulta philosophia«, dessen erste, heute nicht mehr erhaltene Fassung er dem Abt Trithemius gewidmet hatte, war um 1509/10 fertiggestellt worden und zirkulierte in den Gelehrtenkreisen. Die Drucklegung erfolgte erst 1530. Das Werk umfaßt insgesamt fünf Bände, in die teilweise auch Arbeiten anderer zeitgenössischer Magier aufgenommen wurden. Agrippas Werk beschäftigt sich ausschließlich mit Themen der sogenannten Magie, ein Begriff, der fälschlicherweise oft mit Zauberei gleichgesetzt wird. Außer religiösen und philosophischen Überlegungen stellt Agrippa auch naturwissenschaftliche Betrachtungen an. In der Vorrede zu seinem Werk weist er darauf hin, daß er bei der Arbeit sämtliche ihm erreichbare einschlägige Literatur herangezogen habe. Was er geschrieben habe, solle mehr der Information dienen und keine »Anempfehlung« sein.[48] Es ist also ein Mißverständnis, das Werk Agrippas als »Zauberbuch« zur Beschwörung von Dämonen anzusehen. Vielmehr handelt es sich um ein in streng wissenschaftlicher Arbeit zusammengetragenes Werk über Magie, als deren Dokumentation es noch heute gelten kann. Dennoch war Agrippas wissenschaftliches Interesse an der Magie auch von leidenschaftlicher Anteilnahme getragen, was aus einem Brief an den Abt Trithemius hervorgeht:

Als ich neulich bei euch, ehrwürdiger Vater, in eurem Kloster bei Würzburg eine Zeitlang mich aufhielt, und wir viel über chymische, magische, kabbalistische und sonstige geheime Wissenschaften und Künste gesprochen hatten, da wurde unter anderm auch die wichtige Frage aufgeworfen, warum wohl die Magie, die einst nach dem einstimmigen Urteile aller alten Philosophen den höchsten Rang einnahm, und bei den Priestern des Altertums stets im größten Ansehen stand, in der Folge den hl. Vätern seit der Entstehung der katholischen Kirche immer verhaßt und verdächtig gewesen, und endlich von den Theologen verworfen, von den hl. Konzilien verdammt und überall durch gesetzliche Bestimmungen geächtet worden sei. Nach reiflicher Erwägung glaube ich die Ursache hiervon darin gefunden zu haben, daß, als die Zeiten und Menschen schlechter wurden, viele Pseudophilosophen und angebliche Magier sich einschlichen... Diese haben auch die vielen verrufenen Bücher, wie man sie heutzutage da und dort zu sehen bekommt, und denen sie den sonst so ehrbaren Namen Magie vorgesetzt haben, herausgegeben... Dies brachte mich, der ich von früher Jugend an allen wunderbaren Wirkungen und geheimnisvollen Operationen aufmerksam und unerschrocken nachgeforscht hatte, auf den Gedanken, daß es wohl kein unlöbliches Unternehmen wäre, wenn ich die wahre Magie, jene uralte Wissenschaft aller Weisen, nach vorheriger Reinigung von gewissenlosen Verfälschungen und unter sorgfältiger Entwicklung ihrer Prinzipien wiederherstellen und gegen ihre Verleumder in Schutz nehmen würde.[49]

In der Magie sieht Agrippa die für ihn wichtigsten Wissenschaften – Physik, Mathematik, Theologie – enthalten. Als Quellen gibt er u. a. an: Zoroaster, Hermes Trismegistos, Porphyrius, Jamblichus, Plotin, Proklus, Orpheus, Pythagoras, Demokrit, Plato.[50] Auch die Ideen Pico della Mirandolas und Reuchlins, besonders dessen Kabbala, nimmt er auf und verbindet sie teilweise mit altem deutschen Zaubergut, wie es in den der Dämonenbeschwörung dienenden »Höllenzwängen« enthalten ist, mit deren Hilfe man Gewalt über Dämonen zu erlangen hoffte, um sich ihre übernatürlichen Kräfte dienstbar zu machen. Damit klingt eine Seite der Magie an, der spätere Nachahmer anhingen, die Agrippas Namen mißbrauchten, um zugkräftige Zauberbücher herauszugeben, die Agrippas Intentionen entgegengerichtet waren.[51]

Wenn sich Agrippa in seinem Werk mit den Gottesvorstellungen der Antike auseinandersetzt, so hat dies u. a. den Sinn, der Kirche gegenüber seine Beschäftigung mit den heidnischen Religionen zu rechtfertigen:

> *Augustinus und Porphyrius bezeugen, daß die Platoniker drei Personen in Gott angenommen haben, von denen sie die erste als den Vater des Weltalls, die zweite als den Sohn und den ersten Verstand (auch von Macrobius so genannt), und die dritte als den Geist oder die Weltseele bezeichnen, welch letzter auch Virgil der platonischen Ansicht gemäß Geist nennt ... Plotinus und Philo sprechen von einem Sohne Gottes, von einem ersten und göttlichen Verstande, der von Gott dem Vater ausgeht, wie das Licht vom Lichte.*

Für die in Widerspruch zum christlichen Glauben stehende Vielgötterei der heidnischen Religionen findet er folgende Erklärung:

> *Die schwachen und mühebeladenen Sterblichen, sagt Plinius, haben ihn [Gott] eingedenk ihrer Gebrechlichkeit getheilt, damit Jeder verehren könne, wessen er am meisten bedürfte.*[52]

Wie Ficino betrachtet Agrippa die »Naturalmagie« als eine erlaubte Form der Magie, die auf dem alten Grundsatz basiert: »Wie oben so unten, wie im Makrokosmos so im Mikrokosmos!« Auch von Ficinos kosmischen Vorstellungen, die teilweise an gnostisches Gedankengut erinnern, findet sich vieles bei Agrippa wieder. Ficino hatte zwischen einer Weltenseele, zwölf Sphärenseelen und zahllosen Einzelseelen unterschieden, darunter Gestirn- und Menschenseelen, Dämonen und Heroen. Von diesen sind die himmlischen Seelen vom Körper gelöst und nur der Vernunft zugewendet. An deren Ruhe und Stetigkeit teilhabend, vollziehen sie in einer Art ewiger Bewegung die Erkenntnis der intelligiblen Dinge. Ihre Natur erzeugt körperliche Bewegung, indem sie die Gesamtheit der Formen in zeitlicher Folge durchlaufen, wodurch in ihr Samen entstehen, welche die räumlichen Dinge hervorbringen. Während sich die kosmischen Seelen in einer Kreisbewegung befinden, kann der Mensch aufgrund seines schwer lenkbaren, zusammengesetzten Körpers nur eine unregelmäßige Bewegung vollführen. Die Bewegung der Dämonen steht zwischen der der kosmischen Seelen und der des Menschen.[53] Auch Agrippa kennt die Lehre von der Bewegung der Sphären, deren höchste, das »primum mobile« oder »erste Bewegliche«, er Kether, der höchsten Sephira im kabbalistischen Baum, gleichsetzt. Die Bewegung des »primum mobile« übertrifft an Geschwindigkeit alle anderen Sphären und bringt dadurch den höchsten Ton hervor. An kabbalistischen und gnostischen Ideen orientiert, ordnet Agrippa den Himmelskörpern Seelen zu, in denen er die Götter zu erkennen glaubt. Ihnen gehören Vorsteher und Diener an, die Intelligenzen und Dämonen. Die Götter lassen das von Gott empfangene Licht in die unteren Ordnungen einfließen. Diesen Vorstellungen entspringt das weitverzweigte, zu Beschwörungen und Zitationen geeignete System von Dämonen- und Engelnamen, die fortan das Wesen der deutschen Magie prägen sollten. Die von Ficino übernommene Einteilung der Intelligenzen, Geister und Dämonen in eine Hierarchie und ihre Zuordnung zu verschiedenen Sphären geht auf Platon und Poimandres zurück.[54]

Gleich den italienischen Akademikern beschäftigte sich auch Agrippa mit Astrologie, Mantik und Astralmagie, wobei er ein differenziertes System magischer Praktiken zusammenstellte, in das er auch psychische Phänomene wie Traum und Telepathie integrierte. Die auf dem Sympathiegedanken und auf der Lehre von der Entsprechung des Oberen und Unteren basierende Astralmagie war auch von der Schule Ficinos intensiv gepflegt worden. Zu den zahllosen magischen Mitteln, die Agrippa aufzählt, gehört der Gebrauch von Räucherungen, Lichtern, Tönen, Zahlen, Maßen, der Dämonennamen und Sigel, der magischen Kreise und der magischen Waffen. In erster Linie war Magie für Agrippa jedoch eine Angelegenheit der Einbildungs- und Willenskraft, denn er wußte wohl, daß sie ein System zur Entwicklung von Techniken darstellt, mit deren Hilfe in das schwer zugängliche Unterbewußte des Menschen eingegriffen werden kann, um psychische Energien freisetzen und in gewünschte Bahnen lenken zu können.

Parallelen zu Paracelsus zeigt Agrippas Elementenlehre, die er auf den Erlöser überträgt. Agrippa nimmt an, die Erde lasse den Erlöser hervorsprossen, der eine Quelle lebendigen Wassers ist, das reinigt und erneuert, dazu ein lebendiger Odem und, wie Moses und Paulus bezeugen, ein verzehrendes Feuer. Den Schöpfer selbst sieht er als Archetyp, in dem die Elemente als Ideen des zu Erschaffenden ruhen, die in unserer Welt dichtere Formen annehmen.[55]

Bei all seinem Forschen war es dem Menschen Agrippa nicht vergönnt, den ruhenden Pol zu finden. Er war ein zerrissener Geist, den es friedlos in ganz Europa umhertrieb. Ein Melancholiker wie Ficino, konnte er im Gegensatz zu diesem die Aussöhnung mit den Schicksalsgewalten nicht erreichen. Sehnsüchtig nach den Sternen greifend, verlor er die eigene Mitte und erlangte jene innere Festigkeit nicht, wie sie z. B. Pomponius Laetus auszeichnete. Ein Wanderer wie Paracelsus, fand er nicht zu der mystischen Schau, die das Dasein des Arztes und Priesters krönte. In seinem Charakter zeichnet sich die Tragik des nach Selbsterlösung strebenden faustischen Menschen ab.

Paracelsus – Theophrastus Bombastus von Hohenheim

Wie Ficino sah auch Paracelsus (1493–1541) in der Magie ein wirksames Mittel der Heilkunst. Von Vorstellungen der Astrologie herkommend, war er der Meinung, das Leben des Menschen, Gesundheit wie Krankheit, vollziehe sich in »einer Kette«, und der Mensch bleibe gesund, solange er lebe, wie die Kette es fordere. Entsteht zwischen ihm und der Kette ein Zwiespalt, so ist die Harmonie zerstört, was Krankheit zur Folge haben kann. Hierin stimmt er mit Agrippa überein, der in seinem Werk »De occulta philosophia« mehrere solcher Ketten zusammenstellt. Paracelsus könnte das Manuskript gekannt haben, denn auch er zählt wie der Nettesheimer den Abt Trithemius zu seinen Lehrern. An Ficino erinnert seine Lehre, der Mensch besitze außer seinem irdischen auch einen siderischen Körper, der ihn unter die Einwirkungen der Gestirne stelle.[56] Während der Leib von der Erde komme, erhalte der Geist seine Weisheit von den Gestirnen. Mit seiner Seele sei er Gott verbunden.

In erster Linie ging Paracelsus als Alchimist jedoch von der Elementenlehre aus. Die Welt dachte er sich aus den vier aristotelischen Elementen und den drei alchimistischen Prinzipien – Sulphur, Sal und Mercurius – aufgebaut und deutete die Weltentwicklung von ihrem Beginn bis zu ihrem Ende als einen alchimistischen Prozeß, ebenso aufgrund der Konkordanz von Makrokosmos und Mikrokosmos auch das menschliche Leben.

Unter den Magiern nimmt Paracelsus insofern eine Sonderstellung ein, als er dem Weg der Erkenntnis, wie ihn Ficino und Agrippa, jeder auf seine Weise, beschritten hatten, nur bis zu einem bestimmten Punkt folgte, an dem bei ihm eine Art Umpolung eintrat. Schon Ficino hatte von zwei Schwingen gesprochen, die bei Paracelsus zwei Lichter genannt werden, unter denen die beiden Pole von Erkenntnis und Gnade bzw. Wissen und Glauben zu verstehen sind. Als Arzt und Alchimist beschritt er den Weg der Erkenntnis, bis ihn die Religion stärker ergriff und er 1540, sich von der Lehre Zwinglis abwendend, wieder katholisch wurde. Bis an sein Ende, das mit gewisser Wahrscheinlichkeit ein gewaltsames war, wirkte er als Wanderprediger in Appenzell.[57] Das Leben trieb ihn umher wie Agrippa. Doch hatte er im Gegensatz zu diesem zur Mystik gefunden und Wissen mit Glauben zu einen verstanden, wodurch er unter den Suchenden seiner Zeit die größere Tiefe erreichte. In der deutschen Esoterik jener Epoche bildete er als Mystiker den Gegenpol zu Agrippa, dem faustischen Magier. Beide orientierten sich an Ficino und seinen Lehren. Doch fehlte ihnen die weise, maßvolle Lebenseinstellung des Romanen, und so suchten sie, gesetzte Grenzen sprengend, der eine durch philosophische Spekulationen, der andere mit sehnsüchtiger Glaubensinbrunst, die irdische Verwurzelung zu transzendieren. Ihr Streben enthielt alle Möglichkeiten und Gefahren geheimwissenschaftlichen Suchens und Experimentierens, die von kommenden Generationen noch auf vielfältige Weise erprobt werden mußten und in ein unentwirrbares Dickicht der Geheimbündelei führten.

Kaiser Maximilian und der Humanistenkreis

Von herausragender kulturgeschichtlicher Bedeutung für die Zeit war die Persönlichkeit Kaiser Maximilians I. (1486–1519), des »letzten Ritters«, der danach strebte, das Reich Karls des Großen und Barbarossas wiedererstehen zu lassen. Er herrschte seit 1493. Seine Kaiserpolitik schloß Italien besonders nachdrücklich ein, denn seit dem Mittelalter war die Ausstrahlung der Kaiserkrone unlösbar mit der Römischen Krone verbunden. Durch die Heirat mit Maria von Burgund konnte Maximilian seinen Einflußbereich gewaltig ausdehnen. Mit dieser Ehe begegnete er auch der burgundischen Hofhaltung, deren Pracht ihn tief beeindruckte. Im Bewußtsein einer bedeutenden historischen Mission ließ der Kaiser seiner eigenen Person hohe Aufmerksamkeit zukommen, wozu ihm vor allem die Kunst diente. So sind von ihm ungewöhnlich viele Porträts erhalten, unter denen diejenigen Dürers den ersten Rang einnehmen.

Der kurz nach dem Tod des Kaisers 1519 angefertigte Holzschnitt von Dürer geht auf eine Kohlezeichnung zurück, die am 28. Juli 1518 während des Reichstags zu Augsburg entstanden war und auch als Vorlage zu dem ebenfalls nach dem Ableben Maximilians entstandenen Porträt diente, das sich jetzt in Nürnberg im Germanischen Nationalmuseum befindet. Der Holzschnitt aus der Staatsbibliothek Bamberg trägt die Inschrift: »Imperator Caesar Diuus Maximilianus / Pius Felix Augustus«, womit die Stellung, auf die der Kaiser Anspruch erhob, deutlich charakterisiert ist (Abb. 8). Dürer zeigt ihn im Dreiviertelprofil, mit einem prachtvollen Brokatgewand bekleidet, geschmückt mit dem Goldenen Vlies, auf dem Haupte ein Barett, dessen Krempe ein Medaillon der Madonna ziert. Das gepflegte, locker gekämmte Haar reicht in einer großen Welle bis zum Nacken. Kühn springt die Hakennase über der langen Oberlippe aus dem Gesicht. Zusammen mit der stark vorgeschobenen Unterlippe verdeutlichen sie Energie und Machtbewußtsein des Kaisers, dessen Ehrgeiz es war, das Leben eines Helden zu führen und große Taten zu vollbringen, um die Verbindung der Idee des »miles christiani« mit der des christeuropäischen Kaisertums zu verwirklichen. Der nachdenkliche, beinahe etwas müde Blick und die scharfe, steil nach unten führende Nasenfalte dagegen verraten etwas von seinem anderen Pol, von der Melancholie des gebildeten Humanisten und des Menschen, der unter den Demütigungen litt, die ihm seine waghalsigen politischen Unternehmungen gelegentlich einbrachten.

Des Kaisers Interesse für Italien führte zwangsläufig auch zu einer großen Aufgeschlossenheit gegenüber der Renaissance. Wie die italienischen Fürsten versammelte Maximilian Gelehrte, Dichter und Künstler um sich und verband so in seiner Person die Ideale des Rittertums mit den neuen des Humanismus. Einer der führenden Humanisten im Kreis Maximilians war Conrad Celtis (1459–1509), womit sich der Kreis zu den deutschen Sodalitäten schließt (s. S. 42/43). Von Trithemius, dessen Verhältnis zum Kaiser eher zwiespältiger Natur war, ist überliefert, daß er ihn gelegentlich mit Gauklerkunststückchen unterhielt. Dies läßt sich mit Maximilians Interesse für die Magie erklären, zu der er sich wie viele seiner Zeitgenossen hingezogen fühlte – sei es nun zur Unterhaltung oder sei es in ernster Absicht. Die Beliebtheit dieser Disziplin läßt sich auch aus dem Büchermarkt ablesen. So veröffentlichte allein der damals bekannte Autor Johannes Hartlieb folgende Titel: »Mondwahrsagebuch«, »Namenmantik«, »Geomantie«, über die Chiromantie das »Bůch von der hannd« und 1455/56 »Půch aller verpoten

8 Kaiser Maximilian I., Holzschnitt, 1519

kunst, ungelaubens und der zaubrey«, letzteres in drei Handschriften für den Markgrafen Johann von Brandenburg-Kulmbach. Der Kaiser trug sich ebenfalls mit dem Gedanken solcher Veröffentlichungen, denn zu seinen geplanten Büchern gehört ein »Zauberpuech«. Auch die Alchimie stellte für ihn eine Verlockung dar, zumal er sich chronisch in Geldnöten befand und davon träumte, selbst einmal Gold herstellen zu können.[58]

Bereits Maximilians Vater, Friedrich III. (1452–1493), war sowohl der Alchimie als auch der Astrologie zugetan. So förderte er den Astrologen Lichtenberger, dessen »Prognosticatio« 1498 in lateinischer Sprache erschien, 1499 folgte seine »Practica«. Lichtenbergers Werke wurden ins Deutsche übertragen, eine Übersetzung von Stephan Roth erschien 1527 in Wittenberg mit einer Vorrede Martin Luthers. Die Flut astrologischer Literatur im 15. Jahrhundert riß nicht ab. Eine Bücheranzeige von Regiomontanus von 1474 führt u. a. Werke von Manilius, Ptolemaeus und dem Astrologen Firmicus Maternus auf. Joseph Grünpeck gab 1496 ein »Prognosticon« heraus, das Vorhersagen von Christian Molitor enthält. Sein »Speculum naturalis, coelestis et propheticae visionis«, Nürnberg 1508, schließt an Johann Lichtenbergers »Prognosticatio« an. Ein für Astrologen besonders wichtiges Werk erschien in Regiomontanus' Druckerei in Nürnberg, nämlich Regiomontanus »Ephemerides«, 1474 als Blockbuch und später im Typendruck.[59]

Die astrologischen Neigungen des Vaters beeinflußten auch den Sohn. Maximilian war zeitlebens von seiner »unglücklichen Konstellation« überzeugt. Sein Horoskop war von dem Hofastronomen Regiomontanus berechnet worden. Danach hatte der Kaiser Saturn als Geburtsgebieter, worin er die Ursache für sein melancholisches Temperament sah. Diese Ansicht kommt in seinem autobiographischen Werk »Theuerdank« zum Ausdruck, wo er erklärt, er sei zwischen der »Gnade Gottes« und der »Ungunst der Gestirne« hin- und hergerissen. Nur mit Hilfe Gottes glaubte er den negativen Einfluß der Gestirne überwinden zu können, was seine tiefe Religiosität zweifellos stärkte. Es war naheliegend, daß der an astrologischen Problemen interessierte Kaiser auch mit der Melancholie-Auffassung des Marsilio Ficino (s. S. 130f.) bekannt wurde und ihre Verbreitung förderte. Dessen erstes Buch »Devita triplici« wurde von Adelphus ins Deutsche übertragen und erschien 1521 in Straßburg, dem »Destillierbuch« des Hieronymus Brunschwig von 1505 beigefügt. Maximilian zog aus den Lehren über Saturn Parallelen zu seinem eigenen Schicksal und warf in diesem Zusammenhang die für ihn bedeutsame Frage nach der Melancholie des ägyptischen Herkules auf, über die er ein Gutachten von Conrad Peutinger (1465–1547) einholte. Da man Herkules als Melancholiker einschätzte, neigte Maximilian dazu, ihn als einen seiner Vorfahren zu beanspruchen. So trug er sich auch mit Plänen zu einem Herkules-Zyklus, der jedoch nie verwirklicht wurde.

Maximilian hat sich auch mit zahlreichen eigenen Schöpfungen einen Namen gemacht, so mit den autobiographischen Werken »Weißkunig«, » Freydal« und »Theuerdank«, die ihre kulturgeschichtlichen Wurzeln im Minnesang und im Rittertum haben. An diesen Werken hatte Conrad Celtis bis zu seinem Tod entscheidenden Anteil, und er bezieht sich auf diese Tätigkeit in der Widmung seiner »Quatuor libri amorum« von 1502 an den Kaiser.[60]

Einen besonderen Schwerpunkt des Interesses im Kreis um Kaiser Maximilian stellte die Hieroglyphenkunde dar, über die sich auch Leon Battista Alberti (1404–1472) im »Libri de re aedificatoria« von 1452, gedruckt 1485 in Florenz, geäußert hatte. Hierin empfiehlt er die Nachahmung der hieroglyphischen Symbole an Architektur und Plastik. Da die Zeichen damals noch nicht entziffert werden konnten, kam es zu einer Vermischung dieser hieroglyphischen Symbole mit mittelalterlichen Sinnbildern und der Tiersymbolik. Diese Symbolik schlug sich auch in Dürers Arbeiten zum »Gebetbuch Kaiser Maximilians«, zum »Triumphzug« und zur »Ehrenpforte« nieder. Über die Hieroglyphenkunde kann der Bogen von Maximilian zu einem der größten Humanisten seiner Zeit geschlagen werden, zu Willibald Pirckheimer. Auf Wunsch des Kaisers übersetzte er die »Hieroglyphica« des Horapollon ins Lateinische.[61]

Willibald Pirckheimer

Zu den bedeutendsten Humanisten in Deutschland, die dem Kreis um Kaiser Maximilian I. angehörten, zählt Willibald Pirckheimer (1467–1532), der große Freund Albrecht Dürers. Eine Kohlezeichnung des Künstlers von 1503, die sich im Berliner Kupferstichkabinett befindet, vermittelt einen lebendigen Eindruck des vitalen und klugen Patriziers (Abb. 9). Der mächtige Kopf auf dem gedrungenen, etwas stiernackigen Hals wird von einer modischen Kappe umschlossen, die das linke Ohr freigibt. Dieses steht mit seiner komplizierten Bildung in auffallendem Kontrast zu den eher grobschlächtigen Formen des Gesichtes mit der eingedrückten Nase. Mit seinem Ansatz zum Doppelkinn, den fleischigen Wangen und vollen Lippen verrät es bodenständige Diesseitigkeit – Kraft und Genußfähigkeit eines Menschen von gleichermaßen ausgeprägter spiritueller und physischer Substanz. Geballte Energie verrät sich im bohrenden Blick, die cholerische Natur in dem ungeordnet unter der Kappe sich hervorkräuselnden Haar. Die Feinsinnigkeit des Gelehrten offenbart sich allein in dem subtilen Ohr, das

9 *Willibald Pirckheimer*, Kohlezeichnung, 1503

weit in den Raum hinauszulauschen und feinerer Wahrnehmungen fähig zu sein scheint.

Pirckheimer stammte aus einer Familie, die sich mit den geistigen Strömungen ihrer Zeit intensiv auseinandersetzte. Seine Vorfahren hatten z. T. in Italien studiert, vorwiegend in Padua, Pavia, Perugia und Bologna. Johann Pirckheimer vervollständigte die Bibliothek, die bereits durch die Sammlungen seiner Väter entstanden war, so daß sein Sohn Willibald für seine gelehrte Arbeit eine breite Basis fand. Willibald Pirckheimer studierte zunächst in Padua, später in Pavia, wo er bedeutende Freunde aus dem Kreis um den Hof der Sforza besaß. Auch sonst erfreute er sich der Verbindung zu den namhaftesten Männern seiner Zeit. Er korrespondierte u. a. mit Erasmus von Rotterdam, Conrad Celtis, Johannes Reuchlin, Conrad Peutinger, Johannes Stabius, Johannes Cuspinianus, Ulrich von Hutten, Melanchthon, Zwingli, sogar mit Luther. Gelehrte gingen bei ihm ein und aus, so daß sein Haus mit der umfangreichen Bibliothek ein Zentrum der Humanisten darstellte. Zu Pirckheimers Freunden zählten auch der Abt Trithemius und Lorenz Beheim, der in enger Verbindung zur Familie Borgia stand. In Nürnberg betätigte sich Pirckheimer nebenbei als Übersetzer, was ihm den Kontakt zu Kaiser Maximilian I. verschaffte. Anlaß hierzu war der Wunsch des Kaisers, die in griechischer Sprache überlieferte »Hieroglyphica« des Ägypters Horapollon ins Lateinische übersetzen zu lassen, eine Aufgabe, mit der Pirckheimer betraut wurde.[62]

Durch die lebenslange Freundschaft, die Willibald Pirckheimer mit Albrecht Dürer verband, wurde er, der privilegierte Patrizier, zunächst zum Mentor des großen Künstlers, dessen Aufstieg er später mit Hilfe seiner vielfältigen Beziehungen und seiner umfassenden humanistischen Bildung tatkräftig förderte.

Albrecht Dürer

Von Pirckheimer aus läßt sich eine Brücke hin zu Albrecht Dürer schlagen, der seinen Zutritt zu den humanistischen Gelehrtenkreisen zu einem großen Teil dem vornehmen und gebildeten Freund verdankte. Dieser ebnete ihm den Weg durch seine italienischen Verbindungen und beauftragte ihn mit der Erfüllung seiner Bücherwünsche. Daß dies nicht immer leicht gewesen sein muß, geht aus einem Brief vom 18. 8. 1506 aus Venedig an Pirckheimer hervor, in dem Dürer berichtet, daß in letzter Zeit keine griechischen Bücher erschienen seien.

Dürers erste Italienreise im Jahr 1494 führte nach Venedig. Im Spätsommer 1505 reiste er nochmals in diese Stadt, von der er erst im Januar 1507 nach Nürnberg zurückkehrte. Somit weilte er fast eineinhalb Jahre in Venedig, wo er auch seinen ersten großen Auftrag erhielt, *Das Rosenkranzfest* für die deutsche Kaufmannschaft. Nicht nur aus dieser Tatsache, sondern auch aus den begeisterten brieflichen Äußerungen an Pirckheimer über sein Leben in dieser Stadt dürfen wir ableiten, daß Dürer hier großes gesellschaftliches Ansehen besaß. Im Rahmen seiner Bemühungen, für Pirckheimer Bücher zu beschaffen, dürfte er auch Beziehungen zu dem Drucker Aldus Manutius angeknüpft haben. Es ist anzunehmen, daß er als gefeierter Künstler Zutritt zu dessen Akademie hatte und damit auch über die in dieser Gemeinschaft herrschenden Gepflogenheiten unterrichtet war. Auch die Beziehung zu Lorenz Beheim und Conrad Celtis, dem Verbreiter des Akademienwesens in Deutschland, läßt auf eine Vertrautheit des Künstlers mit den Kreisen der »Akademiker« schließen.

Nachdem Dürer in seine Heimatstadt zurückgekehrt war, erhielt er Kontakt zu dem Humanistenkreis um Kaiser Maximilian über

Pirckheimer, denn dieser vermittelte dem Freund den Auftrag für die Illustrationen zu seiner Übersetzung der »Hieroglyphica« des Horapollon. Die aus diesem Werk strömende neuartige Symbolik ging auch in die Arbeiten ein, die Dürer zusammen mit anderen Künstlern für Maximilian übernahm – die großen Holzschnittwerke zum Ruhm des Kaisers: »Ehrenpforte« und »Triumphzug«. Dürer konnte sich hier ein neues geistiges Gebiet erarbeiten, in dem künstlerische und literarische Elemente zu einer Synthese gelangten. Gerade in der Graphik fand der Künstler ein angemessenes Medium zum Ausdruck dieser Inhalte, die er auch durch eigene Lektüre sich anzueignen bestrebt war. So befand sich die »Hypnerotomachia Poliphili« des Francesco Colonna in seinem Besitz, ein Werk, das wohl ein Hauptzeugnis für die enge Beziehung von Humanismus und Hermetik auf der Basis der Ägypto-Antike darstellt (s. S. 40). Auch an visuellen Eindrücken muß in diesem Zusammenhang manches nicht Überlieferte auf Dürer gewirkt haben. Paracelsus beschreibt z. B. monumentale Hieroglyphen im Nürnberger Karthäuserkloster, die heute nicht mehr vorhanden sind.[63]

Andere Aufgaben, teilweise von Celtis vermittelt, brachten Dürer in enge Berührung mit der Astronomie und Astrologie. So verfertigte er 1503/04 einen Holzschnitt für das »Prognosticon« von Johannes Stabius. Dieser war ein ernstzunehmender Astronom, was uns einmal mehr beweist, wie untrennbar damals die Astrologie mit der Astronomie verknüpft war. Unter den astrologischen Büchern, die Einfluß auf Dürer gehabt haben dürften, sind besonders die Komplexionsbücher und »Königspergischen Kalender« zu erwähnen. Stabius zog Dürer auch zur Arbeit an seinen Sternkarten heran. Für ihn verfertigte der Künstler eine 1503 datierte Sternkarte in zwei Blättern auf Pergament, die auf der Sternkarte des Regiomontanus beruhen und deren Daten Sebastian Prenz und Konrad Heinfogel lieferten.[64]

Man darf annehmen, daß Dürer selbst genügend Lateinkenntnisse gehabt hat, um bis zu einem gewissen Grad unmittelbar zur lateinischen Literatur seiner Zeit Zugang gewinnen zu können. Dort, wo seine Sprachkenntnisse nicht ausreichten, wird ihm sein Freund Pirckheimer behilflich gewesen sein, so daß er an den geistigen Auseinandersetzungen der Humanisten Anteil haben konnte. Über ausreichende Italienischkenntnisse muß er ohnehin verfügt haben, sonst hätte er sich wohl kaum so frei in Italien bewegen können, wie es überliefert ist. Aufgrund der engen Freundschaft mit Pirckheimer wird Dürer auch genauen Einblick in dessen eigene literarische Arbeit gehabt haben. Unter den Editionen Pirckheimers befinden sich der Fulgentius (1520), die Geographie des Ptolemäus (1525), die »Charakteres ethici« von Paracelus (1527), die Schrift des Xenokrates über den Tod in der Übersetzung des Marsilio Ficino.

Als Bücherfreund hat Dürer auch selbst zahlreiche Bücher erworben, so z. B. 1520 in Brüssel den »Eulenspiegel«, verschiedene Schriften Martin Luthers und vielerlei Traktate. Auch den Vitruv muß der Künstler besessen haben, denn er schreibt, als er über Jacopo de' Barbaris Zurückhaltung hinsichtlich der Proportionslehre enttäuscht war: »Nachdem nahm ich die Ding zu Herzen, nahm für mich den Fitrufium, der schreibt ein wenig von der Gliedmaß des Mannes.« Wie für Pirckheimer nahm Dürer auch wegen seiner eigenen Bücherwünsche mit Verlegern Kontakt auf. So erkundigte er sich am 20. Oktober 1507 bei Johannes Amerbach in Basel (Buchdrucker und Verleger) nach guten Büchern, die er gerade drucke. Ähnliches geht aus einem Schreiben an Georg Spalatin hervor, in dem er besonderes Interesse an Luthers Schriften bekundet.

Am 5. Dezember 1524 informiert er sich bei Nikolaus Kratzer nach der Übersetzung des Euklid. Aus anderen Äußerungen kann man folgende Bücher in Dürers Besitz annehmen: Schriften Martin Luthers, Lazarus Spenglers »Ermahnung und Unterweisung zu einem tugendhaften Wandel«, Nürnberg 1520, »Hypnerotomachia Poliphili«, Venedig 1499, Euklids »Elemente«. Außerdem hatte Dürer nicht nur zu Pirckheimers Bibliothek, sondern auch zu den Bibliotheken anderer Gelehrter Zugang. So war ihm Leone Battista Albertis »De pictura libri III«, 1435/36, über die Bibliothek Regiomontan-Walthers in Nürnberg zugänglich.[65]

Dürers Rang als humanistischer Gelehrter drückt sich besonders in seinen eigenen schriftstellerischen Arbeiten aus, mit denen er einen wichtigen Beitrag zur Entwicklung der deutschsprachigen Fachliteratur leistete: »Unterweisung der Messung«, Nürnberg 1525 und 1538, »Ettliche Unterricht zu Befestigung der Stett, Schloß und Flecken«, Nürnberg 1527, »Vier Bücher von menschlicher Proportion«, Nürnberg 1528. Seine Bildung ermöglichte es ihm, Bücher seiner Zeitgenossen, so Sebastian Brants und Conrad Celtis', in vollendeter Weise zu illustrieren, und versetzte ihn in die Lage, die komplizierten Arbeiten für den Kaiser Maximilian auszuführen. Die damit verbundene geistige Auseinandersetzung befruchtete sein eigenes Schaffen, in dem ein Teil des in humanistischen Kreisen, besonders in den Akademien, gepflegten Wissens seinen bildhaften Niederschlag fand. Unsere Ausführungen über das Akademienwesen zeigten uns, eine welch große Rolle hier die sogenannten Geheimwissenschaften spielten.

DAS ESOTERISCHE GEDANKENGUT IM SCHAFFEN DÜRERS

Mit den vorangegangenen Darstellungen versuchten wir, die geistigen Traditionen und das Beziehungsnetz nachzuzeichnen, in denen Dürers Ingenium heranwuchs. Innerhalb der Akademie von Rom hatte sich, ausgelöst durch die Zuwendung zum Urchristentum, ein starkes Interesse an Geschichte und Archäologie herausgebildet, während der Kreis um Marsilio Ficino mit der Neubelebung der klassischen Antike auch das alte magische Gedankengut einer ernsthaften Auseinandersetzung würdigte. Dieses aber fand, z.T. über Venedig, ein besonders lebhaftes Echo im deutschen Raum, vor allem im Humanistenkreis um Kaiser Maximilian I., von dem sich die Fäden hin zu Dürer spinnen. Bei der Betrachtung seines Gesamtwerkes, besonders der Graphik, wird die Häufigkeit der Anspielungen auf die großen Themen der Magie deutlich – die Elementen- und Temperamentenlehre, die Astrologie, Alchimie, Kabbala und Mantik.

Die Lehre von den vier Elementen und Temperamenten

Die Lehre von den vier Elementen, verknüpft mit derjenigen von den vier Temperamenten, war im Mittelalter sowohl für die Astrologie als auch für die Alchimie von großer Bedeutung und bildete zudem eine der Grundvoraussetzungen wissenschaftlichen Forschens. Dürers Titelholzschnitt zu Celtis' »Quatuor libri amorum« (Abb. 10) ist gleichsam ein Spiegel dieser Lehren.[66] Das Blatt gibt einmal einen Einblick in das allgemeine weltanschauliche Denken zur Dürerzeit, zum anderen bahnen sich hier Bildvorstellungen an, die in Dürers Meisterstich *Melencolia I* zur Reife gelangten.

Die 1502 erschienenen »Quatuor libri amorum« gehören in den Umkreis der »Germania illustrata« von Conrad Celtis. Der Dichter schildert in diesem Werk Liebeserlebnisse, die ihm in den verschiedenen Lebensabschnitten begegneten, wobei er eigenes Erleben zu der mit der Lehre von den vier Temperamenten korrespondierenden Lehre von den vier Lebensaltern in Beziehung setzt. Der Holzschnitt Dürers ist in Übereinstimmung mit diesem Gedankengut gestaltet.

In der Mitte des Blattes thront die Personifikation der Philosophie, deren Hals mit einem Brustband geschmückt ist. Dieses geht in ein bis zu den Füßen der Gestalt herabhängendes Spruchband über, das die Stufenleiter der artes liberales vom Niederen zum Höheren bezeichnet. Am unteren Ende befindet sich die Signatur Dürers. Umrahmt wird die Philosophie von einem Kranz aus verschiedenen Pflanzen – Maiglöckchen, Weinlaub mit Trauben, Ahorn oder Schöllkraut und Eichenlaub. Ihm sind Medaillons mit Köpfen von Gelehrten der Antike und des Mittelalters appliziert, durch die Celtis' Werk gleichsam in einen größeren, die Zeit vom Altertum bis zum Mittelalter umspannenden geistigen Zusammenhang gestellt wird. So verweist die Inschrift des Medaillons zu Füßen der Philosophie auf Cicero und Vergil als den Repräsentanten der Rhetorik und Dichtkunst. Das Medaillon zu ihren Häupten trägt die Inschrift des Astronomen Ptolemäus und verdeutlicht damit auch den kosmischen Bezug des Blattes. Das Medaillon links von der Philosophie ist Platon gewidmet und bezeichnet damit den aus der Antike stammenden philosophischen Geistesstrom, während dasjenige zu ihrer Rechten die

10 *Die Philosophie*, Holzschnitt, 1502

Inschrift Albertus' (Magnus) trägt, des Vaters der mittelalterlichen Scholastik. In den Ecken des Blattes erkennt man die vier Winde, die durch Inschriften den vier Elementen und den vier Temperamenten zugeordnet werden, und zwar oben rechts »Zephir« der Luft als Element und dem Sanguiniker als Temperament. Letzterer erscheint im jugendlichen Haupt; seinem Mund entspringen Pflanzen, ein Hinweis auf den Frühling als der dazugehörigen Jahreszeit. Oben links ist »Eurus« zu sehen, der dem Feuer als Element und dem Choleriker als Temperament beigeordnet ist. Der Kopf ist voller Vitalität und entspricht dem mittleren Lebensalter. Er bläst die Luft mit geblähten Backen aus, so daß sie beinahe Feuerflammen gleicht. Der Kranz in dieser Sektion besteht aus einem Rebstock und stellt damit den Bezug zur Jahreszeit des Sommers her. Unten rechts befindet sich »Auster«, dem als Element das Wasser und als Temperament der Phlegmatiker zugeordnet ist. Das auf das Haupt des bereits älteren Mannes strömende Wasser deutet auf die im Herbst einsetzende Feuchtigkeit. Sein Gesicht ist dem phlegmatischen Temperament entsprechend etwas dicklich. Diesem Kopf gegenüber erblickt man »Boreas« mit der Zuordnung der Erde als Element und des Melancholikers als Temperament. Der Tradition gemäß ist er als »unedelste Complexion« wiedergegeben. Sein Haupt ist das eines bereits dem Tod nahestehenden Greisen. Die von dem Kranz in diesem Teil herabhängenden Eiszapfen weisen auf die kalte Jahreszeit des Winters hin. Die Analogie der Melancholie zum Winter und zum Greisenalter spielt auch in der Auffassung Marsilio Ficinos eine Rolle, die auf den im Mittelalter verbreiteten Vorstellungen der Medizin und der Temperamentenlehre des Aristoteles basiert. Nach dieser entstehen die Temperamente durch die drei nicht bluthaften Säfte. So haben die Phlegmatiker einen schleimartigen Stoff in sich, die Choleriker die gelbe Galle und die Melancholiker den gefährlichsten Stoff, die schwarze Galle. Die Melancholie kann sich in ihrer schwersten Form als Wahnsinn zeigen.[67]

Der Holzschnitt zu den »Quatuor libri amorum« spiegelt die mittelalterliche Auffassung von der Elementen- und Temperamentenlehre. Der Vergleich mit dem Stich *Melencolia I* (Abb. 55) zeigt, welche Entwicklung Dürer in den dazwischenliegenden Jahren durchlaufen hat. Mit den Winden an den Ekken des Holzschnitts sind bereits die Grundtypen des Menschen vorgezeichnet, wie sie Dürer später in seinen Apostelatafeln auf so großartige Weise gestaltete (Abb. 11).

Diese Tafeln kamen 1526 als Geschenk Dürers an die Stadt Nürnberg, wo sie in der Losungsstube des Rathauses ihren Platz fanden. Die Anordnung der Tafeln, ihr Format, das ikonographische Thema zusammen mit den Unterschriften Neudörffers waren für Dürers Zeit neuartig und gaben später der Kunstbetrachtung zahlreiche Möglichkeiten zur Spekulation. Sicher ist jedoch der Zusammenhang mit den Unruhen während der Reformationszeit. 1524 kam es zu Bauernunruhen im Nürnberger Gebiet, 1525 fand der Prozeß gegen die »drei gottlosen Maler« statt, die Christus in seinem göttlichen Wesen leugneten. Wie Luther stellte sich auch Dürer gegen die Rebellen und Schwarmgeister, und es ist möglich, daß er mit den Apostelatafeln von 1526 Stellung zu den dramatischen Ereignissen nehmen wollte, worauf auch die den Aposteln zugeordneten Unterschriften Neudörffers deuten. Es sind Bibelstellen, mit denen sich Petrus gegen falsche Propheten (2. Petrus 2, 1–3), Johannes gegen die Ableugnung der Menschwerdung Christi im Fleisch (1. Johannesbrief 4, 1–3), Paulus gegen ungeistliches und hoffärtiges Wesen (2. Paulusbrief an Timotheus 3, 1–7) und Markus gegen die Schriftgelehrten (Markus 12, 38–40)

11 *Die Vier Apostel*, 1526

wenden. Die Apostel treten als Hüter des wahren Evangeliums auf und richten ihre Mahnungen an die Aufrührer ebenso wie an die Stadtväter und guten Bürger. Die Wahl von Bibelstellen, die eindringlich vor geistiger Verführung, Sektierertum und selbstgefälliger Frömmelei warnen, zeigt Dürers brennendes Interesse an religiösen Fragen. Dennoch erschöpfen sich die Aposteltafeln in dieser Zeitproblematik nicht, sondern enthalten durch ihren Zusammenhang mit der alten Temperamentenlehre auch einen allgemein menschlichen Aspekt, der ihnen überzeitliche Bedeutung garantiert. Bereits Neudörffer hat die Aposteltafeln, eventuell aufgrund einer Äußerung Dürers selbst, für Darstellungen der Temperamente gehalten. Auch Kurfürst Maximilian I. sprach 1627 anläßlich seiner Verhandlung mit der Stadt Nürnberg wegen der Überlassung der Tafeln von einer Wiedergabe der »vier Complexionen« in Gestalt der Apostel. Diese Auffassung, die auch Sandrart übernahm, würde der historischen Absicht des Werkes durchaus entsprechen.[68] Es ging Dürer um eine Mahnung zur Mäßigung als Voraussetzung zur wiederhergestellten Harmonie, die nach der alten Lehre durch das Überwiegen eines bestimmten Temperaments empfindlich gestört werden kann. Wenn sich in den späteren Interpretationen Zweifel am Zusammenhang der Tafeln mit der Temperamentenlehre einstellten, so liegt das an der Schwierigkeit, mit der die Zuordnung der Apostel zu den einzelnen »Complexionen« verbunden ist. Doch mag sich gerade in der hier fehlenden Eindeutigkeit Dürers Sinn für die wahren Verhältnisse zwischen Typus und Wirklichkeit ausdrücken. Im Wissen darum, daß sich ein Typus niemals rein manifestiert, hat er sich wohl damit begnügt, starke Charaktere darzustellen, ohne in einen Schematismus zu verfallen, wie er im Celtis-Holzschnitt durchaus noch vorhanden ist. In der Verunklärung der Temperamente auf den Aposteltafeln schwingt sicher auch der Gedanke mit, daß nur das Zusammenwirken verschiedener Temperamente in einer Person deren Harmonie gewährleisten kann, auch wenn eines der Temperamente in ihrem Charakter mehr oder weniger dominant erscheint. Verglichen mit den Aposteltafeln verhält sich der Celtis-Holzschnitt gleichsam wie das Lehrstück zum wirklichen Leben.

Die Hauptaussage des Celtis-Holzschnitts enthält eine Zusammenfassung der für die damalige Philosophie maßgebenden Ideen. Dabei bedient er sich der Analogie als Mittel der Veranschaulichung, mit dem Grundprinzipien in ihrer Manifestation auf verschiedenen Ebenen dargestellt werden. Da in der Analogie der Schlüssel zum mittelalterlichen Denken liegt, soll sie durch das auf S. 61 gegebene, auf den Celtis-Holzschnitt bezogene Schema näher verdeutlicht werden:

In diesem Schema erscheinen die Elemente an übergeordneter Stelle, da sie eine wichtige Basis der mit magischen Vorstellungen eng verflochtenen Philosophie und Wissenschaft des Mittelalters darstellen. Somit können die Temperamente den Elementen untergeordnet werden. Auch religiöse Inhalte erscheinen häufig mit der Elementenlehre verknüpft. Als eindrucksvolles Beispiel in Dürers Werk kann der Holzschnitt *Johannes verschlingt das Buch* aus dem Apokalypse-Zyklus angeführt werden (Abb. 12), dem der Text aus der Offenbarung des Johannes (10, 1–11) zugrunde liegt:

> *1. Und ich sah einen andern starken Engel aus dem Himmel herabkommen; angetan mit einer Wolke, und der Regenbogen [war] auf seinem Haupt und sein Angesicht wie die Sonne und seine Füße wie Feuersäulen.*
> *2. Und er hielt in seiner Hand ein geöffnetes Büchlein. Und er setzte seinen rechten Fuß auf das Meer, den linken aber auf das Land...*

Ebene	Prinzip des Geistes	der Energie	der Seele	des Stoffes
Element	Luft	Feuer	Wasser	Erde
Temperament	Sanguiniker	Choleriker	Phlegmatiker	Melancholiker
Lebensalter	Jugend	Mannesalter	reiferes Alter	Greisenalter
Jahreszeit	Frühling	Sommer	Herbst	Winter
Wind	Zephir (Westwind)	Eurus (Südwind)	Auster (Ostwind)	Boreas (Nordwind)
Pflanze	Maiglöckchen	Weinlaub mit Trauben	Ahorn oder Schöllkraut[69]	Eichenlaub

8. Und die Stimme, die ich aus dem Himmel gehört hatte, redete abermals mit mir und sagte: Geh hin, nimm das geöffnete Büchlein in der Hand des Engels, der auf dem Meer und auf dem Land steht!
9. Da ging ich zu dem Engel und sagte zu ihm, er solle mir das Büchlein geben. Und er sagte zu mir: Nimm und verschlinge es, und es wird dir bitter machen im Bauche; aber in deinem Munde wird es süß sein wie Honig.
10. Und ich nahm das Büchlein aus der Hand des Engels und verschlang es; und es war in meinem Munde süß wie Honig, und als ich es verschlungen hatte, wurde es mir bitter im Bauche.

In großer visionärer Schau erblickt Johannes auf dem Dürer-Blatt den Engel als ein gewaltiges kosmisches Wesen. Dessen säulenförmige Füße stehen auf dem Wasser und auf dem Land, gleichsam in den Elementen Wasser und Erde wurzelnd, welche die Grundvoraussetzungen alles organischen Lebens sind. Der Körper besteht aus Wolkenformationen, d. h. Gebilden der Luft, über denen sich ein von Strahlen umgebenes Antlitz erhebt, wodurch der Bezug zum Element des Feuers hergestellt wird. Luft und Feuer aber versinnbildlichen den geistigen Aspekt des Lebens. Der Engel weist mit der rechten Schwurhand auf einen im Himmel befindlichen Altar als den eigentlichen Ursprung und das Ziel allen Seins, während er mit der Linken Johannes das Buch darreicht, das wie eine Feuerlohe in ihn eingeht als Symbol für die ihm vermittelte Erkenntnis. Daß Dürers Blatt auch von seinen Zeitgenossen in diesem Sinn gedeutet werden konnte, zeigt die Art, wie einer seiner Nachfolger das Motiv verarbeitete. Hans Weiditz d. J. (vor 1500 – um 1536) stellte 1532 einen Menschen im kosmischen Kreuz der Elemente dar, dessen Füße auf Kugeln ruhen, von denen eine sich im Wasser und die andere auf dem Land befindet wie die Säulenfüße des Engels auf dem Blatt aus Dürers *Apokalypse*. Der Mensch streckt beide Arme empor, in der einen Hand eine flammende Kugel haltend und in der anderen ein Gesicht, das einen kräftigen Luftstrom herausbläst, also eine Personifikation des Windes. Somit ruhen seine Füße auf den Elementen Wasser und Erde, während seine Hände die Elemente Feuer und Luft ergreifen. Links oben befindet sich der Mond, rechts die Sonne. Der Himmel ist von Sternen übersät.[70]

12 *Johannes verschlingt das Buch*, Holzschnitt aus dem Apokalypse-Zyklus, 1498

Daß dieses Gedankengut auch in den magischen Schriften der Zeit auftaucht, belegt ein Zitat aus Agrippa von Nettesheim, das sich sowohl zu Dürers Engel auf *Johannes verschlingt das Buch* als auch zu dem *Menschen im kosmischen Kreuz der Elemente* von Hans Weiditz in Beziehung setzen läßt. Es handelt sich um folgende Geschichte:

> *Als einst Nidokreon, Tyrann von Cypern, gerne wissen wollte, welches der höchste Gott sei, antwortete ihm das Orakel von Serapis: Den müsse man für den höchsten Gott halten, dessen Haupt der Himmel, dessen Bauch die Meere, dessen Füße die Erde, dessen Ohren im Aether und dessen Augen das strahlende Licht der Sonne seien.*[71]

Da den Elementen und Temperamenten auch die Tierkreiszeichen und Planeten zugeordnet werden, ergibt sich von hier aus eine unmittelbare Brücke zur Astrologie. Diese Zuordnungen gehen auf die Antike zurück und finden sich u. a. bei Hippokrates,[72] nach dessen System die Tierkreiszeichen Widder, Löwe und Schütze dem Feuer und dem Choleriker, Stier, Jungfrau und Steinbock der Erde und dem Melancholiker, Zwillinge, Waage und Wassermann der Luft und dem Sanguiniker, Krebs, Skorpion und Fische dem Wasser und dem Phlegmatiker entsprechen. Das sanguinische Temperament mit der Qualität warm/feucht steht unter dem Einfluß der Planeten Jupiter und Venus, das cholerische mit der Qualität warm/trocken unter demjenigen von Mars und Sonne, das melancholische mit der Qualität kalt/trocken unter dem Einfluß des Saturn und das phlegmatische mit der Qualität kalt/feucht unter demjenigen des Mondes. Somit spiegelt sich die Elementen- und Temperamentenlehre in der Astrologie wider und ist als ein Teil ihres Lehrsystems zu betrachten.

Die Astrologie

In die Astrologie floß all das ein, was im Mittelalter an psychologischem Wissen verfügbar war. Das Interesse für diese Disziplin war allgemein, und auch Dürer hatte daran teil. Doch läßt sich bei ihm dasselbe beobachten wie bei Gerson und später bei Marsilio Ficino, nämlich eine positive Einschätzung des philosophischen und psychologischen Gehalts der Astrologie bei kritischer Einstellung gegenüber ihrer praktischen Anwendung. Dies drückt sich schon klar in einem von Dürers Jugendwerken aus, einer Illustration zu Sebastian Brants »Narrenschiff« (Abb. 13). Auf dem Holzschnitt zum *Sterndeuternarr* ist ein Astrologe in Gestalt eines Narren dargestellt, der seinem Begleiter den Stand der Gestirne erklärt, offenbar in der Absicht, diesem die Zukunft vorherzusagen. Gerade dagegen aber richtet sich das Blatt. Die Ansicht, daß es ein Mißbrauch der Astrologie sei, sie zu Wahrsagezwecken zu gebrauchen, war in den Kreisen der ernsthaft suchenden Gelehrten weit verbreitet. Die Kritik richtete sich vor allem gegen solche Sternkundige, die ihre Kunst vorwiegend aus Gewinnsucht betrieben. Der Text von Sebastian Brant, der dem Holzschnitt zugrunde liegt, verurteilt die Praktiken so vieler Astrologen mit folgenden Worten:

> *Vil abergloub man yetz erdicht*
> *Was kunfftig man an sternen sycht*
> *Eyn yeder narr sich dar vff rycht*
>
> *võ achtung des gstirns*
>
> *Der ist eyn nar der me verheißt*
> *Dann er jn sym vermõgen weisßt*
> *Oder dann er zů tůn hat můt*
> *Verheissen ist den ärtzten gůt*

Dies richtet sich allerdings nur gegen Scharlatane und berührt den tieferen Sinn der Sterndeutung nicht, um den auch Dürer wußte. So hielt er das Horoskop für ein wertvolles Mittel zur Selbstfindung, das auch bei der Berufswahl eines jungen Menschen gute Dienste leisten kann, wie aus seiner Schrift »Über die Erziehung der Malerknaben« hervorgeht.[73] Auch das eigene Horoskop muß ihn interessiert haben. Einem Brief von Lorenz Beheim an Pirckheimer von 1507 ist zu entnehmen, daß sowohl Pirckheimer als auch Dürer ein Geburtsbild lesen konnten:

> *Ich habe unserem Albrecht seine Nativität [Geburtshoroskop] berechnet, die ich ihm auch schicke; er selbst wird sie Dir [Pirckheimer] zeigen. Er hat den Löwen als aufsteigendes Haus, daher ist er mager; weil an dessen Ende ein Glücksrad sich befindet, deswegen gewinnt er Geld, und zwar, weil Merkur im Hause ist, wegen seines Genies in der Malerei. Weil noch obendrein Merkur im Haus der Venus ist, deshalb ist er ein feiner Maler, und weil Venus umgekehrt im Haus des Merkur steht, deswegen ist er ein ingeniosus amator. Venus ist aber getrennt von Saturn, daher sind sie sich gewissermaßen feind, doch das macht nichts. Weil Venus sich dem Mond zuwendet, deswegen begehrt er viele [Frauen]. Der Mond aber wendet sich zum Drachenschwanz, der Abnahme bedeutet. Und weil fünf Planeten in der Mitte des Himmels stehen, deswegen sind seine Taten und Werke jedermann offenbar. Und weil Mars im Widder ist, deswegen freut er sich an Waffen, und weil er [Mars] sich am neunten Haus befindet, deswegen reist er gern. Und weil Jupiter in der Jungfrau steht in seinem Abstieg. Er wird nur eine Frau haben nach dem Ptolemäus, weil der Mond sich keinem [der Planeten] zuwendet, und wunderbar, daß er in der Tat auch nur einmal geheiratet hat. Was soll ich noch viel sagen? Wenn er bei mir wäre hätte ich ihm noch mehr mitzuteilen; doch dies möge genügen. Du empfiehl mich ihm bestens.*[74]

13 *Der Sterndeuternarr*, Holzschnitt, um 1490

Einen solchen Brief konnte man nur jemandem schreiben, der mit den Grundbegriffen der Astrologie vertraut ist. Wie aus den Zeilen an Pirckheimer hervorgeht, hatte Beheim die Absicht, das von ihm gedeutete Horoskop auch an Dürer zu senden. Das berechtigt zu der Annahme, Dürer habe sein eigenes Horoskop gekannt und sich mit dessen Symbolik auseinandergesetzt. Es könnte demnach einen gewissen Einfluß auf ihn genommen haben. Der Astrologe Erich von Beckerath hat das Dürer-Horoskop in moderner Form veröffentlicht (Abb. 14).[75] Aus der Zeichnung läßt sich die Übereinstimmung mit der Beschreibung von Lorenz Beheim erkennen. Die Sonne in Dürers Geburtsbild steht im Zwilling, einem beweglichen Zeichen, das nach astrologischer Überlieferung Talent zum Zeichnen verleiht. Dazu steht sie im 10. Haus, dem Haus der höheren Berufung, in Konjunktion zu Saturn, eine Konstellation, die mit Dürers Interesse für den Kult des höheren Saturn übereinstimmt. Ebenso läßt sich von der Konjunktion zwischen Sonne und Saturn sein Leiden an der dem Saturn zugeordneten Milz sowie sein nicht allzu langes Leben ableiten, denn der Einfluß des Saturn auf die Sonne schwächt nach alter Überlieferung die Lebenskraft. Merkur befindet sich an exponierter Stelle im Himmelsmittelpunkt. Nach astrologischer Tradition unterstehen ihm Zeichenkunst, Reisen, Hände und Bücher, so daß sich hieraus Dürers zeichnerische Begabung nochmals ableiten läßt sowie seine Vorliebe, Hände und Bücher darzustellen, und seine große Reiselust. Der Aszendent bezeichnet den Löwen als aufsteigendes Zeichen in Dürers Horoskop, eine Konstellation, die aus astrologischer Sicht für malerisches Talent sprechen kann, also wird Dürer durch die Kombination von Sonne in den Zwillingen und Aszendent im Löwen sowohl als Zeichner als auch Maler charakterisiert.

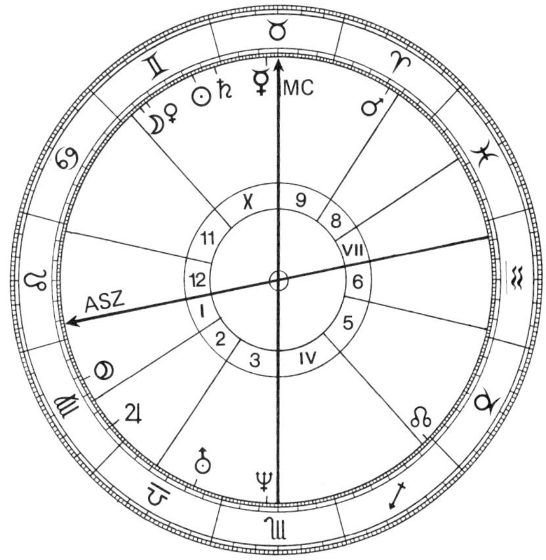

14 Albrecht Dürers Horoskop, Nachzeichnung nach Erich von Beckerath

In Dürers Graphik finden sich immer wieder Hinweise auf seine Auseinandersetzung mit astrologischen Symbolen, so z. B. in der Federzeichnung des *Leuchterweibchens* von 1513 (Abb. 15). Hinter dieser Bildidee verbergen sich die beiden gegenüberliegenden Tierkreiszeichen Jungfrau und Fische. Der menschliche Oberkörper des Leuchterweibchens läuft in einen Fischleib mit zwei Schwänzen aus. Seine Hände halten einen Zweig, der in einem Leuchter endet. Flossenähnliche Gebilde bedecken die Schultern, über dem Rücken erhebt sich ein Hirschgeweih. Man hat darauf hingewiesen, daß es sich bei solchen Lüsterweibchen um eine alte, mit der Tierkreissymbolik verknüpfte Bildtradition handelt. Die Fischjungfrau begegnet bereits in romanischer Zeit; als Beispiel sei ein Reliefzyklus mit Monatszeichen an der Ostwand der Vorhalle von Ste. Madeleine in Vézelay aufgeführt, wo sie zwischen Löwe und Waage den ihr zukommenden Platz einnimmt. Der Fischschwanz weist auf das der Jungfrau gegenüberliegende Tierkreiszeichen der Fische hin. Zusammen mit den entsprechenden, senkrecht dazu liegenden Tierkreiszeichen Zwillinge und Schütze gehören Jungfrau und Fische zum beweglichen Kreuz im Tierkreis. Auffallend an dem *Leuchterweibchen* ist das aus seinem Rücken gleichsam herauswachsende mächtige Hirschgeweih. Durch die Handhaltung und die flossenartigen Gebilde an den Schultern sind Arme und Hände besonders betont. Astrologisch werden Arme und Hände dem Tierkreiszeichen der Zwillinge zugeordnet, während die Jagd dem Schützen untersteht. Das Hirschgeweih wird als Jagdtrophäe angesehen und hat damit astrologisch eine Beziehung zum Schützen. Von diesen Überlegungen ausgehend, ist der Gedanke nicht von der Hand zu weisen, daß Dürers *Leuchterweibchen* als Wiedergabe des beweglichen Kreuzes im Tierkreis verstanden werden kann.[76]

Es gibt insgesamt drei Kreuze – das kardinale, das fixe und das bewegliche – im Tierkreis, die ihn jeweils in vier Quadranten teilen, wobei das kardinale Kreuz die Priorität hat. Jedes Kreuz enthält die vier Elemente (s. S. 63). Zusammen ergeben die drei Kreuze den zwölfteiligen Tierkreis. Demnach macht das *Leuchterweibchen* ein fundamentales Element der Struktur des Tierkreises sichtbar, gleichsam in einer Metapher.

Die durch Zwölfteilung entstehenden Kreissegmente werden von den Tierkreiszeichen besetzt. Diese bezeichnen die Bahn der Sonne, die, durch den Erdumlauf bedingt, scheinbar während eines Jahres entsteht. Nach Form und Inhalt hat das Horoskop das Wesen eines Mandalas und kann als Medium dienen, den Menschen, d. h. den Mikrokosmos, mit dem Makrokosmos in Beziehung zu setzen. Wie alle magischen Systeme basiert auch das astrologische auf dem Analogiegesetz. Es heißt: wie oben so unten, wie innen so außen. Als Mikrokosmos enthält der Mensch alles, was den Makrokosmos, das Universum ausmacht. Also vollzieht er auch den Rhythmus nach, der den Kosmos zur Zeit seiner Geburt beherrscht hat. In diesem Rhythmus fächert sich sein Schicksal auf. Dieser Entwicklungsprozeß wiederum hängt mit der Lehre von Karma und Wiedergeburt zusammen und wird in ihr sinnvoll. Die Lehre von der Reinkarnation wurde noch von den Urchristen, so von Origines, anerkannt, später jedoch von der offiziellen Kirche verworfen, während sie sich in der mit heidnischen Göttern durchsetzten Astrologie erhielt. Neben der Auffassung von der Willensfreiheit des Menschen ist auch dies eine Ursache für die Ablehnung, welche die Astrologie zumeist seitens der klerikalen Kreise erfuhr.

Stellen die Tierkreiszeichen das statische Element im Tierkreis dar, so bilden die Planeten die dynamischen Faktoren, denn sie wan-

15 *Leuchterweibchen*, lavierte Federzeichnung, 1513

deln durch den Tierkreis. Dabei wirken sie als Katalysatoren und vermitteln die Qualität der Tierkreiszeichen in der ihnen eigenen Weise dem irdischen Leben. Da sich hierbei die Sonne als großes Licht am wirkungsvollsten erweist, wird aus astrologischer Sicht ein Mensch primär nach dem Tierkreiszeichen eingeschätzt, in dem sich bei seiner Geburt die Sonne befand, obwohl auch die anderen Planeten Einfluß auf ihn nehmen. Der kundige Astrologe wird deshalb über den Sonnenstand hinaus auch alle anderen Konstellationen zu Rate ziehen.

Bei Kenntnis der astrologischen Symbole werden unter den Zeichnungen Dürers einige besser verständlich, die bisher aufgrund ihrer Rätselhaftigkeit zumeist als »rein dekorativ« oder »ornamental« bezeichnet wurden. Ein Beispiel bietet dic phantastisch geformte Säule, die von einem Bauern getragen wird (Abb. 16). Tief gebeugt unter ihrer Last kauert er am Boden. Die Säule endet in einem korinthischen Kapitell, auf dem ein Steinbock zum Sprung ansetzt. Diese Symbolik ist im Zusammenhang mit den »Planetenkindern« zu sehen. Planetenkinder-Darstellungen sind vor allem aus den mittelalterlichen Kalendarien bekannt. Durch sie werden die Eigenschaften der unter den verschiedenen Planeten und Tierkreiszeichen Geborenen versinnbildlicht. Jeder Planet beherrscht ein bzw. zwei Tierkreiszeichen, so der Saturn neben dem Wassermann den Steinbock, um den es hier geht. Seine niederdrückende Wirkung wird in dem zwischen Boden und Säule gepreßten Mann sichtbar. Zu dieser Zeichnung gibt es ein Pendant, nämlich eine Balustersäule, die ein auf einer Bütte stehender Krüppel trägt. Sie läuft in einen vasenförmigen Aufsatz aus, auf dem eine Fledermaus sitzt und die Flügel ausbreitet (Abb. 17), ein dem Saturn zugeordnetes Tier, wie es auch in Dürers Stich *Melencolia I* vorkommt (s. S. 132). »Planetenkinder des Sa-

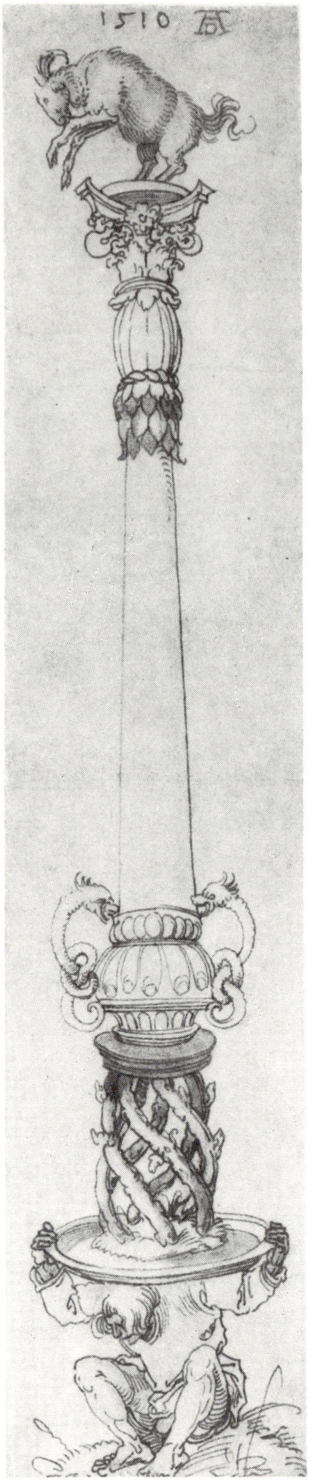

16 Säule mit springendem Bock, lavierte Federzeichnung, 1510

17 Phantastisch geformte Säule, lavierte Federzeichnung, um 1511/15

turn« sind vor allem Angehörige von Berufen, die mit der Erde zu tun haben wie der Bauer und alle Menschen, die von Unglück und Armut getroffen sind wie der Krüppel. Not und Erdenschwere kennzeichnen die niedere Form der Melancholie, auf die Dürer auch im »Boreas« seines Titelholzschnitts zu den »Quatuor libri amorum« des Celtis anspielt (Abb. 10). In den folgenden Jahren werden diese Motive bei Dürer einem Wandlungsprozeß unterworfen, dessen Resultat, die Differenzierung nach positiven und negativen Qualitäten, in dem Melancholie-Stich von 1514 sichtbar wird. Der Anklang an die Planetenkinder-Darstellungen, wie sie aus den Kalendarien bekannt sind, zeigt sich auch im Aufbau der beiden Zeichnungen mit den Säulen. Nach der Tradition befindet sich im oberen Teil einer Planetenkinder-Darstellung immer der Planet mit den von ihm beherrschten Tierkreiszeichen, während im unteren Teil die verschiedenen Vertreter der unter seinem Einfluß Stehenden abgebildet sind. In stark vereinfachter Form ist dieses Prinzip auch in den beiden Dürer-Zeichnungen gewahrt.

Die durch den Tierkreis wandelnden Planeten mit den alten Götternamen wurden auch im Mittelalter noch wie Wesenheiten empfunden. Daher bestand die Möglichkeit, sich an sie zu wenden und ihre Kraft magisch wirksam zu machen. Dies aber bedeutet, daß sich der heidnische Götterkult bis zu einem gewissen Grad über die Astrologie noch lebendig erhielt. In der überlieferten magischen Literatur lassen sich ungezählte Hinweise über die Verwendung der Astrologie zu magischen Praktiken entdecken. So gibt es bei Agrippa von Nettesheim Anleitungen, wie man Bilder von Planeten verfertigen soll, wobei ganz bestimmte Planetenstände und Tageszeiten zu berücksichtigen sind. Solche Bilder dienten astralmagischen Zwecken, also der Abwehr negativer und der Anziehung positiver Kräfte der Gestirne. Vergleichen wir Dürers Federzeichnung *Jupiter* aus den Nachzeichnungen der »tarocchi« (Abb. 18) mit der entsprechenden Beschreibung Agrippas, so ergeben sich auffallende Parallelen zu dessen Anweisungen. Nach Agrippa soll Jupiter gekrönt dargestellt werden, mit einem Pfeil in der Rechten, auf einem Adler oder Drachen reitend, wobei er nach dem Kopf des Drachen stößt. Dem entspricht Dürers Zeichnung in einigen Motiven.[77] Jupiter sitzt auf dem Regenbogen und ist von einer Mandorla umschlossen. Seine erhobene Rechte hält einen Pfeil, mit dem er in Richtung Boden zielt. Dort befindet sich jedoch kein Drachen, sondern ruhen schlafende Krieger – vielleicht eine Anspielung auf die Überwindung der rohen marsischen Kräfte durch das jovische Prinzip. Der Adler sitzt auf der Spitze der Mandorla. Jupiter trägt eine Krone. Zu seinen Füßen hockt ein junges Mädchen, wohl Athena, die seinem Haupt entsprungene Göttin der Weisheit, aber auch des Krieges. Ein solches Bild konnte als Talisman aufgefaßt und verwendet werden, der dazu dienen sollte, die guten Schwingungen des entsprechenden Planeten zu empfangen. Ein dem Jupiter unterstehender Talisman wurde häufig als Schutzmittel gegen die »bösen Gaben« des Saturn gebraucht. Dieser Gedanke hat später in Dürers Melancholie-Stich seinen Niederschlag gefunden (s. S. 132).

Sind die Tierkreiszeichen und Planeten die Bausteine eines Horoskops, so drückt sich seine Funktion in Konstellationen aus. Da die Planeten bewegliche Bestandteile sind, können sie in jedem Tierkreiszeichen stehen und dessen Energie in der ihrer eigenen Qualität gemäßen Weise übermitteln. Dieses astrologische Gesetz wird in einigen Blättern aus Dürers Werk sichtbar, so z. B. in der Federzeichnung *Venus auf einem Delphin* (Abb. 19) von 1503. Auf diesem Blatt sehen wir die nackte Gestalt der Venus auf dem Rücken eines Del-

18 Jupiter, Federzeichnung, um 1494/96

19 *Venus auf einem Delphin*, Tuschfederzeichnung, 1503

phins durch die Meereswogen gleiten. In der Linken hält sie ein überquellendes Füllhorn, auf dem mit verbundenen Augen der geflügelte Amorknabe steht, im Begriff, einen Pfeil abzuschießen. Es handelt sich hier um ein beliebtes Bildmotiv. Statt Venus kann auch ein Kind oder Jüngling, meist Arion, auf einem Delphin reitend wiedergegeben werden wie auf der Dürer-Zeichnung *Arion.* [78] Die Tatsache jedoch, daß es auf dem Blatt von 1503 Venus ist, die auf dem Delphin reitet, gibt Veranlassung, nicht nur nach mythologischen Zusammenhängen, sondern auch nach der mit diesen verbundenen astrologischen Symbolik zu suchen. Nach astrologischer Lehre ist Venus in den Fischen erhöht, d. h. in diesem Sternbild besonders wirksam. Die Fische selbst stellen das Nachthaus des Jupiters dar, der bis zur Entdeckung des Neptuns als ihr alleiniger Beherrscher galt. Das Füllhorn ist eines der Symbole für Jupiter. Der Aufenthalt von Venus und Jupiter im Tierkreiszeichen der Fische verspricht Genuß und Liebesfreuden, worauf der Amorknabe hinweist. Seine Augen sind verbunden; es handelt sich also um die blinde Liebe, womit auf die Gefahr dieser Konstellation hingewiesen ist, die zum Versinken in reiner Sinnenlust führen kann. In Übereinstimmung mit dieser Deutung ist vermutet worden, das Blatt könne eine Venus Voluptas darstellen.[79] Als Laster gehört die Voluptas oder Wollust zu den bösen Gaben der Venus, die diese den unter ihrem Einfluß stehenden Menschen, d. h. den Kindern der Venus, verleiht (s. S. 114).

Ein anderes, auf die Wirkung der Planeten in den verschiedenen Tierkreiszeichen bezogenes Beispiel aus der Dürer-Graphik hat der Astrologe Erich von Beckerath gedeutet, und zwar den Kupferstich B 79 *Sonne der Gerechtigkeit* (Abb. 20). Nach seiner Ansicht soll die rätselhafte Darstellung eines auf einem Löwen sitzenden Mannes, der mit seiner erhobe-

20 Sonne der Gerechtigkeit (Sol Iustitiae), Kupferstich, um 1498/99

nen Rechten ein Schwert und mit seiner gesenkten Linken eine Waage hält, den auf Ptolemäus zurückgehenden Lehrsatz demonstrieren: »Die Sonne herrscht im Löwen, ist im Widder erhöht und in der Waage im Fall.« Besonders in den kreisförmigen, von Strahlenbündeln umgebenen Augen des Mannes glaubt er eine Sonnensymbolik zu erkennen. Die Tierkreiszeichen Löwe und Waage sind auf dem Blatt direkt wiedergegeben, während der Widder durch ein erhobenes Schwert gekennzeichnet ist. Nach astrologischer Überlieferung beherrscht der kriegerische Planet Mars den Widder. Eines der wichtigsten Mars-Symbole ist das Schwert. Im Tierkreis liegen Widder und Waage einander gegenüber. Auch das läßt sich aus dem Kupferstich herauslesen, denn durch seine Gestik vollzieht der Mann auf dem Löwen diese Gegenüberstellung nach. Als Vorbild für dieses Blatt könnte eine astrologische Darstellung aus Venedig gewirkt haben, die Dürer mit großer Wahrscheinlichkeit gesehen hat, und zwar der auf einem Löwen sitzende *Sol* vom Planetenkapitell am Dogenpalast in Venedig. Die Art, wie *Sol Iustitiae* bei Dürer auf dem Löwen sitzt, erinnert stark an dieses Relief (Abb. 21).[80]

Zu der Bezeichnung »sol iustitiae« weist Erwin Panofsky darauf hin, daß es in der Antike einen »sol invictus« gab, als Gottheit zu verstehen, der im Christentum nach kirchlicher Auslegung zu einem »sol iustitiae« wurde. Die Zeit, in der Dürer die Bildvorstellung zur *Sonne der Gerechtigkeit* entwickelte, fällt mit der Entstehung des Apokalypse-Zyklus zusammen. Vergleicht man nun den Kupferstich *Sol Iustitiae* mit dem Holzschnitt *Johannes erblickt die Sieben Leuchter* aus der »Apokalypse«, so ergeben sich auffallende Ähnlichkeiten (Abb. 22). Auf beiden Blättern entspringen den Augen Strahlenbündel, bei dem Mann auf dem Löwen sind es je drei, bei dem Herrn der Apokalypse zwei. Allerdings begegnet die Dreiteilung in der Gloriole des Herrn der Leuchtervision wieder, und zwar in ähnlicher Form wie die den Augen entspringenden Strahlenbündel der *Sonne der Gerechtigkeit*. Es ist anzunehmen, daß es sich bei der Dreiteilung der Strahlenbündel bzw. Gloriole jeweils um eine Anspielung auf die Trinität handelt, die auf dem Blatt aus dem Apokalypse-Zyklus den Herrn des Weltgerichts offenbart. Die Art, wie der Herr der Leuchtervision auf dem Regenbogen thront, erinnert an die Sitzhaltung des Mannes auf dem Löwen im Kupferstich *Sol Iustitiae*. Aus der Ähnlichkeit beider Blätter folgt die Frage, ob sich hinter dem Blatt aus der »Apokalypse« nicht ebenfalls eine Sonnensymbolik verbirgt. Man kann diese Frage wohl bejahen, wenn man von den astrologischen Vorstellungen der Dürerzeit ausgeht. So macht Erwin Panofsky auf eine Veröffentlichung des »Repertorium morale« des Petrus Bercorius aufmerksam, die 1498/99, also zur Entstehungszeit der beiden hier besprochenen Blätter, bei Koberger in Nürnberg im Druck erschien und damit Dürer sicher bekannt war. In dieser Schrift wird auf einen astrologischen Fachausdruck Bezug genommen, das sogenannte »medium coeli«, den Himmelsmittelpunkt. Er wird mit dem Ort des Gerichts gleichgesetzt. Der Himmelsmittelpunkt oder das medium coeli bezeichnet in einem Horoskop die Stelle, an der die Sonne ihren Höchststand und damit vollen Glanz erreicht, also den Süden. Daraus ergibt sich folgerichtig eine Beziehung zu Christus, dem als Sonne der Gerechtigkeit bzw. »sol iustitiae« und damit auch als Weltenherrscher der Himmelsmittelpunkt zukommt, von dem aus er das Gericht hält. Somit läßt sich Christus der Sonnensymbolik zuordnen und repräsentiert als Herr der Leuchtervision die höchste kosmische Macht.[81]

Einen wichtigen Teil der Astrologie bildet die Lehre von den Aspekten. Ein Aspekt ist

21 Tierkreiszeichen-Kapitell *Sol* vom Dogenpalast in Venedig, um 1415

der Winkel zwischen mindestens zwei Planeten. Mit den Aspekten werden die Verhältnisse der Planeten zueinander und ihre Wirkung aufeinander beschrieben, wobei sie sich in den harmonischen Aspekten, Sextil (60°) und Trigon (120°), gegenseitig fördern, in den disharmonischen, Quadrat (90°), Opposition (180°), jedoch hemmen oder miteinander in Konflikt geraten. In der Konjunktion (0°) gehen die Planeten eine enge, unlösbare Verbindung ein und verstärken so ihre Wirkung, die je nach Qualität der beteiligten Planeten eine positive oder negative sein kann. Auch für diese Lehre gibt es in der Dürer-Graphik ein Beispiel, den 1496 entstandenen Einblattholzschnitt *Der Syphiliskranke* (Abb. 23). Dieses Blatt zeigt die Gestalt eines von der Syphilis befallenen Mannes, dessen Körper mit Geschwüren bedeckt ist. Die Syphilis verbreitete damals großen Schrecken, und so lag es nahe, auch die Sterne nach ihrer Ursache zu befragen. Über dem Kopf des Kranken schwebt eine Art Globus, in dessen Äquatorzone der Tierkreis sichtbar wird. Dürer hat hiermit eine traditionelle Form der Darstellung gewählt. So war auch schon die Person des mit allem Priesterwissen vertrauten Hermes Trismegistos mit einer über seinem Haupt schwebenden Kugel wiedergegeben worden, die den Tierkreis enthält, also ein Abbild des Kosmos darstellt. Auf dem Dürer-Blatt befindet sich im Zentrum der Kugel die Jahreszahl 1484. Das Tierkreiszeichen des Skorpions ist mit Sonne, Mond und vier Sternen besetzt, womit eine seltene Konstellation des Jahres 1484 angedeutet ist. Bei dieser Konstellation handelte es sich sowohl um eine Konjunktion von Sonne und Mond, d. h. um den Neumond, als auch um eine Konjunktion von Jupiter und Saturn, also die sogenannte Große Konjunktion, die, astrologisch gesehen, wichtige Zeitentwicklungen einleitet. Auch Merkur und Venus halten sich im Skorpion auf. Mars, der restliche Planet, befindet sich im Widder, also in seinem eigenen Haus, wo ihn Dürer als kleinen Stern abbildet.[82]

Eine solche Planetenballung im Skorpion galt als besonders unheilvoll, weil der Skorpion das gefürchtetste Tierkreiszeichen war. Da es u. a. die Geschlechtsorgane beherrscht, steht es in besonderer Beziehung zu entsprechenden Krankheiten und somit auch zur Syphilis, die nach damaliger Anschauung aufgrund der Planetenballung im Skorpion geradezu zwangsläufig auftreten mußte. Der Astrologe Lichtenberger gab eine ausführliche Deutung der Konstellation des Jahres 1484:

> *Das ist eine namhaftige Konstellation, fas wol zu merken und zu betrachten, der schwerwichtigen großen Planeten des Saturni und Jupiters, welcher Konjunktion und zusammen Lauffung erschrecklich Ding drohet, und verkündiget uns viel zukünftigen Unglücks. Und ist vollkommen gewesen nach Christi Geburt im Jahre 1484 am fünfundzwanzigsten November, des Weinmonats, um die sechste Stunde, vier Minuten nach Mittag, als der Krebs einen Grad hoch über dem Horizont aufstand. Die Konjunktion und Zusammenlauffung dieser zwei Planeten geschähe sehr selten, und nicht eher als nach Verlauf langer Zeit, wenn viele Gestirne herumgekommen seien, und deshalb brächten sie auch einen stärkeren Einfluß. Zu solcher erschrecklicher Konjunktion sei das gräßliche und scheußliche Haus des allerunglückhaftigsten Zeichens des Skorpions geeignet und verordnet, im dreiundzwanzigsten Grad und dreiundvierzig Minuten, ...: Vnd das am aller ergsten ist, vnd ein vrsach werden wird alls vnglücks der störrige und boshafftiger Saturnus hat mit seiner Erhöhung gegen mitternacht den gutigen vnd freuntlichen Jupiter vntergedruckt. Auch ist Mars ein Herr dieser Coniunction, vnd der mitten vom hymel greßlich und vol drewens*

22 *Johannes erblickt die Sieben Leuchter*, Holzschnitt aus dem Apokalypse-Zyklus, 1498

herunter sihet, yn seinem eigen königlichen haus auch in königlichem zeichen sitzend und erhaben. Deshalben er yhm auch alle ordenung vnd regierung dieser Coniunction zuschreibet vnd zueignet. Vnd darumb die weil der freundliche Jupiter also von Saturno und Marte gefasset, vnd von yhrem bösen glentzen untergedruckt ist, kan er yhrer macht vnd gewalt nicht widerstehen, mag auch deshalben seine heilsame vnd gewöhnliche Hülffe durch seine freuntlickeit den menschen mit teilen.[83]

Nach Lichtenbergers Beschreibung lag zu diesem Zeitpunkt das aufsteigende Zeichen, der Aszendent, im Krebs. Seit Ptolemäus wurde auch dieses Tierkreiszeichen mit der Pest – im Sinn von Epidemie – in Verbindung gebracht. Der Holzschnitt Dürers ist mit lateinischen Versen des Arztes Theodoricus Ulsenius umrahmt, in denen dieser sich über Ursachen und Symptome der Syphilis äußert. Das zeigt, in welch enger Beziehung Astrologie und Medizin damals standen. Die Astrologie gehörte zur Ausbildung eines Arztes, und es war üblich, bei der Behandlung eines Patienten sein Horoskop mit zu Rate zu ziehen.[84]

Das Ausgeliefertsein des Menschen an kosmische Mächte hat in Dürers Holzschnittfolge »Die Apokalypse« in überwältigender Form Ausdruck gefunden. So stürmen *Die vier apokalyptischen Reiter* über die Erde hin, den Menschen Tod und Vernichtung bringend (Abb. 24). Erich von Beckerath deutet sie als astrologische Konstellationen, die unheilvolle Wirkung haben. Seiner Auffassung nach repräsentieren die Reiter die vier Planeten Jupiter, Mars, Merkur, Saturn. Tatsächlich sind diese Reiter mit Attributen versehen, die diesen Planeten aus astrologischer Sicht herkömmlich zugeordnet werden. So spannt der erste Reiter, der den Auftrag hat, Krankheit über die Menschen zu bringen, Pfeil und Bogen, Attribute des von Jupiter beherrschten

23 *Der Syphiliskranke*, kolorierter Holzschnitt, 1496

24 *Die vier apokalyptischen Reiter*, Holzschnitt aus dem Apokalypse-Zyklus, 1498

Schützen. Astrologisch bringt ein verletzter Jupiter Krankheit, verkehrt sich also von einem Glücksbringer in sein Gegenteil. Der zweite, Krieg verursachende Reiter schwingt ein Schwert, das Symbol des Mars. Nach astrologischer Tradition gehört dieser zu den Übeltätern und gilt als das ›kleine Unglück‹. Der dritte Reiter, der die Menschheit mit Hunger plagen soll, trägt eine Waage, die hier als Zeichen des Handels dem Merkur zuzuordnen ist. Ein schlecht gestellter Merkur aber bringt Mißerfolg im Handel, Geldmangel und damit Not. Der vierte Reiter, der Todbringer, erscheint als Gerippe, d. h. in der Gestalt, in der auch Saturn, das ›große Unglück‹ und Symbol für den Tod, häufig dargestellt wird. Bis hierher lassen sich die Gedankengänge von Beckeraths nachvollziehen.[85] Die vier vom Himmel verhängten Plagen werden zu den diesen Plagen entsprechenden Gestirnen in Beziehung gesetzt, ein Verfahren, das zur Dürerzeit gern praktiziert wurde.

Als visionäre Schau der Abhängigkeit menschlichen Schicksals von kosmischen Gewalten stellt die »Apokalypse« einen ersten Höhepunkt im Schaffen Dürers dar. Die Souveränität, mit der hier das letzte Buch der Bibel künstlerisch gestaltet wurde, drückt von Juraschek mit folgenden Worten aus: »Sein Inhalt wird nicht als ein sukzessives Geschehen in den letzten Perioden der Erdgeschichte aufgefaßt. Ursache und Wirkung werden einander entgegengestellt, die Kausalität im Kosmos, jener Zustand, wie er war, ist und sein wird von der Erschaffung der Welt an bis zum Untergang der Erde. Nichts auf Erden geschieht, was nicht im Himmel präexistent war. Das Übereinander beider Schauplätze, Himmel und Erde, ist nicht Gleichzeitigkeit allein, es ist kausales Bedingtsein, logische Einheit.«[86]

Nicht zuletzt Dürers Interesse an der Astrologie ist es zu verdanken, daß ihn das von einer Fülle kosmischer Symbole geprägte letzte Buch der Bibel zu seiner großartigen Holzschnittfolge »Die Apokalypse« inspirierte, die er in eigener Initiative, also nicht als Auftragswerk, herausgab. Fern aller astrologischer Gelehrsamkeit hat er sich mit dieser Schöpfung direkt zur Quelle begeben und die einander korrespondierenden Seinsebenen mit seherischer Kraft gestaltet.

Auch Dürers bekanntes Madrider *Selbstbildnis* von 1498 (Abb. 25) kann man zu seinem Horoskop in Beziehung setzen und darin eine saturnine Veranlagung erkennen. Muß auch fraglich bleiben, inwieweit Dürer solche Aussagen beabsichtigt hat, so fallen in dem Bild doch Elemente auf, die charakteristisch für den Saturniker sein können, nämlich das vornehme, schwarz-weiß gestreifte Gewand, das Eingeschlossensein zwischen Mauern, die unergründliche Rätselhaftigkeit und zugleich Schmucklosigkeit des Raumes, das Gebirge im Fensterausschnitt und besonders der tiefe Ernst des Antlitzes. Daß Dürer bemüht war, Menschendarstellungen zu schaffen, die ihre Zugehörigkeit zu einem bestimmten Planeten ausdrücken, geht aus seinen Proportionsstudien hervor, in denen er genaue Angaben zu solchen, astrologischen Konstellationen entsprechenden Menschentypen macht.[87] Daher ist auch der Gedanke naheliegend, Dürer habe sich in seinem Madrider *Selbstbildnis* als Saturnier der höheren Art vorstellen wollen und damit bereits einen Teil des Ideengutes vorweggenommen, das in seinem *Melancholie*-Stich zu höchster Vollendung gereift ist.

25 Dürers Selbstbildnis, 1498

Die Alchimie

Ebenso wie die Astrologie des Mittelalters nicht lediglich als Vorläuferin der Astronomie zu betrachten ist, kann die Alchimie nicht nur als Vorstufe der Chemie angesehen, sondern muß aus ihrem geistesgeschichtlichen Zusammenhang heraus begriffen werden. Da im Rahmen der Alchimie ebenso wie in dem der Astrologie sowie der Magie Phänomene erforscht wurden, die heute von der Psychologie bearbeitet werden, liegt in der Erklärung Carl Gustav Jungs wohl ein berechtigter Hinweis, »... daß seit den ältesten Zeiten der Alchemie ein doppelter Tatbestand vorlag: einerseits die praktische chemische Arbeit im Laboratorium, andererseits aber ein psychologischer Vorgang, welcher teils bewußt psychisch war, teils unbewußt projiziert in den Wandlungsvorgängen des Stoffes gesehen wurde«.[88] Dieser sogenannte »doppelte Tatbestand« ist zu berücksichtigen, wenn man sich mit Alchimie beschäftigt. Zur Dürerzeit wurde sie besonders intensiv betrieben; es gab zahllose Alchimisten, darunter auch solche weniger seriösen Charakters, die dazu beitrugen, daß ihre Kunst in Verruf geriet und z. T. erbitterten Verfolgungen ausgesetzt war.

Motto der Alchimisten waren die geheimnisvollen Worte der »Tabula smaragdina« des Hermes Trismegistos, in denen man eine Anleitung zur Herstellung des Steins der Weisen sah:

> *Es ist wahr ohne Lüge, gewiß und höchst wirklich, daß das, was unten ist, dem gleicht, was oben ist, und daß das, was oben ist, dem gleicht, was unten ist, um die Wunder des einen Dings zu vollbringen.*
> *Und wie alle Dinge durch das Nachsinnen des Einen existieren und von dem Einen kommen, so wurden alle Dinge durch Adaption von diesem einzigen Ding geboren. Die Sonne ist sein Vater und der Mond seine Mutter. Der Wind hat es in seinem Bauche getragen, und die Erde ist seine Amme. Der Vater aller Vollkommenheit der gesamten Welt ist hier. Seine Kraft oder Macht ist vollständig, wenn es in Erde verwandelt wird.*
> *Du sollst die Erde vom Feuer scheiden, das Feine vom Groben, und zwar sanft und mit großer Kunstfertigkeit. Es erhebt sich von der Erde zum Himmel und steigt wieder in die Erde hinab und empfängt die Kraft der höheren und niederen Dinge.*
> *Du wirst auf solche Weise die Herrlichkeit der ganzen Welt erlangen. Und deshalb wird alle Dunkelheit von dir fliehen. Und dies ist die starke Stärke aller Stärke. Denn sie wird alles Feine besiegen und alles Feste durchdringen. So ist die Welt erschaffen worden.*
> *Daraus werden wundersame Adaptionen entstehen, deren Mittel hier beschrieben ist.*
> *Und in diesem Sinne werde ich Hermes Trismegistos genannt, da ich die drei Teile der Philosophie der ganzen Welt besitze.*[89]

Der Text des Hermes Trismegistos ist vor allem von der Vorstellung der Entsprechung von Mikrokosmos und Makrokosmos getragen. Das, womit der Alchimist arbeitet, wird aus den Elementen gewonnen, doch ist es nicht identisch mit ihnen. Die alchimistische Arbeit zielt auf Verwandlung, d. h. Transmutation. Dabei müssen auch die kosmischen Konstellationen beachtet werden. Wie die Astrologie besitzt auch die Alchimie einen kosmischen Bezug. Beide Disziplinen müssen also zusammengesehen werden. Kein Alchimist konnte ohne astrologische Kenntnisse arbeiten, denn von ihnen hing das Gelingen seines Werkes in hohem Maße ab. Dieses hatte immer einen Wandlungsprozeß im Sinne eines Erlösungsprozesses zum Ziel, wobei es nicht allein um die Herstellung von Gold ging, da der Alchimist in den drei Reichen, dem Pflanzen-, Tier- und Mineralreich, arbeiten konnte. Das Ziel der Goldgewinnung vermochte er nur im Mineralreich anzustreben. Die Arbeit in ihm galt als höchste Stufe der Alchimie, die nur wenige erreichten; die im Pflanzenreich dagegen diente in erster Linie der Entwicklung von Medikamenten. Doch blieb das eigentliche Bestreben in allen drei Reichen gleich: die Entwicklung vom Niederen zum Höheren, d.h. der Erlösungsprozeß im stofflichen Bereich. Der Alchimist arbeitete mit den drei Bestandteilen der Materie: dem Körper, genannt Salz, der Seele, genannt Schwefel, und dem Geist, genannt Merkur, wobei unter Geist in diesem Fall Leben oder Lebensgeist zu verstehen ist. Die Veredelung des Stoffes wurde in drei Stufen erreicht, der Trennung oder Separatio, der Reinigung oder Purificatio und der Vereinigung oder Cohobatio, womit die Vereinigung der gereinigten Bestandteile gemeint ist. Das Gelingen dieses Prozesses ist vorwiegend von der seelischen und geistigen Reife des Alchimisten abhängig, worin sich die psychische Seite des von Jung erwähnten »doppelten Tatbestandes« ausspricht. Gerade dies aber hat es wohl mit sich gebracht, daß alles alchimistische Wissen auf eine bildhafte, symbolische Weise wiedergegeben wurde, wodurch sich die alchimistischen Schriften sowohl in ihrer sprachlichen Formulierung als auch in der Art ihrer Illustration durch einen Bilderreichtum auszeichnen, welcher der Phantasie keine Grenzen setzt.[90] Auch Dürer kannte die entsprechenden Schriften, und so flossen wiederholt alchimistische Symbole in sein Werk ein.

Eines dieser Symbole ist der Ouroboros, die sich in den Schwanz beißende Schlange, sie drückt die Vollkommenheit des Seins aus. Anstelle einer Schlange kann auch ein Drache erscheinen. Bei Dürer begegnen wir diesem Symbol in einem Entwurf, den der im Goldschmiedehandwerk erfahrene Künstler für ei-

26 Entwurf für einen Anhänger mit Schlange, lavierte Federzeichnung, zwischen 1510 und 1520

nen Schmuckanhänger anfertigte. Er gestaltete hier ein zwischen Drache und Schlange stehendes Mischwesen (Abb. 26). Jung schreibt zu diesem Sinnbild: »Die Schlange ist der Mercurius, welcher als Grundsubstanz sich selber im ›Wasser‹ bildet und die mit ihm vereinigte Natur verschluckt.« Es ist gleichsam ein Zeichen für die von der göttlichen Kraft hervorgebrachte Welt, die von dieser wieder aufgenommen wird, um eine Wandlung zu erfahren und in einen neuen Zyklus eintreten zu können.[91]

In der Zusammenstellung alchimistischer Symbole hat man auch Schlange und Drachen dem Merkur zugeordnet. Die Schlange bzw. der Drache soll auf die Gerinnung oder Coagulation, eine wichtige Phase des alchimistischen Werkes, hindeuten. Gustav Friedrich Hartlaub beschreibt dies folgendermaßen:

> *Der Drache ist das Anfängliche, was zunächst einmal getötet und überwunden werden muß, oder er ist das Tote, durch dessen Wiederbelebung der Verwandlungsprozeß in Gang kommen soll.*

Es handelt sich also um ein zentrales, Tod und Wiedergeburt umfassendes Symbol der Alchimie, das sowohl auf den Ausgangspunkt als auch auf das Ziel des Werkes hindeutet. Dies drückt die Vorstellung des »In-den-Schwanz-Beißens« aus, ein altes, die schöpferische Urkraft bezeichnendes Bildmotiv. Eine Abbildung im Codex Marcianus z. B. zeigt die sich in den Schwanz beißende Schlange zur Hälfte dunkel gefärbt, zur Hälfte aber weiß, womit der Übergang vom Zustand der Unvollkommenheit in den der Vollkommenheit angedeutet ist.[92]

Das Motiv des Drachens kommt ebenfalls in einem anderen Entwurf Dürers für einen Anhänger vor, diesmal in Form von zwei geflügelten Drachen, die so ineinander ver-

27 Entwurf für ein Schmuckstück mit geflügelten Drachen, Federzeichnung, um 1515

schlungen sind, daß sie wiederum die Einheit einer Kreisfigur ergeben (Abb. 27). In den Flügeln darf man wohl einen Hinweis auf einen ganz bestimmten alchimistischen Prozeß sehen, nämlich auf die Sublimation oder Verflüchtigung des Festen, die auch oft in Form von auffliegenden Vögeln dargestellt wird. Carl Gustav Jung hat ein Bildbeispiel für das Aufsteigen des Flüchtigen veröffentlicht, in dem Kinder sich über einer Schlange in die Luft erheben. Weiterhin zeigt er eine Darstellung des Merkurs als Jungfrau, die mit je einem Bein auf dem geflügelten Sonnen- und Mondbrunnen steht, in den Händen einen Drachen haltend. Mit einem anderen Beispiel gibt er die Abbildung eines mit Wurzeln versehenen Ouroboros wieder, in dessen Mitte sich Merkur als Doppeladler, Sinnbild für die Sublimation, befindet. Umgeben ist er von den übrigen sechs Planeten. In einer Handschrift des 15. Jahrhunderts begegnet uns der Ouroboros zweifarbig, in Rot und Grün, wobei Grün den Ausgangspunkt bedeutet und Rot das Ziel.[93] In diese Bildtradition fügen sich auch Dürers Entwürfe für Schmuckstücke. Eventuell sind in den Zeichnungen Vorlagen für Anhänger zu sehen, die als Talisman dienen sollten.

Ein weiterer Goldschmiede-Entwurf von Dürer zeigt anstelle einer Schlange oder eines Drachen einen Löwen, der sich in den Schwanz beißt (Abb. 28). Wie in der Astrologie entspricht der Löwe auch in der Alchimie der Sonne und damit dem König und dem Gold. Die Geste des »Sich-in-den-Schwanz-Beißens« verbindet ihn hier mit dem Symbol des Ouroboros. Wie dieser vermag auch der Löwe zwei Zustände auszudrücken, einen Anfangszustand, wenn er in grüner Farbe dargestellt wird, und einen Endzustand, wenn er in Rot erscheint. Gleich dem Ouroboros kann also auch der Löwe als Symbol für den Ausgangspunkt und das Ziel des alchimistischen

28 Entwurf für einen Anhänger mit Löwen, Federzeichnung, um 1516/20

29 *Entwurf für ein Wappen*, Federzeichnung, um 1516

Werkes dienen. Da in der Kette der Analogien der Löwe auch dem Gold entspricht, dürfte sich hinter ihm vor allem eine Anspielung auf das »Große Werk« verbergen, bei dem es um die Herstellung von alchimistischem Gold ging.[94]

Ein weiteres Beispiel hierfür aus Dürers graphischem Werk ist der Entwurf für ein von zwei Putten getragenes Wappen (Abb. 29). Die Putten halten eine mit einer Krone versehene Blattranke, über der sich ein Löwe aufbäumt, die mit scharfen Krallen bewehrten Pranken ausstreckend. Vor dem Wappen auf dem Boden spielen zwei weitere Putten mit Steinen. Dies könnte sich auf den Begriff »ludus puerorum« beziehen, hinter dem die Aussage steht, daß die Kunst der Alchimie in Wahrheit ein Kinderspiel sei. Vielleicht sind die Steine, mit denen die Putten spielen, ein Hinweis auf den Stein der Weisen, denn es heißt, ein Kind könne mit Hilfe dieses Steins eine Transmutation, d.h. eine Verwandlung, durchführen.

Man kann die Kinder auch im Zusammenhang mit der Gerinnung sehen, einem alchimistischen Vorgang, der im Gegensatz zur Sublimation steht. Beide Prozesse müssen häufig wiederholt werden im Sinne der Verfestigung des Flüchtigen und der Verflüchtigung des Festen. In der alchimistischen Fachsprache wird dies als Circulation bezeichnet. Möglicherweise steht dieser Gedankengang hinter Dürers Darstellung in der Weise, daß die am Boden spielenden Putten die Gerinnung und der emporsteigende Löwe die Sublimation ausdrücken.[95]

Das Bild des Löwen begegnet bei Dürer nochmals in einem Bücherzeichen (Abb. 30). Der Löwe hockt hier auf einem eiförmigen Gefäß, das mit Flügeln versehen ist und auf Entenfüßen steht. Es ist anzunehmen, daß mit diesem Gefäß das philosophische Ei, eines der wichtigsten Arbeitsgeräte des Alchimisten,

30 Bücherzeichen (?) mit einem Löwen, lavierte Feder über Kohlevorzeichnung, 1513

gemeint ist. In ihm laufen die alchimistischen Prozesse ab. Die Flügel sollen wohl eine Anspielung auf die Sublimation sein, während die Füße des Wasservogels eher die Destillation auszudrücken scheinen. Das dem alchimistischen Vorgang entspringende Endprodukt ist dann in dem Löwen versinnbildlicht.[96]

Immer wieder wird von den Alchimisten auf den Pfauenschwanz verwiesen, ein Farbenspiel, das während einer fortgeschrittenen Phase des »Großen Werkes« entsteht, bevor es zur Transmutation kommt. Dieses Symbol ist in dem Wappen Wilhelms und Wolfgangs von Roggendorf von Dürer enthalten. Dürer hatte die Aufgabe, das Wappen nach einer älteren Vorlage neu zu gestalten (Abb. 31). Es zeigt einen über einer Krone befindlichen Löwen, der von den Hörnern eines Turnierhelms gerahmt wird, ihnen entspringen Pfauenfedern. Obwohl diese Symbolik in der Wappenkunde häufig begegnet, ist doch der alchimistische Bezug nicht auszuschließen. Es darf nicht vergessen werden, daß es häufig Mitglieder aus angesehenen Familien waren, die sich mit dieser Kunst beschäftigten, was sich dann gelegentlich auch in den Familienwappen niedergeschlagen haben dürfte.

Auf einem Studienblatt Dürers (Abb. 32) ist das traditionelle alchimistische Gefäß zu sehen, der kugelförmige Athanor. Es befindet sich im rechten Teil des Blattes, auf drei Füßen am Boden vor einem Alchimisten ruhend. Dieser hält einen Totenschädel in den Händen, wohl das sogenannte »caput mortuum«, Restbestandteil des alchimistischen Prozesses, der keine weitere Verwendung mehr findet. Vor dem Alchimisten liegt ein Buch, über ihm befinden sich drei Löwenköpfe, und ihm gegenüber steht ein Jüngling mit Pfeil und Bogen, eventuell eine Darstellung des Apollo, der auch als Sonnengottheit anzusehen ist.

Eine ebenfalls aus dem alchimistischen Themenkreis stammende Darstellung mit leicht ironischer Färbung ist die Federzeichnung Dürers *Wappen mit Mann hinter dem Ofen* (Abb. 33). Die Inschrift im Wappen ist bisher nicht eindeutig identifiziert, wird jedoch allgemein als »Hitze, Fritze, oho« gelesen. Um das Wappen gruppiert sich chaotisch anmutendes Blatt- und Rankenwerk, über dem sich ein Vogelwesen, eine Mischung aus Adler und Pelikan, erhebt. Auch dahinter könnte sich ein alchimistisches Symbol verbergen.[97] Da der Vogel im Begriff ist, sich in die Luft zu erheben, wird die Sublimation gemeint sein, die nur unter Einwirkung von Hitze zustandekommen kann. Auf sie wäre dann auch mit dem Ofen angespielt. Der vor ihm hockende Mann ist schwer zu deuten. Möglicherweise handelt es sich um eine humorvolle Kritik am Alchimisten, der über seinem Werk brütet, das ihn nur allzuoft enttäuschte, da seine Erwartungen häufig das überstiegen, was er wirklich erreichen konnte.

Ein ähnliches Motiv findet sich bei Dürer in dem als *Traum des Doktors* betitelten Blatt (Abb. 34). Obwohl auch aus dieser Darstellung ein leicht ironischer Unterton herauszuspüren ist, strahlt sie doch größeren Ernst aus. Wir können in dem Kupferstich eine der Vorstufen zu Dürers Meisterstich *Melencolia I* erblicken. Zu sehen ist ein hinter dem Ofen eingeschlafener behäbiger Mann, dem eine Fledermausflügel tragende Teufelsgestalt mit einem Blasebalg ins Ohr pustet. Eine vor dem Schlafenden stehende nackte Frau, in der man allgemein eine Venus zu erkennen glaubt, weist auf etwas für den Betrachter Verborgenes hin, während ein Putto auf Stelzen zu gehen versucht. Im Gegensatz zu Dürers Entwurf für ein Wappen (Abb. 29) ist nur ein Putto abgebildet, neben dem sich eine Kugel befindet. Beide Motive sind auch auf dem Stich *Melencolia I* zu sehen. Die Kugel dient sowohl der Versinnbildlichung des Chaos als auch des Kosmos. Erwin Panofsky sieht in dem *Traum*

31 Das Wappen Wilhelms und Wolfgangs von Roggendorf, Holzschnitt, um 1528

32 Studienblatt mit dem Raub der Europa und verschiedenen anderen Darstellungen,
Federzeichnung, um 1494/95

des Doktors eine Acedia-Darstellung, womit die unfruchtbare Seite des melancholischen Seelenzustandes, die Trägheit, gemeint ist. Alchimistisch gesehen würde dieses Laster dem unerlösten Zustand der Materie entsprechen.[98]

Ein rätselhaftes Blatt, den sogenannten *Verzweifelnden* (Abb. 35), hat man als Traumbild zu deuten versucht. Im Vordergrund kniet ein nackter Mann, der sich mit beiden Händen die Haare rauft, wobei eine quälende Anspannung alle Muskeln seines energiegeladenen Körpers hervortreten läßt. Rechts neben ihm liegt eine Frau, in schweren, tiefen Schlaf gesunken, die auch trunken sein könnte; hinter ihr ein Stehender, der ihr mit nachdenklichem Blick einen Walzenkrug entgegenhält. Im Hintergrund erkennt man das finster blickende Gesicht eines alten Mannes, links daneben die Profilfigur einer Männerbüste in zeitgenössischer Tracht, im Verhältnis zu den anderen Personen von übergroßer Proportion. Alchimistisch gesehen könnte man in dem Blatt den Zustand der »nigredo« erkennen, d. h. der Verwesung auf der materiellen Ebene, ausgedrückt durch die wie in Agonie daliegende Frau, und den der Selbstzerfleischung auf der seelischen Ebene, wie sie der Kniende demonstriert. Damit aber wäre auch diese Eisenradierung eine Vorstufe zu *Melencolia I*, denn auch sie macht einen Gemütszustand sichtbar, welcher der »nigredo« entspricht. Für diese Interpretation spricht auch die düstere Atmosphäre des Blattes. Der geheimnisvolle und bedrückend wirkende Vorgang spielt sich zwischen Felsblöcken ab, auf dessen oberem sich ein quaderförmiger Stein befindet. Im Melancholie-Stich gehört ein Stein, der Polyeder, zu den wichtigsten Bildmotiven. Schwer faßbar erscheint die Figur des Stehenden mit dem Walzenkrug. Man kann vermuten, dieses Gefäß enthielte ein Lösungsmittel. Leichter scheint sich das alte Gesicht im Hintergrund zu erschließen, und zwar

33 Wappen mit Mann hinter dem Ofen, Federzeichnung, zwischen 1490 und 1494

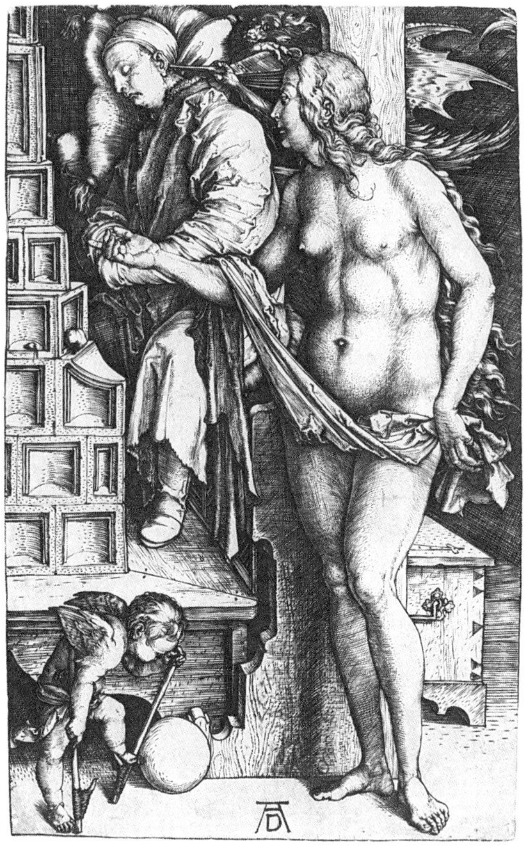

34 Der Traum des Doktors, Kupferstich, um 1497

35 Der Verzweifelnde, Eisenradierung, 1515

als das geheimnisvolle Antlitz Saturns, des am engsten mit der Materie verbundenen Planeten. Der Mann in zeitgenössischer Tracht kann aufgrund seiner Größe nicht als unmittelbar in das Geschehen Einbezogener aufgefaßt werden. Vielmehr scheint er meditierend den ganzen Vorgang in sich aufzunehmen und könnte somit als Alchimist zu verstehen sein.[99]

Dürers Nachzeichnungen der italienischen »tarocchi«

Dürers Kopien der italienischen »tarocchi« entstanden 1494/95 kurz nach dem Holzschnitt *Gerson als Pilger*. Die »tarocchi« sind Spielkarten mit inhaltlichen Anleihen bei den mittelalterlichen Enzyklopädien und, in einer tieferen Bedeutungsschicht, bei der christlichen Kabbala – wie im folgenden gezeigt werden soll. In ihrer Gesamtheit und bei ihrer beliebten Benutzung bilden sie einen für die Geistigkeit der Dürerzeit aufschlußreichen Zyklus. Daß die Vorlagen zu Dürers Nachzeichnungen mit Mantegna in Verbindung stehen, entspricht dem Sachverhalt nicht; doch stehen sie Mantegna nahe. Es handelt sich bei diesem Spiel auch nicht um das traditionelle Tarot, obwohl es ihm sinngemäß entspricht.

Als Tarot bzw. Tarock wird ein Spiel bezeichnet, das aus 78 Karten besteht, von denen 22 eine auf kosmologische und moralische Vorstellungen bezogene Symbolik aufweisen. Solche Kartenspiele sind in Italien vorzugsweise im Umkreis von Venedig, Bologna und Florenz entstanden. Das als »Minchiate« bezeichnete Florentiner Spiel stellt eine Abweichung vom herkömmlichen Tarot dar, es enthält zusätzlich zu den 22 Symbolkarten auch solche mit Darstellungen der Tierkreiszeichen, Tugenden und Elemente, gleichsam als Erweiterung der kosmologischen Thematik. Es diente, wie alle im Rahmen des Tarot konzipierten Kartensätze, weniger der Unterhaltung und dem Glücksspiel als vielmehr der philosophischen Unterweisung und Meditation.

Dem »Minchiate« gegenüber stellt das von Dürer nachgestaltete sogenannte Mantegna-Spiel eine weitergehende Abwandlung des ursprünglichen Tarot dar. Seine Entstehungszeit wird um 1459/60 angesetzt, das Programm dazu Pius II. (1458–1464), dem Bischof Nikolaus von Kues (1401–1464) und Kardinal Bessarion zugeschrieben. Der gesamte Satz ist in fünf Zehnergruppen folgendermaßen eingeteilt:

A: 41–50	Die Planeten und die Sphären
B: 31–40	Die sieben Tugenden und die Genien von Sonne, Zeit und Kosmos
C: 21–30	Die Künste und die Wissenschaften
D: 11–20	Apollo und die Musen
E: 1–10	Die Hierarchie der Gesellschaft[100]

Hinter dieser Einteilung verbirgt sich eine geistige Bewegung in zwei Richtungen. Vollzieht sie sich von A zu E, so werden die Emanationen der kosmischen Prinzipien in die irdische Sphäre offenbar, schreitet sie in numerischer Folge von 1 bis 50 fort, versinnbildlicht sie den Aufstieg aus der irdischen zu höheren Sphären. Damit ist inhaltlich neben dem Bezug zum Tarot auch derjenige zur Kabbala sowie zur Gnosis gegeben. Das Spiel wurde gelegentlich auch als ein »ludus globi« bezeichnet, womit sein Gehalt noch treffender umrissen ist. An Karten, die im traditionellen Tarot ebenfalls vorkommen, enthält das Mantegna-Spiel »Kaiser«, »Papst«, »Gerechtigkeit«, »Mäßigkeit«, »Sonne« und »Mond«. Der auf einem Wagen sitzende »Mars« entspricht der 7. Tarotkarte, dem »Wagen«. Versuche, auch die anderen Karten dem Tarot zuzuordnen, können nicht so recht überzeugen, da die

Struktur beider Spiele zu stark voneinander abweicht.[101]

Eine der Grundideen des Mantegna-Spiels geht auf die Lehre der Gottesbeweise des Thomas von Aquin (1225–1274) zurück. Unter den zwanzig von Dürer kopierten Karten befindet sich auch der *Engel des primum mobile* (Abb. 36), ein tanzender Genius, der mit beiden Händen eine Scheibe hält. Das »primum mobile« oder »erste Bewegende« gehört zu den Gottesbeweisen des Thomas von Aquin. Es taucht wiederum in den Werken von Agrippa von Nettesheim auf, der folgende, auf den »Engel des primum mobile« zutreffende Beschreibung dieses Prinzips gibt:

> *Da nun die Seele das Primum mobile, selbständig und an und für sich beweglich, der Körper aber oder die Materie an und für sich bewegungslos und von der Seele selbst zu verschieden ist, deßhalb, sagen jene Philosophen, ist ein Mittelding nöthig, das gleichsam kein Körper, sondern so zu sagen schon die Seele, umgekehrt gleichsam keine Seele, sondern so zu sagen schon Körper sein muß, und wodurch die Seele mit dem Körper verbunden wird. Ein solches Medium ist der Weltgeist, den wir als die Quintessenz (fünfte Essenz) bezeichnen, denn er besteht nicht aus den vier Elementen, sondern steht als ein fünftes über und außer ihnen.*[102]

Wie der *Engel des primum mobile* gehören auch die den Sphären zugeordneten Planeten zur Reihe A, von denen Dürer noch *Merkur* und *Jupiter* (Abb. 18) nachzeichnete.

Von den zehn Karten der Reihe B kopierte Dürer den *Kosmos* (Abb. 37), einen geflügelten Genius. Er trägt in seiner erhobenen Rechten eine in der oberen Hälfte Sterne und in der unteren Hälfte wolkenähnliche Gebilde enthaltende Scheibe als sein eigenes Symbol. Die linke Hand richtet der Jüngling abwärts. Diese Gestik begegnet, wie eingangs angemerkt,

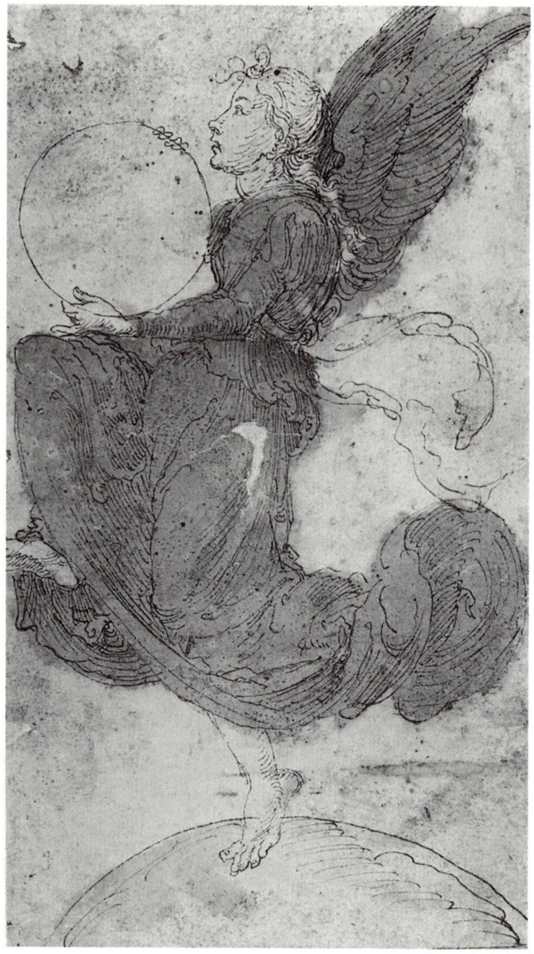

36 Der Engel des primum mobile, teilweise lavierte Federzeichnung, um 1495

37 Kosmos, Federzeichnung, um 1495

38 Genius der Zeit, Federzeichnung, um 1495

39 Gerechtigkeit, Federzeichnung, um 1495

auch beim Engel auf dem Blatt *Gerson als Pilger* (Abb. 1, s. S. 10). Im *Kosmos* aus den »tarocchi« spricht sich die Vorstellung aus, daß alles im Universum Vorhandene an die irdische Welt weitervermittelt wird, entsprechend der Lehre von den göttlichen Emanationen. Eine andere von Dürer kopierte Karte dieser Reihe ist der *Genius der Zeit*, auch er ein geflügelter Knabe, der eine Schlange emporhält, die sich in den Schwanz beißt, also den aus der Alchimie bekannten Ouroboros, diesmal in dem Bedeutungsaspekt der sich selbst verschlingenden Zeit (Abb. 38).

In die Reihe B gehören weiterhin die als gute Gaben der Planeten geltenden Tugenden, Ausdruck der Form, in der die Urprinzipien auf die irdische Welt wirken können. Insofern der Mensch, der Mikrokosmos, sich diese zu eigen macht, ist ihm eine Annäherung an den höchsten Geist möglich. Indem sie die Tugenden in ihrer Siebenzahl berücksichtigen und sie mit den höheren Sphären verbinden, stehen die Karten dieser Reihe im Kontext der mittelalterlichen Tugendlehre, die auch in die Enzyklopädien jener Zeit Eingang gefunden hat. Dürer kopierte aus der Reihe B noch die *Hoffnung*, den *Glauben*, die *Klugheit* und die *Gerechtigkeit*. In der *Gerechtigkeit* (Abb. 39), einer Frau mit Waage und erhobenem Schwert, begegnet das Bildmotiv der achten Karte des traditionellen Tarot.

Die zehn Karten der Reihe C repräsentieren die Wissenschaften und Künste als Ausfluß der göttlichen Weisheit. Dürer zeichnete hiervon die *Philosophie*, *Logik* und *Beredsamkeit* nach. Im Mittelalter nehmen Wissenschaften und Künste einen festen Platz im göttlichen Heilsplan ein, denn sie vermögen den menschlichen Geist zu befruchten und ihn zur Erkenntnis Gottes vorzubereiten.

In die Reihe D sind die Schutzherrinnen der Wissenschaften und Künste, die neun Musen, aufgenommen worden, von denen Dürer

40 Muse Urania, Federzeichnung, um 1495

41 Apollo, Federzeichnung, um 1495

Thalia, Calliope, Melpomene und *Urania* (Abb. 40) nachgestaltete, zusammen mit ihrem Anführer, dem Lichtgott Apollo (Abb. 41). Fast allen Musen ist, wie dem *Engel des primum mobile*, ein Kreis zugeordnet, Symbol der Vollkommenheit, wodurch ihr Bezug zur obersten Sphäre hergestellt ist. Der Musenführer Apollo sitzt auf einem Schwanenthron und trägt eine Krone. Seine Füße ruhen auf einer Weltkugel. So wurde in der mittelalterlichen Kunst nur noch Gottvater, das höchste Wesen, dargestellt. Der Stab, mit dem Apollo auf die Kugel weist, verdeutlicht die Ausstrahlung des göttlichen Geistes in die irdische Welt. In der Linken hält der Musenführer einen grünenden Stab, unten rechts befindet sich ein Spiegel. In Schwan, Spiegel und dem Leben hervorbringenden Stab drücken sich Schönheit, Weisheit und Schöpferkraft Gottes aus.

Die letzte Reihe E zeigt als Widerspiegelung der kosmischen Ordnung die Hierarchie der menschlichen Gesellschaft. Aus dieser Reihe kopierte Dürer den *Kavalier mit Pagen*, den *Papst* (Abb. 42) und den *Dogen von Venedig*. Daß hier auch der Doge als Repräsentant weltlicher Macht berücksichtigt wird, mag teils auf die Mitarbeit des Kardinals Bessarion am Programm der »tarocchi« zurückzuführen sein, teils auf die bedeutende Rolle Venedigs im damaligen Kulturgeschehen.

Die Kopien der italienischen »tarocchi« verdeutlichen, wie intensiv sich Dürer bereits in seiner frühen Zeit mit den philosophischen und theologischen Vorstellungen auseinandersetzte, die in übersichtlicher Form im Mantegna-Spiel enthalten sind. Ausgehend von der Grundidee des Tarotspiels als Meditationshilfe, verarbeiten die »tarocchi« die Lehre von der Emanation kosmischer Prinzipien in die Welt im Sinn der zeitgenössischen Theologie. Die Gestalter des Programms waren Geistliche. Sie strebten danach, das im traditionellen

42 Papst, Federzeichnung, um 1495

Tarot enthaltene heidnische Gedankengut dem christlichen Weltbild zu integrieren. Darüber hinaus ist das Spiel im Zusammenhang mit der enzyklopädischen Tradition zu sehen, wie sie sich in den Programmen der Kathedralplastik niederschlug sowie in weltlichen Programmen an öffentlichen Gebäuden, besonders in Italien. So wird mit dem plastischen Schmuck des Dogenpalastes von Venedig eine enzyklopädische Vorstellung anschaulich, eine Kompilation des in jener Zeit verfügbaren Wissens.[103] Zudem muß bei den »tarocchi« auch der Bezug zur christlichen Kabbala beachtet werden, wie sie von Pico della Mirandola und Reuchlin entwickelt wurde (s. S. 43 f.). Ähnlich wie am kabbalistischen Baum versucht das Mantegna-Spiel die Emanationen Gottes darzustellen, die von der höchsten kosmischen Ebene ausgehen, der die Reihe A entspricht, und bis zur menschlichen Ebene vordringen, in der Reihe E repräsentiert. In der numerischen Reihenfolge versinnbildlicht das Spiel die Möglichkeit des Wiederaufstiegs von der untersten bis zur höchsten Hierarchie gemäß der Vorstellung vom gestuften Kosmos, wie sie von der Scholastik entwickelt worden war.

Mikrokosmos und Makrokosmos

Die Proportionsstudien

Dürers theoretische Schriften, vor allem seine Proportionsstudien in den »Vier Büchern von menschlicher Proportion«, verfolgen einen doppelten Sinn. Einmal sollten sie dem bildenden Künstler, besonders dem in der Ausbildung stehenden Maler, das Rüstzeug für seine handwerkliche Arbeit vermitteln, zum anderen verbarg sich hinter ihnen Dürers Suche nach der vollkommenen Schönheit und Harmonie. Der Zeit entsprechend war Dürer vom Schönheitsideal der Antike geprägt. Doch hatte seine Suche nach Schönheit auch einen metaphysischen Hintergrund. Nach christlicher Auffassung ist nur der vollkommene Mensch von vollkommener Schönheit, das aber ist Christus, der neue Adam. Das erste Menschenpaar, nach dem Ebenbild Gottes geschaffen, verlor die ursprüngliche Harmonie durch den Sündenfall. Damit wurde auch das Ebenmaß seiner Proportionen gestört. Trotzdem besitzt der gefallene Mensch noch eine annähernde Ähnlichkeit mit Gott, dem Baumeister des Kosmos. Diese Gedankengänge sind auch in der platonischen Lehre vom Demiurgen enthalten, z. B. im von Marsilio Ficino 1483/84 übersetzten »Timäus«. Danach kann Gottes Schöpfung als ein Kunstwerk von höchster Ästhetik betrachtet werden, womit sie in Bezug zum Werk des Künstlers steht. Wenn Dürer Menschen »aus der Maß« gestalten wollte, dann, um die körperliche Vollkommenheit des Menschen wiederzufinden und neu zu prägen, so wie sie vom göttlichen Geist anfangs gedacht war und wie sie, der mittelalterlichen Auffassung entsprechend, nach dem ersten Menschenpaar nur in Christus noch einmal aufleuchtete. Dürer schlug einen auf Mathematik und Geometrie gegründeten Weg ein, um das rechte Maß für den Menschen zu entwickeln. Dabei verwendete er Kreise, Quadrate, Rechtecke und Trapeze. Die Haltung seiner so entwickelten Männer und Frauen gleicht zumeist derjenigen des »Apollo vom Belvedere«.

Es fällt auf, daß Dürers Proportionsstudien einigen Illustrationen im Werk Agrippas von Nettesheim ähneln, die sich auf dessen Mikrokosmos - Makrokosmos-Vorstellungen beziehen. Dies muß keineswegs von einer unmittelbaren Beeinflussung zeugen, sondern kann als Ausdruck gleichartiger Vorstellungen gesehen werden, die sowohl den Abbildungen bei Agrippa von Nettesheim als auch Dürers

Proportionsstudien zugrunde gelegen haben mögen. Agrippa erblickt im Menschen das schönste und vollkommenste Werk Gottes. Die Maßverhältnisse seines Körpers sind demnach Vorbild für Architektur und Kunst, da sie mit den »Gliedern der Welt und den Maßen des Archetypus« harmonieren. In der Auffassung, daß der Mensch, vom Runden stammend, nach dem Runden hinstrebe, stimmt er mit Marsilio Ficinos Theorie von der Kreisbewegung überein (s. S. 47).[104]

Dürers Auseinandersetzung mit der menschlichen Proportion zeugt von mehr als nur technischem und handwerklichem Interesse des Malers. Vorbilder fand er im Kanon männlicher Proportionen des Vitruv (1. Jh. v. Chr.), mit dem dieser sich auf die besten Künstler des Altertums berief. Für die Maße und Proportionen des weiblichen Typus muß man annehmen, daß er sie sich in Abwandlung dieses Vorbilds selbst erarbeitete.[105]

Dürers Ringen um die künstlerische Gestaltung des menschlichen Körpers in seiner jeweiligen Erscheinungsform als weibliche oder männliche Gestalt findet ihren Ausdruck in den Proportionsstudien und deren Weiterentwicklung in den Blättern der sogenannten Apollogruppe. Das Resultat aber stellt sich uns in dem Stich *Adam und Eva* von 1504 dar.

Die Blätter der Apollogruppe

Die Ähnlichkeit einiger Zeichnungen Dürers aus der Apollogruppe mit dem »Apollo vom Belvedere« führte zu dem kunsthistorischen Streit, ob dieser wohl für einige der Apollo-Studien Dürers das Vorbild gewesen sei oder eine andere antike Ephebenfigur, vielleicht durch zeitgenössische Zeichnungen übermittelt. Die Frage ist bis heute nicht geklärt, fest steht nur die Tatsache, daß Dürer bei seiner Suche nach einem Schönheitsideal von antiken Vorbildern beeinflußt wurde.[106]

43 *Apollo und Diana*, Federzeichnung, 1502

44 *Apollo und Diana*, Kupferstich, 1503

Die Blätter der Apollogruppe, die gewöhnlich im Zusammenhang mit den Proportionsstudien gesehen werden, führen zu den Darstellungen von Apollo und Diana. Dieses Thema gab Dürer die Möglichkeit, sich mit der Frage nach dem weiblichen und dem männlichen Idealtypus auseinanderzusetzen. In dem göttlichen Geschwisterpaar gewinnt die Polarität des Weiblichen und Männlichen einen kosmischen Aspekt, indem Diana das lunare, weibliche und Apollo das solare, männliche Prinzip vertritt. Dieses Motiv hat Dürer wiederholt gestaltet. Das frühe Blatt, die Londoner Zeichnung von 1502 (Abb. 43), zeigt Apollo aufrecht stehend mit Zepter und Sonnenscheibe, in die sein Name eingetragen ist, und Diana als Rückenakt. Sie erhebt den linken Arm, als wolle sie sich gegen das von der Sonnenscheibe ausgehende Licht schützen. Ihre Gestalt ist nicht ganz ausgeführt. Vor ihr erscheint noch eine andere weibliche Figur, nur schwach erkennbar und von vorn gesehen zu denken.

Unmittelbares Vorbild für diese Zeichnung ist ein Blatt von Jacopo di Barbari (zwischen 1440 und 1450–vor 1516). Bei ihm ist Diana vollständig ausgeführt. Sie stellt gleichsam den untergehenden Mond dar, während Apollo die aufgehende Sonne zu repräsentieren scheint.[107] Ob Dürer jedoch ebenfalls Diana gemeint hat, wurde mit Blick auf die zusätzliche, nur angedeutete weibliche Figur bezweifelt. Dann aber könnte man auch der männlichen Figur zusammen mit der weiblichen Gestalt Studiencharakter beimessen, vielleicht nach der plastischen Figur eines antiken Jünglings, die 1502 auf dem Magdalensberg bei Klagenfurt, Kärnten, gefunden wurde und Dürer unter Umständen durch Nachzeichnungen bekannt gewesen sein könnte. Dies erscheint jedoch angesichts des thematischen Zusammenhangs mit dem Kupferstich *Apollo-Diana* von 1503 (Abb. 44) sowie den weiteren

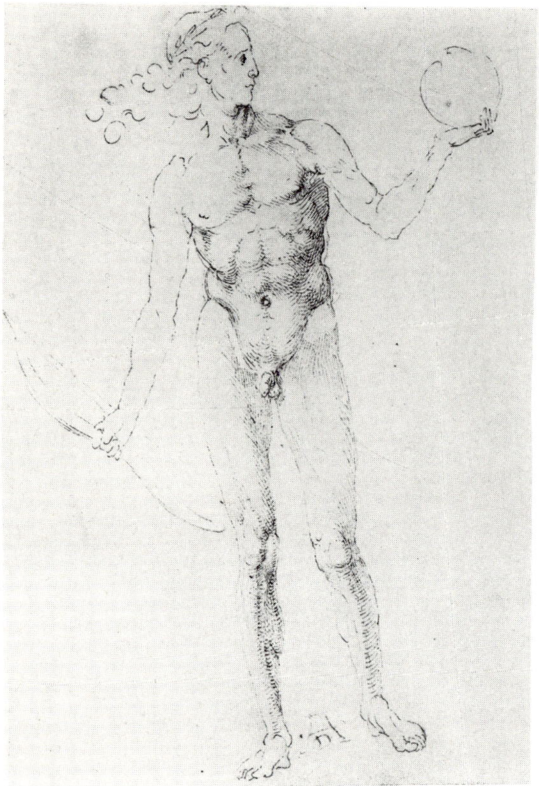

45 *Nackter Mann (sog. Apollo Poynter)*, Federzeichnung, um 1500/1502

Blättern der Apollogruppe und der *Sonne der Gerechtigkeit* (Abb. 20) wenig wahrscheinlich, denn all diese Blätter gehen über reine Studien hinaus. Vermutlich ist die nur zart skizzierte und in Vorderansicht wiedergegebene zweite weibliche Figur ein Hinweis auf Dürers Auseinandersetzung mit dem Blatt von Jacopo di Barbari, auf dem Apollo und Diana eher als einander feindliche Prinzipien auftreten. Als Resultat dieser Auseinandersetzung kann das *Apollo-Diana*-Blatt von 1503 (Abb. 44) angesehen werden. Hier sitzt Diana entspannt am Boden, vor sich einen Hirsch, dessen Kopf sie mit der flachen Hand berührt. So repräsentiert sie das passive, weibliche Prinzip. Apollo, das aktive, männliche Prinzip, steht aufrecht und in gestraffter Haltung vor ihr, indem er den Bogen spannt, dessen Elastizität der seines kraftvollen Körpers gleicht. Der Hirsch ist wohl eine Anspielung auf Aktäon, der zur Strafe dafür, daß er Diana beim Baden belauschte, von der Göttin in einen Hirsch verwandelt und dann von seinen eigenen Hunden zerrissen wurde. Ebenso könnten Pfeil und Bogen in den Händen Apollos auf die Geschichte der Niobe hinweisen, die sich rühmte, mehr Kinder geboren zu haben als Leto, die Mutter von Apollo und Diana. Apollo tötete daraufhin mit seinen Pfeilen alle ihre Kinder.[108] Im Unterschied zu dem Blatt von Jacopo di Barbari und der Londoner Zeichnung von 1502 sitzt Diana gelassen zu Füßen ihres göttlichen Bruders, ohne ihn abzuwehren, so daß ein harmonisches Verhältnis der Göttin zu diesem hergestellt ist. In ähnlicher Harmonie befinden sich die beiden Geschlechter im *Adam und Eva*-Stich von 1504, der einen künstlerischen Höhepunkt in Dürers Werk darstellt.

Im Zusammenhang mit den Apolloblättern Dürers macht Erwin Panofsky auf den *Triumph des Apollo* in den Fresken des Palazzo Schifanoia in Ferrara aufmerksam, um darauf hinzuweisen, daß bereits die Darstellung di

Barbaris einer in Italien lebendigen Tradition entstammt. Bei diesem Freskenzyklus handelt es sich um ein astrologisches Programm, das stärkere Beziehungen zur Antike als frühere vergleichbare mittelalterliche Zyklen aufweist, womit es ganz im Zeichen der italienischen Renaissance steht.[109] Im *Triumph Apollos* in den Fresken des Palazzo Schifanoia ist Apollo in enger Beziehung zu dem alten Planetengott Sol gesehen, in den noch ältere astrologische Vorstellungen eingegangen sind. Dürers Apollo-Darstellungen können vor diesem Hintergrund betrachtet werden und dürften damit weit über reine Proportionsstudien hinausgehen. In diesem Zusammenhang wurde vermutet, auf dem Blatt von 1502 habe in der Sonnenscheibe Apollos ursprünglich »Sol« gestanden. Dies sei später in »Apollo« abgeändert worden (Abb. 43). Das längere Wort habe nur mit Schwierigkeiten in der Scheibe untergebracht werden können, was aus dem Schriftbild noch hervorgehe. Doch kann der Zusammenhang zwischen Sol und Apollo bereits aus der Tatsache abgelesen werden, daß Apollo eine Sonnenscheibe in die Höhe hebt. Daß Dürer auf die Beziehungen zwischen Sol und Apollo anspielen wollte, zeigen auch andere Blätter der Apollogruppe, z. B. eine Zeichnung, ehemals Sammlung Poynter, die den Gott stehend wiedergibt (Abb. 45). In der herabhängenden Rechten hält er den Bogen, mit der Linken hebt er eine Scheibe empor, sicher ebenfalls die Sonnenscheibe. Auf einer weiteren Zeichnung von 1504 (Abb. 46) hält er in der nach unten gerichteten Hand den Bogen, während die Pfeile zwischen Unterarm und Hüfte geklemmt sind. Die erhobene Rechte trägt ein kugelförmiges, von einem Strahlenkranz umgebenes Gesicht, in dem unschwer das Abbild der Sonne zu erkennen ist.

Die Verknüpfung des Gottes Apollo mit der Sonne ist nicht zuletzt auf astrologische Vorstellungen zurückzuführen. Sol oder die

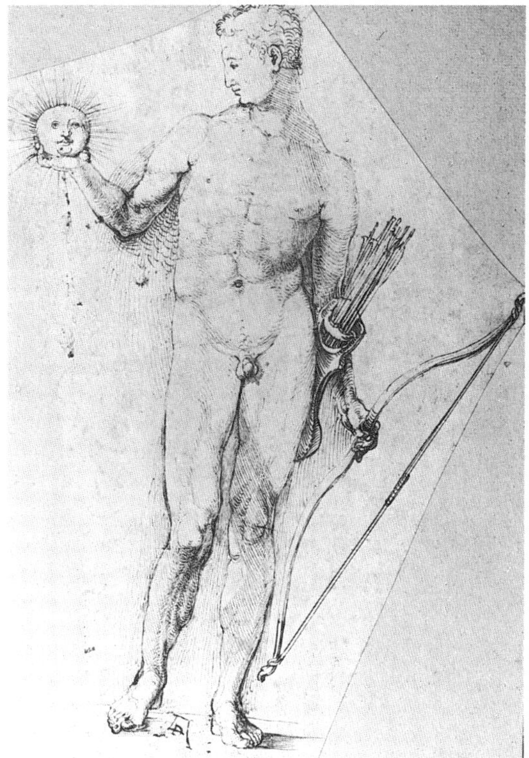

46 Nackter Mann (Apollo), Federzeichnung, um 1502

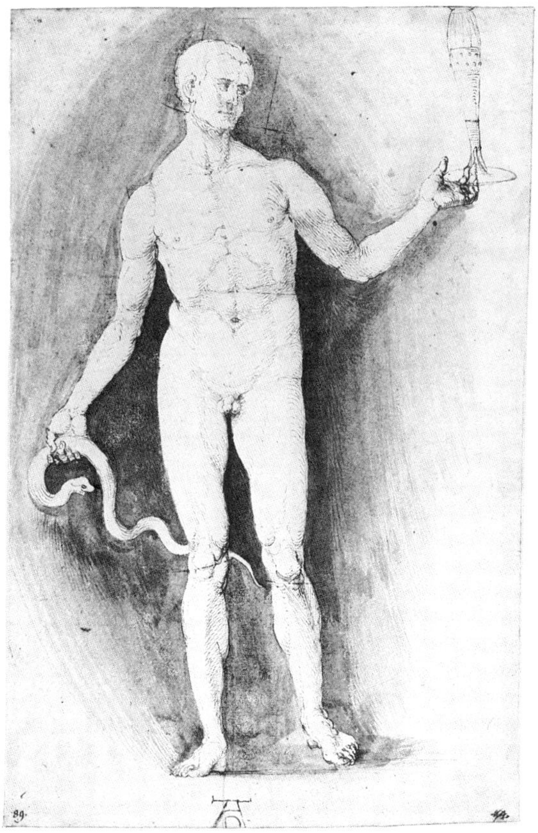

47 Nackter Mann mit Glas und Schlange (sog. Äskulap), lavierte Federzeichnung, um 1500

Sonne, Herr des Tierkreiszeichens Löwe, nahm unter dem Einfluß des Humanismus, der sich der Antike zuwandte und dem Neuplatonismus verbunden war, allmählich Qualitäten von Apollo an. Dies drückt Dürer in seinen Zeichnungen aus, indem er Apollo mit einer Sonne in der erhobenen Hand darstellt. In seinen Apolloblättern ist offenbar eine Überhöhung des Planetengottes Sol zu sehen, der mit dem antiken Lichtgeist und Schönheitsgott Apollo verschmilzt. Die Attribute des Planetengottes hatten sich im Mittelalter zu Reichsapfel und Zepter gewandelt. Ein Nachklang davon ist auf der Londoner Zeichnung von 1502 zu entdecken (Abb. 43). Hier trägt Apollo außer der Sonnenscheibe statt des Bogens ein Zepter. Auch der Titel des Blattes *Sonne der Gerechtigkeit* (Abb. 20), »Sol iustitiae«, deutete schon auf eine Auseinandersetzung zwischen Antike und Christentum in dem Sinn, daß aus dem antiken »sol invictus« der christliche »sol iustitiae« wurde, Herrscher des Jüngsten Gerichts (s. S. 73), also Christus.

Möglicherweise können Marsilio Ficinos Schriften, besonders seine Sonnenhymnen, die hinter Dürers Apollo-Darstellungen verborgenen Ideen näher erläutern. Es hat in der von Ficino geprägten Akademie von Florenz eine Art Apollokult gegeben, einen Sonnenkult wohl im Sinn einer Invokationsmagie, der auch von der pseudodionysischen Lichtsymbolik beeinflußt worden sein mag. Nach Ficino vermag die Hinwendung zur Sonne zum Göttlichen zu führen, ist doch das Licht der Sonne ein Zeichen der ewigen Kraft Gottes.[110] Auf diesen Lichtkult verweisen vielleicht zwei Blätter, auf die noch einzugehen ist, das eine mit fünf nackten Figuren (Abb. 63), das andere mit einer die Fackel tragenden Frau (Abb. 64). Die Anrufung der Sonne gehört zur Vokalmagie. Zusammen mit anderen Praktiken, z. B. der Talisman-

Magie, zählte sie zur Magia naturalis bzw. zur weißen Magie (s. S. 35).

Eine weitere Dürer-Zeichnung zeigt Apollo noch mit ganz anderen Attributen (Abb. 47). Sie entspricht formal dem Apollo der Londoner Zeichnung von 1502 (Abb. 43). Das jugendliche Alter des Dargestellten macht eine Deutung als Äskulap, des Gottes der Heilkunst – wie sie auch schon vorgeschlagen wurde –, fraglich. Wahrscheinlich haben die Attribute dazu geführt, denn in der gesenkten Rechten trägt der Gott eine Schlange, in der erhobenen Linken ein Glas. Traditionsgemäß erscheint Apollo aber mit Pfeil und Bogen. Zwar werden die Pfeile oft mit den Sonnenstrahlen gleichgesetzt, doch überliefert die Mythologie in erster Linie ihre tödliche Wirkung, wie sie in der Geschichte der Niobe zum Ausdruck kommt. Sie können deshalb auf den negativen Aspekt des Gottes verweisen. Verbunden mit seinem positiven Aspekt als alter Heilgott hat Apollo Bezug zur Medizin. Auch darauf könnten die Attribute der Dürer-Zeichnung, die Schlange und das Arzneiglas, hinweisen. Die Unsicherheit in der Deutung des Blattes mag auch auf die verwandtschaftliche Bindung zwischen Äskulap und Apollo zurückzuführen sein, denn Äskulap ist in der Mythologie ein Sohn des Apollo.[111]

Mit Ausnahme des *Apollo und Diana*-Stichs (Abb. 44) von 1503 ist auf den Apolloblättern der Typ Adams vorgeprägt, wie ihn Dürer im *Adam und Eva*-Stich (Abb. 49) von 1504 gestaltet hat.[112] Dies ist ein Indiz dafür, daß Dürer mit Adam die sonnenhafte Natur des Lichtgottes verbindet, dem als Gegenpol die vom Mond geprägte Diana entsprechen würde. Hiermit stimmt auch die astrologische Symbolik überein, nach der die Frau dem Mond und der Mann der Sonne zugeordnet wird. Über diese Analogie erscheint der Mensch als Mikrokosmos in den Makrokosmos hineingestellt. Apollo wäre in diesem Zusammenhang ein Urbild für Adam, d. h. für Adam Kadmon, der vor dem Sündenfall höchste Vollkommenheit besessen hatte. Da Christus als zweiter Adam diese wieder erreichte, kann Apollo auch zu ihm in Analogie gesetzt werden. Die nach dem Sündenfall verlorengegangene Harmonie kann nur durch einen Läuterungsprozeß wiedergewonnen werden, wie er z. B. im Symbolgehalt der Alchimie angesprochen ist, in der demnach ein Weg zum Wiederaufstieg gemeint sein kann.

Nemesis

Der Kupferstich *Nemesis* (Abb. 48) von 1501/03 scheint nicht unbedingt in den Umkreis der Apollostudien zu gehören. Doch zeigt die genauere Betrachtung, daß Nemesis als weibliches Gegenbild dem Gott Apollo gegenüberzustellen ist und sie damit in die Nähe von Diana und Luna rückt.

> *Den Göttern Jupiter, Merkur und Apollo, den Musen und Tugenden tritt der beflügelte Genius der Zeit wie derjenige des Primum mobile nebst Kosmos und Urania an die Seite, die die Sitten- und Weltordnung repräsentieren. Ihrer Sphäre gehört Nemesis an. ...›Denn sie [die Alten] haben gesagt: der Jupiter solle eine solche Proporz haben, der Abbollo ein andre, die Fenus soll also sein, der Herkules also, desgleichen mit den anderen allen.‹ Es treffen die Namen seiner [Dürers] früheren Proportionsfiguren – soweit sie gekennzeichnet sind – von Apollo bis zu Adam und Eva zusammen, so daß die Vermutung erlaubt ist, daß er damals die Proportion nicht als bedeutungsneutral, sondern als personal bezogenen Formwert aufgefaßt hat und zu erlesenen Trägern hat dartun wollen. Daß Nemesis, ...mit höchsten, alle Göttlichen überragenden Befugnissen im Weltregiment, dessen würdig sei, leuchtet unmittelbar ein.*

48 Nemesis (Das Große Glück), Kupferstich, um 1501/1502

> *Ganz ausdrücklich wird sie dem Helios-Apollo beigesellt, ihm ist sie sogar die Nächste. Ihr astraler Charakter, ...selbst über den Regionen der Sterne..., und die richterliche Machtvollkommenheit stellen die Gemeinsamkeit her. ...Ihre Gleichordnung findet sich in den Saturnalien des Macrobius I 22 ausgesprochen...*[113]

So wollte Dürer wohl nach einer alten Tradition der hohen Göttergestalt des Apollo den weiblichen Gegenspieler in der machtvollen Figur der Nemesis beigesellen. Dies ist in den Apollo-Diana-Blättern bereits vorgeformt, doch ist im Unterschied dazu Nemesis wesentlich kraftvoller aufgefaßt, ist sie doch Hüterin der sittlichen Ordnung und rächt deren Verletzung. Auch daß sie es ist, die angesichts der Proportionsstudien und der Apolloblätter den ersten durchgeführten weiblichen Akt Dürers darstellt, rückt sie in Apollos Nähe, macht sie zu seinem weiblichen Gegenstück. Zudem gibt es noch einen archäologischen Hinweis, der besagt, daß aus Rhodos Münzen der Kaiserzeit bekannt sind, die den Helioskopf auf der Vorderseite, die Nemesis auf der Rückseite zeigen. In Helios haben beide Figuren ihre Verknüpfung, Nemesis im gegenbildlichen Sinn als »Tochter der Nacht«.[114]

Die mächtige Göttin mit den weit ausladenden Schwingen gleitet auf dem Blatt durch den Himmelsraum, das Panorama unter sich beherrschend. Obwohl die Landschaft als Klausen und Umgebung in Südtirol identifiziert wurde, ist sie doch als »Weltlandschaft« aufzufassen. Nemesis schwebt über einem sich aufrollenden Wolkenband auf einer Kugel, dem Attribut der Fortuna, das auch auf der Vorstudie zur *Nemesis*, dem *Kleinen Glück*, wiedergegeben ist. Es handelt sich bei der *Nemesis* wie auch bei einigen Holzschnitten der »Apokalypse« um ein Himmel-und-Erde-Bild. Als eine der kosmischen Gewalten beherrscht Nemesis, in der Linken ein Zaumzeug und in der Rechten einen Deckelpokal haltend, die irdische Welt, der sie ihr Gesetz auferlegt, nämlich die Mäßigkeit. Wird dieses erfüllt, kann sie ihre guten Gaben verteilen, so daß sich Frieden und Wohlstand unter den Menschen verbreiten können. Bei der Gestaltung seiner *Nemesis* dienten Dürer als Quellen ein Gedicht des italienischen Dichters und Philologen Angelo Poliziano (1454–1494), der Lorenzo il Magnifico gewidmete »Manto« von 1482, und ein 1499 in Mailand gedrucktes »Lexikon graecum« des sogenannten Suidas, eines Byzantinisten aus der Mitte des 10. Jahrhunderts, in dem Nemesis mit Dike und Tyche verglichen und als »starktönende Donnerin« bezeichnet wird.[115]

Im Gegensatz zu den Apollo-Zeichnungen ist das *Nemesis*-Blatt weit über den Studiencharakter hinaus gediehen. Die Frage erscheint nicht abwegig, ob Dürer nicht zwei Stiche geplant habe, in denen er die beiden Götter, Nemesis und Apollo, als ebenbürtige Vertreter kosmischer Kräfte einander gegenüberstellen wollte. Diese auf den Makrokosmos bezogene Vorstellung ist bereits in den *Apollo und Diana*-Blättern von 1502 und 1503 vorgeformt. Auf den Mikrokosmos, d. h. auf den Menschen, bezogen ist der Gedanke der Polarität des Weiblichen und Männlichen im *Adam und Eva*-Stich von 1504 bei Dürer zu großer Vollkommenheit gereift.

Der Adam und Eva-Stich

Im *Adam und Eva*-Stich von 1504 stellt Dürer den Augenblick des Sündenfalls dar (Abb. 49). Die Ureltern stehen einander gegenüber; zwischen ihnen steht der Baum der Erkenntnis des Guten und Bösen. Eva verbirgt in ihrer linken, nach hinten gerichteten Hand bereits eine der verbotenen Früchte, während sie die zweite gerade von der Schlange entgegennimmt.

49 Adam und Eva, Kupferstich, 1504

Adam, noch nicht direkt in das Geschehen einbezogen, zeigt seine innere Bereitschaft, der Gefährtin zu folgen, in Geste und Blick.

Dürers *Adam und Eva*-Stich wird gern im Zusammenhang mit der Temperamentenlehre gedeutet. Ebenso wie die äußere Schönheit des Körpers durch den Sündenfall litt, so verlor sich das harmonische Zusammenspiel der Säfte, durch das die leibliche und seelische Gesundheit des Menschen gewährleistet war. Mit dem Verlust dieser Harmonie entstanden die vier Temperamente, die man durch die vier um Eva gruppierten Tiere symbolisiert glaubte, und zwar das sanguinische Temperament durch den Hasen, das cholerische durch die Katze, das phlegmatische durch den Ochsen und das melancholische Temperament durch den Elch.[116] Insgesamt sind auf dem Blatt jedoch nicht vier, sondern acht Tiere dargestellt, wenn man die Maus zu Füßen Adams und den Papagei über seinem Haupt mitrechnet sowie die Schlange und den kaum erkennbaren Steinbock ganz im Hintergrund auf den Felsgipfeln. Die Schlange, das Sinnbild der Versuchung, ist Bestandteil der Bildthematik und hat daher keinen unmittelbaren Bezug zu den übrigen Tieren, deren Siebenzahl an die Planeten erinnert und, auf den Vorgang des Sündenfalls bezogen, an die sieben Laster, die bösen Gaben der Planeten. Eine eindeutige Zuordnung der einzelnen Tiere zu den Planeten oder Lastern ist jedoch unmöglich, weil die traditionellen Entsprechungen widersprüchlich sind. So ordnet Agrippa von Nettesheim z. B. den Stier der Sonne zu, an anderer Stelle jedoch dem Jupiter. Die Katze unterstellt er dem Mond, aber zusammen mit dem Stier auch der Venus, Hase und Maus sowohl dem Saturn als zusammen mit dem Papagei auch dem Merkur. Die Unsicherheit in den Zuordnungen beruht darauf, daß es in der Magie verschiedene Bezugssysteme gibt und die Symbole je nach Bezugssystem unterschiedlich gedeutet werden können. Deshalb kann der Hinweis auf mögliche Zusammenhänge der auf dem Stich abgebildeten Tiere mit den Temperamenten, Planeten und Lastern nur als Verweis auf die Vielschichtigkeit des Blattes dienen.[117] Naheliegend erscheint es auch, in den Tieren einen Bestandteil der Bildtradition des Paradieses zu sehen, und zwar als Ausdruck für die Eintracht, in der sich der Mensch mit aller Kreatur befand. Dieser Zustand dauerte bis zur Verletzung des göttlichen Gesetzes, dem Augenblick des Herausfallens aus der kosmischen Harmonie. Diesen hat Dürer gestaltet. Noch steht der Mensch in seiner ganzen Herrlichkeit da, an der Schwelle erwachender Erkenntnis, die gleichbedeutend ist mit dem Heraustreten aus der Ganzheit und damit aus dem paradiesischen Zustand des Einsseins mit der Natur. Dadurch aber wird das Gleichgewicht der Körpersäfte gestört, so daß die vier Temperamente entstehen können. Erst nach dem Verlust des Paradieses ist der Mensch fähig, Gut und Böse zu unterscheiden und somit auch die bösen Gaben der Planeten zu empfangen. Dieser Erkenntnisprozeß setzt gerade erst ein; der Mensch wird sich seiner polaren Natur bewußt, die sich in seiner Geschlechtlichkeit ausdrückt. Damit ist er auch dem Gesetz der Fruchtbarkeit unterworfen, ein Aspekt, der sich in einer weiteren Bedeutungsschicht entfaltet, wenn man die Tiere zu Füßen Evas im Zusammenhang mit ihrer Weiblichkeit sieht. So erinnert der Elch an die Hirschkuh, das Attribut der Diana. Hierin wird noch einmal der Zusammenhang zwischen dem *Adam und Eva*-Stich und dem *Apollo und Diana*-Stich (Abb. 44) von 1503 deutlich. Sowohl in dem Rind als auch im Hasen sind alte Fruchtbarkeitssymbole zu erkennen; der Katze werden psychologisch vorwiegend weibliche Eigenschaften zugesprochen.

Fand Dürer bei Vitruv zwar einen männlichen Proportionstypus vor, so mußte er sich den weiblichen doch erst erarbeiten. Wie auf dem *Apollo und Diana*-Stich von 1503 sind die beiden Ureltern in Harmonie und Eintracht wiedergegeben, trotz der Spannung, die auf ihrer Unterschiedenheit beruht. Sie sind einander ebenbürtige Wesen, in Körperbau und Haltung jeweils den weiblichen und männlichen Pol des Menschseins ausdrückend. Dem schlanken, muskulösen Körper Adams sind die weichen, volleren Formen Evas gegenübergestellt. Sowohl durch die gespreizten Beine als auch durch den ausgreifenden linken und weit abgewinkelten rechten Arm wird das Expansive der männlichen Natur verdeutlicht, das auch in dem interessierten Blick liegt, der auf seiner Gefährtin ruht. Diese neigt ihren Kopf leicht nach unten und wirkt mehr in sich gekehrt. Ihre Arme liegen enger am Körper, die Oberschenkel sind geschlossen. Man hat das eigentliche Anliegen des Stiches in der Schaffung eines weiblichen und eines männlichen Typus gesehen, die Dürer mit seinen künstlerischen Mitteln und seiner Auffassung entsprechend gestaltet hat.[118]

Da Dürer das Thema des Sündenfalls mehrmals bearbeitet hat, muß er ihm eine hohe Bedeutung zugemessen haben. Im ersten Elternpaar, das aus der Einheit heraustritt und eine Bewußtseinsentwicklung zu durchschreiten beginnt, die der verlorenen Einheit wieder zustrebt, ist nicht nur ein christliches Motiv zu sehen, sondern ein Schlüssel allen esoterischen Suchens, verwandt der im Ouroboros verborgenen Idee. Dieses Suchen inspirierte die Akademiker. Es vollzog sich teilweise im Zusammenhang mit der Wiederentdeckung und intensiven Pflege der alten magischen Disziplinen. Der Mensch in seiner Analogie zum Makrokosmos ist das große Thema der Astrologie. Sein Streben nach Erlösung findet in der Alchimie seinen symbolischen Ausdruck.

Der Renaissance-Mensch begann, sich um die Entwicklung eines umfassenden Bewußtseins seines Ich zu mühen, und sah sich als das Maß aller Dinge. Doch verlor er dabei noch nicht den religiösen Pol, sondern versuchte vielmehr, das zu verwirklichen, was der höchste Schöpfer in ihm zu gestalten veranlagt hatte, nämlich das Ebenbild Gottes zu sein. So war der Mensch für die Akademiker der eigentliche »lapis«, den es zu bearbeiten, zu wandeln und zur Vollkommenheit zu führen galt. Der erste Schritt dorthin vollzog sich in der Begegnung mit dem esoterischen Wissen, wie es in den Akademien gepflegt wurde.

Die drei Grade

Wie in allen sozialen Gemeinschaften bildete sich auch in den Akademien eine Hierarchie heraus, innerhalb der das einzelne Mitglied einen bestimmten Rang einzunehmen hatte. In den Akademien entsprach dieser vor allem dem geistigen Niveau des einzelnen, der bereits durch seine Zugehörigkeit zu einer Gelehrtengesellschaft die Bereitschaft und den Wunsch erkennen ließ, an seiner spirituellen Reife zu arbeiten. Als System hierzu boten die Akademien die Möglichkeit des Fortschreitens über drei Stufen an.

Auf eine natürliche Weise hatte sich das Dreigrad-System bereits in den Bauhütten herausgebildet, wo es einen mehr zweckgerichteten Charakter besaß. Der Lehrling, der erst in die Organisation eintrat und noch nichts an Wissen und Befähigung aufzuweisen hatte, stand als Anfänger auf der untersten Stufe. Nach Abschluß seiner Lehre war er ein Fortgeschrittener im Beruf und konnte in der Hierarchie als Geselle eine Stufe nach oben aufrücken. Meister wurden nur die Fähigsten, die in ihrer Kunstfertigkeit eine gewisse Vollkommenheit erreicht hatten und auch bestimmte soziale Voraussetzungen mitbrachten. Diese Hierarchie übertrug sich später auf das gesamte Zunftwesen. Das Prinzip der Geheimhaltung gab es bereits in diesen handwerklichen Verbänden und diente der Wahrung der Berufsgeheimnisse.

Das einfache und zweckmäßige System der drei Grade entspricht den elementaren Entwicklungsstufen im menschlichen Leben und kann zu den Lebensaltern – Jugendzeit, Erwachsenenalter, höheres Alter – analog gesetzt werden. Diese Altersstufen sind immer auch mit einer bestimmten seelischen und geistigen Reife verbunden, die sich im idealen Fall mehr und mehr vervollkommnet. Hierin liegt der tiefere Grund für die besondere Eignung des Dreigrad-Systems in weltanschaulichen und religiösen Gemeinschaften. Es begegnet bereits in der Gemeindeverfassung der altevangelischen Gemeinden, deren Einfluß zur Dürerzeit beträchtlich wuchs (s. S. 26). In solchen Gemeinden wurden die neu Aufgenommenen, d. h. die Lernenden, als Anfangende oder Incipiantes bezeichnet. Auf der nächst höheren Stufe befand sich die Masse der Gemeinde, bestehend aus Brüdern und Schwestern, die als Fortschreitende oder Proficientes galten. Die höchste Stufe hatten die Bewahrer der Geheimnisse erreicht, die Apostel, Lehrer und Priester. Diese drei Stufen wurden bei den Katharern auch als »Hörer«, »Glaubende« und »Christen« bezeichnet, wie aus einem Schreiben des Klerus von Lüttich an Papst Julius II. von 1145 hervorgeht. Die Hauptstützpunkte der altevangelischen Gemeinden waren in Südfrankreich und Oberitalien zu finden. Ihre Wirkung bis hin zu den Akademien nahmen sie vor allem über die Gilden, Werkbruderschaften und Zünfte, zu deren Hierarchie die ihre eine Analogie bildete. Gerade dadurch konnten neue religiöse und weltanschauliche Ansichten besonders leicht im Bereich der handwerklichen Organisationen Fuß fassen, so daß diese häufig Keimzellen der späteren Akademien bildeten (s. S. 26).

Ebenso wie die Akademien in Italien waren auch die Sodalitäten in Deutschland nach dem Dreigrad-System – Incipiantes, Proficientes und Perfectis – aufgebaut (s. S. 43). In den italienischen Akademien, wo sich der Saturnkult entwickelt hatte, bezeichnete man die drei Stufen auch als die Grade der Saturnier, wobei der Lehrling oft als der noch rauhe, zu bearbeitende Stein angesehen wurde. Hinter diesem Gedanken verbergen sich einerseits alchimistische Lehren, andererseits verdeutlicht er den pädagogischen Anspruch der Akademien.

Der Lehre von den drei Graden an den Akademien liegt die Entwicklungsfähigkeit des Menschen zugrunde, ihr religiöser Ansatz stammt vor allem aus den Bereichen der Alchimie, Gnosis und Kabbala. Wie in der Alchimie die Materie, so soll auch der Mensch vom Niederen zum Höheren fortschreiten und damit veredelt werden. Die Weiterentwicklung von Stufe zu Stufe hat Entsprechungen in der gnostischen Vorstellung vom Aufstieg der Seele zu Gott, die auch im kabbalistischen System wirksam ist. Hier bewegt sich der Suchende von der untersten Sephira – Malkuth oder das Reich – bis hin zur höchsten – Kether oder die Krone. Die Geheimwissenschaften dienen dabei gleichsam als Vehikel, mit dessen Hilfe man sich dem hohen Ziel nähern kann.

Doch birgt dieses hohe Streben eine Gefahr in sich. Die Fähigkeit des Menschen, eine Entwicklung zu höherer Vollkommenheit zu durchlaufen, erfährt zwangsläufig eine Abschwächung, wenn sich seine Motivation mit charakterlichen Mängeln verbindet, dem Wunsch etwa, sich durch ein Geheimnis vor anderen auszuzeichnen und durch Zugehörigkeit zu einer okkulten Gemeinschaft interessant zu machen, oder dem Ehrgeiz, sich innerhalb einer solchen Organisation besondere Anerkennung durch Erreichen des höchstmöglichen Grades zu verschaffen. So geriet im

Verlauf der Geschichte der Geheimgesellschaften das Streben nach Erleuchtung und Vereinigung mit der göttlichen Kraft immer wieder in Sackgassen, und die späteren, vom Maurerbund hergeleiteten Logen verstrickten sich schließlich in ein unentwirrbares Hochgrad-System mit unzähligen Stufen, das oft mehr der Eitelkeit und dem Geltungsbedürfnis des einzelnen diente als seiner spirituellen Reife. Das Streben nach besonderen Ehren läßt sich bis hin zu den altevangelischen Gemeinden verfolgen, wenn der dritte Grad (»Priester und Lehrer«) weiter aufgefächert wurde in drei besondere Stufen: Magistri minores, Magistri majores, Pater.

Die Akademien, meist nur schwach strukturierte Gelehrtenvereinigungen, begnügten sich in der Regel mit dem einfachen Dreigrad-System. Den Akademikern ging es vor allem um Gedankenaustausch mit Gleichgesinnten und Ebenbürtigen, wobei sich das Interesse nicht nur auf spirituelle Erfahrung und Entwicklung bezog, sondern auf alle Bereiche der Wissenschaft und Gelehrsamkeit sowie auf die Kunst, wenn diese zunächst auch noch von untergeordneter Bedeutung war. Es ist anzunehmen, daß später die Akademien auch als Auftraggeber auf den Plan zu treten begannen, soweit ihnen das wirtschaftlich überhaupt möglich war. Wenn sie sich mit den fürstlichen und geistlichen Auftraggebern auch nicht messen konnten, so befanden sich häufig doch genug einflußreiche Leute in den Reihen der Akademiker, denen das Mäzenatentum seit alters eine Selbstverständlichkeit war, so daß zumindest ein indirekter Einfluß des Akademienwesens auf vermögende Auftraggeber bestanden haben muß. Diese Entwicklung mußte geradezu zwangsläufig eintreten, denn das Bild, vorzugsweise in seiner Funktion als Symbol, vermag auf das Bewußtsein des Menschen verändernd zu wirken. Die Kirche hat das seit je gewußt und das Bild in ihren Ritus eingebaut, so daß sie über Jahrhunderte der wichtigste Auftraggeber der Künstler war. Wenn sich ähnliches nun auch in den Akademien herauskristallisierte, so entsprang dies zum Teil rituellen Erfordernissen, da man zu der in diesen Kreisen gern praktizierten magischen Arbeit Talismane und Geräte für die Rituale benötigte, analog den Bedürfnissen des Klerus. Ähnlich wie das Andachtsbild in der Kirche wurde das Bild als Meditationshilfe wichtig, da es sich eignet, über den Gesichtssinn und das ästhetische Empfinden Gefühle anzusprechen und Zusammenhänge auszudrücken, die auf verbalem Weg kaum zu vermitteln sind. Auch hierarchische Systeme wurden gern bildhaft wiedergegeben. So bekam die Kunst eine neue Dimension, und der Künstler sah sich anderen Auftraggebern gegenüber und damit vor neue Aufgaben gestellt, die auch ihm weitere, unbekannte Bereiche eröffneten.[119]

Das Andachtsbild humanistischen Gepräges

Bei der Erörterung der Frage nach dem Stellenwert der Kunst im Akademienwesen zur Zeit der Renaissance sind vor allem zwei Werke von Sandro Botticelli (1444–1510) von größter Bedeutung: *Der Frühling* und *Die Geburt der Venus*, die sich heute in den Uffizien in Florenz befinden. Gemalt wurden sie für die Villa di Castello, die dem einer Nebenlinie des Hauses de' Medici entstammenden Lorenzo di Pierfrancesco de' Medici gehörte. Seine Verbindungen mit Botticelli sowie mit Marsilio Ficino sind dokumentarisch bezeugt. Trotz ihres voneinander abweichenden Formats sind beide Gemälde aufgrund ihres engen ikonographischen Zusammenhangs immer als Gegenstücke betrachtet worden; vielleicht auch ist die *Geburt der Venus* sogar beschnitten.[120]

50 Sandro Botticelli, *Der Frühling*, um 1477/78

51 Sandro Botticelli, *Geburt der Venus*, um 1484

1477/78 entstand das frühere der beiden Gemälde, *Der Frühling* (Abb. 50). In einem Orangenhain steht Venus unter einem von Bäumen gebildeten Rundbogen, die mit leichten Sandalen bekleideten Füße ruhen auf blühendem Rasen. Über dem weißen, reich gefältelten Kleid trägt sie ein rotes, grün gefüttertes toga-ähnliches Gewand. Ein leichtes Tuch bedeckt das Haar, von dem durchsichtige Schleier bis auf die Hüfte herabgleiten. Über ihr, unter der Baumkrone, schwebt Amor, einen flammenden Pfeil abschießend. Die Wipfel der Bäume vereinigen sich zu einem tiefgrünen Baldachin, an dem wie Sterne die goldenen Orangen glänzen. Ihnen antworten die roten und weißen Frühlingsblumen des Rasens. Zwischen den hohen, wie Säulen wirkenden Baumstämmen schimmert ein lichter blauer Himmel hervor. Kopf und Schultern der Venus werden von einem Busch gerahmt, der den von den beiden mittleren, weit auseinanderstehenden Bäumen gebildeten Rundbogen fast ausfüllt, indem sich feingliedriges Laubwerk wie ein Ornament vor dem Himmel ausbreitet. Am linken Bildrand steht Merkur, der Gott der Wissenschaften und geheimen Künste, in einem kurzen Gewand von tiefem Rot, mit einem Schwert gegürtet. Das braune Lokkenhaar bedeckt ein elegant geformter Helm. In der emporgereckten Rechten hält der Gott den Caduceus, mit dem er Nebelstreifen zerteilt. Rechts von ihm tanzen die drei Grazien in schleierartigen Gewändern einen Reigen, wobei sie in zierlich verschränkten Bewegungen einander an den Händen halten. In dichten Strömen gleiten ihre Haare auf Nacken und Schultern; die fließenden hauchartigen Gewänder scheinen die Gestalten ganz in Schwingung aufzulösen. Die Gruppe rechts von Venus wird angeführt von dem sieghaft ausschreitenden Frühling. Sein mit einem Blumenkranz geschmücktes, von androgynen Zügen geprägtes Haupt ist oftmals zu Unrecht als häßlich empfunden worden. Umrauscht von einem phantastischen, in Blätter ausfahrenden, über und über mit Blumen bedeckten Gewand wirkt er wie eine fremdartige Vision. Den zarten Stoff hat er mit der Linken zu einer Art Füllhorn gerafft, in dessen verschwenderische Fülle von zartrosa und dunkelroten Rosen seine Rechte greift. Dicht hinter dieser Personifikation des Frühlings flieht Flora, die Göttin der Pflanzenfülle, wie die Grazien in ein Schleiergewand gekleidet, vor Zephir, dem Gott des regenreichen Westwinds, unter dessen Hauch sich die Bäume nach links biegen. Von einem wallenden Mantel umhüllt, der sich mächtig bauscht, und von weit ausgreifenden Schwingen getragen, braust er hernieder, nach dem schönen Wesen greifend. Im Fliehen wendet Flora den von losem Haar umflossenen Kopf mit einem halb erschrockenen, halb übermütigen Blick zurück, während eine Ranke lieblicher Frühlingsblumen ihrem geöffneten Mund entquillt.

Über die Bedeutung dieses Gemäldes, das mythologische Inhalte aus der Antike mit der für Botticelli charakteristischen preziösen Schönheit verbindet, wurde schon viel gerätselt. Es könnte anläßlich der Hochzeit von Lorenzo di Pierfrancesco de' Medici, dann aber erst 1482, entstanden sein. Doch läßt es sich auch auf die Ereignisse um Giuliano de' Medici und Simonetta Vespucci beziehen. Am 28. Juni 1475 fand ein Turnier auf der Piazza Santa Croce zum Fest Johannes des Täufers, des Schutzpatrons von Florenz, statt, aus dem Giuliano de' Medici als Sieger hervorging. Er hatte gemäß der Tradition des Minnesangs die Farben seiner Dame, Simonetta Vespuccis, getragen, die er tief verehrte. Polizian huldigte mit dem Festgedicht »Giostra« dem idealen Paar, das ein tragisches Ende fand. Simonetta Vespucci verstarb bereits am 26. April 1476 im Alter von 23 Jahren an der Schwindsucht. Zwei Jahre später, am 26. April 1478, wurde

Giuliano de' Medici im Zusammenhang der Auseinandersetzung zwischen den Medici und den Pazzi durch einen Mordanschlag im Florentiner Dom getötet. Seinen Kult um Simonetta Vespucci führte Lorenzo de' Medici weiter. Motive des unvollendet gebliebenen Gedichtes Polizians, z. B. die dem Mund der Flora entströmende Blumenranke, finden sich in Botticellis *Frühling* wieder. Es setzte sich die Auffassung durch, mit der Venus auf diesem Bild sei die frühverstorbene Simonetta Vespucci gemeint, im Moment ihrer Wiedergeburt im Elysium. Die schöne Schwermut, die das Bild durchdringt, wird gern im Zusammenhang mit den tragischen Ereignissen um die anmutige, von ihren Zeitgenossen enthusiastisch bewunderte Frau gesehen.

Auch das 1484 entstandene Gemälde *Geburt der Venus* fügt sich hier ein. Die entsprechenden, auf den dargestellten Mythos zu beziehenden Verse in Polizians »Giostra« sind dem homerischen Hymnus auf Aphrodite entlehnt, dessen erste gedruckte Ausgabe später, 1488, durch Demetrios Chalkudylas, einen griechischen Gelehrten, besorgt wurde. Die Anspielungen der *Geburt der Venus* auf Simonetta Vespucci ergeben sich aus deren Lebensdaten. Simonetta entstammte einer edlen genuesischen Familie und war an der Küste Liguriens zur Welt gekommen, wo nach alter italienischer Volksüberlieferung Venus selbst das feste Land betreten haben soll (Abb. 51).[121]

Die Mitte des Gemäldes wird ganz von der Venus beherrscht, die auf einer Muschel auf das Gestade zu segelt. In der Haltung der *Venus von Medici*, die Botticelli vielleicht in einer Replik gesehen hatte, bedeckt sie den Busen mit der Rechten und rafft das lange, um Kopf und Körper lodernde Haar mit der Linken vor ihrem Schoß zusammen. Die Züge des lieblichen Gesichts sind schwermütig umschattet. Aus einem Hain am Ufer rechts kommt eine weißgekleidete Hore hervor, im Begriff, die Göttin mit einem purpurroten, üppig von Blüten übersäten Mantel zu bedekken, der im Wind wie eine Feuerlohe auffährt. Sie trägt einen Gürtel aus Heckenrosen, während ihr Hals von Blättern umwunden ist, was sie als Hore des Frühlings kennzeichnet. Von links brausen, Rosen um sich streuend, die Windgötter Saphir und Chloris eng umschlungen über das grünschimmernde Meer. Seine ruhige Oberfläche ist streng ornamental gestaltet und kräuselt sich nur leicht vor der gerade landenden Muschel.

Über ihre zeitgeschichtlichen Zusammenhänge hinaus besitzen die beiden Venusbilder von Botticelli eine tiefere Sinnschicht. In der Bildtradition sind sie in den Themenkreisen um das Venusprinzip verankert: Erstürmung der Liebesburg, Jungbrunnen und vor allem Venuskinder und Liebesgarten. Aus der Mythologie sind zwei Inkarnationen der Venus bekannt. Als Venus genetrix ist sie die Tochter von Zeus und Dione und damit Ausdruck für die Zeugungskraft in der sinnlich wahrnehmbaren Welt. Eng verbunden mit der fruchtbaren, Freude spendenden Natur, ist sie auch offen für die irdische Lust am Leben, die im *Frühling* durch Zephir und Flora repräsentiert wird. Mit ihrer anmutigen Tändelei ist die allgemeine, Fruchtbarkeit und Lebensenergie hervorbringende natürliche Sinnlichkeit gemeint und nicht etwa die triebhaft blinde Liebe als niederes Prinzip der Venus, obwohl Amor die aus den Venus-voluptas-Darstellungen bekannte Augenbinde trägt (vgl. S. 72 u. Abb. 19). Der paradiesische Garten ist das Reich der Venus genetrix, zu deren Gefolge die drei Grazien, Aglaia, Euphrosyne und Thalia, gehören. Ficino weist in einem Brief an Pierfrancesco de' Medici von 1480 darauf hin, daß er diese als Seinsformen von Mercurius, Jovius Sol und Venus betrachtet, wobei, wie er in »De vita coelitus comparanda« erklärt, Jupiter für die Harmonie zwischen den beiden anderen Prinzipien sorge.[122] In der Mythologie ist jeder der beiden Inkarnationen der Venus ein Eros beigegeben, der zugleich der älteste und jüngste Gott ist. Durch seine Kraft wird Gott veranlaßt, sich in die Welt zu verströmen, was der Pfeil versinnbildlicht. Doch ist in Eros auch die Sehnsucht beschlossen, zum Schöpfer zurückzukehren, womit sich der Kreislauf des Weltgeschehens schließt.

Mit der *Geburt der Venus* ist offenbar die andere Inkarnation der Göttin, Venus Urania, gemeint, die nicht durch Zeugung entstand. Nach der Mythologie wurde Uranos von seinem Sohn Kronos entmannt, wobei sein Glied ins Meer fiel. Daraus wurde Venus Urania geboren, deren Kult ebenso wie der des Saturn in der florentinischen Akademie gepflegt wurde. Venus Urania ist die höchste, von allen Begierden freie Liebe, die zur Betrachtung des Göttlichen führt. In der Mythologie wird sie nach ihrer Ankunft am zyprischen Gestade von den drei Horen, den Vertreterinnen der drei günstigen Jahreszeiten, empfangen, mit prächtigen Gewändern bekleidet und schön geschmückt. Dann wird die Göttin in die Schar der Unsterblichen aufgenommen. Wenn Botticelli nur eine der Horen, offenbar den Genius des Frühlings, darstellte, so geschah dies wohl um der Großzügigkeit der Komposition willen.

Es muß angenommen werden, daß beiden Gemälden ein von Humanisten entworfenes Programm zugrunde gelegen hat. Aufschlußreich ist ein wohl 1477/78 entstandenes Epistolarium Ficinos an den jungen Lorenzo, aus dem hervorgeht, daß Venus bei Ficino für Humanitas steht. Die Gleichzeitigkeit dieses Zeugnisses mit dem *Frühling* ist auffallend. Ficino schildert hier die Venus humanitas:

Ihre Seele und Geist sind Liebe und Barmherzigkeit,
ihre Augen sind Würde und Großartigkeit,
ihre Hände sind Toleranz und das Wunderbare,
ihre Füße sind Gelassenheit und Bescheidenheit,
das Ganze ist Mäßigkeit, Ehrlichkeit,
Liebreiz und Glanz.[123]

Danach ist Venus bei Ficino eine Göttin der höchsten Tugenden und verkörpert hier nicht wie in der traditionellen Auffassung die Sphäre des Triebhaft-Sinnlichen. So soll sie zur Menschenliebe führen, und ihr Dienst kann ein höchstes, alle sittlichen Forderungen erfüllendes Menschentum hervorbringen.

Berücksichtigt man diesen Aspekt, so können die beiden Botticelli-Gemälde als Andachtsbilder der neuplatonischen Mystik betrachtet werden. Dann handelt es sich keineswegs um eine Darstellung der beiden Inkarnationen der Venus als einer höheren und einer niederen Liebe, sondern um eine Darstellung der gegenseitigen Durchdringung und Ergänzung der beiden Aspekte des Venusprinzips. So enthält die Harmonie des Grazientanzes im *Frühling* Züge der Venus Urania, während diese in der *Geburt der Venus* auch in das Irdische eingebunden ist. Dies wird durch die Elemente verdeutlicht, repräsentiert im Meer, im Gestade mit dem Hain, in den Windgöttern und in dem purpurrot flammenden Mantel. Indem Venus im Begriff ist, sich diesen Mantel anlegen zu lassen und die Erde zu betreten, erhält sie Züge der Venus genetrix.

Auch verwandte Motive sprechen dafür, im *Frühling* und in der *Geburt der Venus* Pendants zu sehen, so die Gruppe von Zephir und Flora auf dem einen und die eng umschlungenen Windgötter auf dem anderen sowie die Gestalt des Frühlings auf dem einen und die Hore des Frühlings auf dem anderen Gemälde. Beide Werke fügen sich in der Vorstellung von der Venus humanitas zusammen, indem sie zwei Prinzipien der Venus darstellen. Im *Frühling* erreicht Venus genetrix ihre höchste Veredelung als Geistprinzip der sinnlichen, lebensbejahenden Freude und der fruchtbaren Natur; in der *Geburt der Venus* manifestiert sich Venus Urania, die göttliche Liebe, als Verkörperung des Geistes, der sich mit der Materie vereinigt, im Bereich des irdischen Daseins.

Damit sind Andachts- und Meditationsbilder entstanden, von einem humanistischen Geist getragen, die noch heute eine Vorstellung davon vermitteln, was der Kult der Venus den Akademikern bedeutet haben mag. Auch die Rolle der Talismanmagie darf bei solchen Darstellungen nicht vergessen werden. Planetenbilder sollten die positiven Kräfte der Gestirne anziehen. Hier stand dies im Dienst humanistischer Ideale, nach denen der einzelne Mensch gebildet werden sollte.

Die Akademien sahen es als eine ihrer wesentlichsten Aufgaben an, das neue Humanitätsideal sowohl im einzelnen als auch in der Gemeinschaft Wirklichkeit werden zu lassen. Sie sahen sich als Nachfahren der alten platonischen Akademie in Athen, die zum Urbild einer spirituellen Schule wurde. Daß die Rückbesinnung auf sie keineswegs einen Widerspruch zum christlichen Weltbild barg, zeigt die Tatsache, daß sie der Aufnahme in einen der berühmtesten Freskenzyklen des Vatikans gewürdigt wurde. Es handelt sich um die *Schule von Athen* in der Stanza della Segnatura, die 1509 von Raphael (1483–1520) als Teil eines Zyklus geschaffen wurde, der in der enzyklopädischen Tradition des Mittelalters steht.

Raphael siedelte 1508 von Florenz nach Rom über, wo er von Julius II., der auch Bramante und Michelangelo beschäftigte, den Auftrag erhielt, die drei kreuzgewölbten Zimmer im zweiten Geschoß des von Papst Nikolaus V. erbauten Teils des vatikanischen Palastes und den anschließenden großen Saal mit Fresken auszuschmücken. Er begann mit der Camera della Segnatura über dem Appartamento Borgia, dessen Zyklus Jahre zuvor mit Gerechtigkeitsbildern, den Freien Künsten und einer Darstellung von Hermes Trismegistos (s. S. 30) von Pinturicchio und seiner Schule ausgestaltet worden war.

Die Ausstattung der Camera della Segnatura ist ikonographisch Zyklen vergleichbar, wie sie gewöhnlich Bibliotheken zierten. Daher hielt schon Franz Wickhoff diesen Raum für eine Bibliothek. Doch bedeutet »Segnatura« Appellations- oder Kassationshof, weshalb sich die Auffassung durchsetzte, es sei der Raum gewesen, in dem Julius II. Gnadenakte unterschrieb. Wie in dem Zyklus im Appartamento Borgia sind auch in der Camera della Segnatura die vier Fakultäten in das enzyklopädische Programm einbezogen, wobei jedoch die Medizin durch die Poesie ersetzt ist – also Theologie, Philosophie, Jurisprudenz, Poesie. Diese Änderung läßt darauf schließen, daß nun den Künsten eine größere Bedeutung für das Wohl des Menschen eingeräumt wurde, vermögen sie doch, auf sein Bewußtsein einzuwirken und Harmonie zu stiften.[124]

Die Camera della Segnatura schmückt im Mittelpunkt des Plafonds das Wappen Nikolaus' V., umgeben von Putten, von denen der gegen die Wand mit der *Schule von Athen* gerichtete eine Kugel trägt. Die weiteren Deckenfresken zeigen außer den vier Fakultäten noch Szenen aus der Mythologie und Geschichte des Altertums. Das Eckbild zwischen den *Kardinaltugenden* und der *Schule von Athen* ist *Salomos Urteil* gewidmet, dasjenige zwischen *Parnaß* und *Schule von Athen* der *Urania*, was die Auffassung wiedergibt, »daß die Harmonie der Sphären des Weltglobus gleicherweise die Grundlage für die Möglichkeit des weisen Erkennens der Welt und des Menschen abgibt«.[125] Die *Schule von Athen* ist in ein Programm eingebettet, das Elemente der mittelalterlichen Enzyklopädie mit solchen aus der

52 Raphael, *Die Schule von Athen*, 1509/10

Geschichte, Mythologie und Philosophie der Antike verbindet. Dazu gehört eine Apotheose der Religion in dem der *Schule von Athen* gegenüberliegenden Wandfresko, der *Disputa del Sacramento*. Damit aber steht das christliche Weltbild gleichrangig gegenüber den Idealen des Neuplatonismus, die es nun zu integrieren sucht.

Das Fresko *Die Schule von Athen* (Abb. 52) wird von dem dargestellten Architekturraum strukturiert. Ein großzügiger Rundbogen gibt den Blick in einen tempelähnlichen Renaissancebau frei, bestehend aus einer querschiffartigen Halle, zu der vier Stufen emporführen, und einem dreifach gestaffelten, von Durchblicken auf den freien Himmel rhythmisch gegliederten chorartigen Raum mit kassettierten Tonnengewölben, über dessen mittlerem Teil eine Kuppel zu denken ist. Ein letzter, nicht überwölbter Raumabschnitt wird von einem Triumphbogen abgeschlossen, vor dem die beiden Hauptgestalten sichtbar werden, die miteinander im Gespräch befindlichen Philosophen Platon und Aristoteles. Sie treten in einen Kreis von Personen, die unterschiedliche Charaktere und verschiedene Altersstufen und philosophische Haltungen vertreten. In ihrer Mitte und doch von ihnen distanziert lagert der Kyniker Diogenes, in ein Schriftstück vertieft und unbesorgt seiner Bedürftigkeit, auf welche die Bettlerschale neben ihm anspielt. So ins Blickfeld des Betrachters gerückt, verweist er auf die grundlegende Situation des Menschen, in der er sich in größtmöglicher Bedürfnislosigkeit üben muß, um sein eigentliches Ziel zu erreichen. Der vereinzelte Denker im Vordergrund wird als Heraklit, doch auch als Michelangelo angesehen.

Die *Schule von Athen* stellt eine zwanglose Versammlung all derer dar, die sich dem Ziel verschrieben haben, durch Ringen um Erkenntnis von der erdgebundenen Schwere los- und aus der irdischen Begrenztheit herauszukommen. Die Anwesenheit von Zeitgenossen unter den alten Philosophen deutet auf die Zeitlosigkeit einer Institution, die sich immer wieder zu den verschiedensten Zeiten und an den verschiedensten Orten zum selben Zweck begründet (s. S. 30). Gemeint ist der Tempel der Weisheit als generelles Prinzip, zu dem jeder Strebende zu jeder Zeit Zutritt finden kann. Um seine Erhabenheit auszudrücken, ist der Raum von Bramantes Konzeption der Peterskirche inspiriert.[126] Seine Dreiteilung wird durch die Treppe unterstrichen, die vom Vordergrund, offenbar dem Ort des intensivsten Lernens, zum Mittelgrund führt, wo die heftigste Auseinandersetzung stattfindet. Aus dem Hintergrund sind die beiden Weisen hervorgetreten. Sie haben den Triumphbogen durchschritten und scheinen aus unbekannten Weiten gekommen zu sein, um als große Menschheitslehrer in den Kreis der Suchenden einzutreten. In ihnen findet die *Schule von Athen* eine unmittelbare Verbindung zur *Disputa*, denn die beiden Personen neben dem Altar lassen ähnliche Gesten erkennen wie die Philosophen Platon und Aristoteles.[127] Der in einen roten Mantel gehüllte Platon, ein würdiger Greis, weist gen Himmel, während Aristoteles, der ein blaues Gewand trägt, mit der Rechten nach vorne, in die Weite zeigt. Ist der eine mit den kosmischen Gesetzen vertraut, so hat der andere die ethischen Bedingungen des Lebens erkannt. So ist Platon mit dem »Timäus« und Aristoteles mit der »Nikomachischen Ethik« in der Hand dargestellt. Die Gemeinsamkeit der beiden Philosophen, die einander nicht bekämpfen, sondern ergänzen, spiegelt das geistige Ringen der Zeit wider, besonders innerhalb der Kirche, die sich bis dahin vorwiegend an Aristoteles orientiert hatte. Nun sollte unter Einfluß des von Ficino geprägten florentinischen Neuplatonismus auch Platon integriert werden, dem die Kirche bislang eher skeptisch gegenübergestanden hatte.

Es gibt viele Interpretationen zur *Schule von Athen*. Übereinstimmung herrscht jedoch darüber, daß es um die Suche nach Wahrheit geht unter Einsatz der Vernunft. Erstrebt wird der Fortschritt menschlicher Erkenntnis, dem auch bereits die alten Philosophenschulen der Antike dienten. Folgerichtig ist über der *Schule von Athen* die *Philosophie* personifiziert. Immer wieder ist darauf hingewiesen worden, daß in dem Fresko eine Darstellung der sieben Freien Künste verborgen liegt, wobei die Philosophie als Deckenbild über dem Wandfresko dargestellt ist, womit ihre besondere Bedeutung unterstrichen wird. Im Wandfresko selbst gruppiert sich um den Sockel links eine Leseschule, die Grammatik repräsentierend. Die Gruppe daneben um Pythagoras vertritt die Arithmetik und die Musik, gegenüber ist erst die Geometrie mit Euklid dargestellt, dann die Astronomie mit Ptolemäus und Zoroaster, der eine Sphärenkugel trägt. Die Gruppe um das Philosophenpaar repräsentiert die Rhetorik, die Personen links oberhalb der Stufen mit Sokrates und Alkibiades in ihrer Mitte vertreten die Dialektik. Im Gesamtzyklus hat die *Schule von Athen* ihren Platz gegenüber der *Disputa* als Vorstufe eines Strebens, das in unmittelbare Gottesschau münden kann.

Man hat in diesem Zusammenhang auf Egidio da Viterbo (1469–1532) hingewiesen, einen gelehrten Geistlichen, der 1494/95 in Florenz war und dabei auch Ficino kennengelernt haben könnte. Seine Werke »Die Rede über das goldene Zeitalter« und die »Sententiae ad mentem Platonis« hat man zu dem Freskenzyklus der Camera della Segnatura in Beziehung gesetzt. Von dieser Rede, in der sich der Gedanke einer Rückkehr zum Goldenen Zeitalter niedergeschlagen hat, ließ sich auch Papst Julius II. eine Abschrift geben. Egidio setzt Christus mit Apollo in Verbindung, ein Gedanke, dem wir bei Dürers Apollo-Zeichnungen begegnet sind und der auch das Wandfresko *Parnaß* zwischen der *Schule von Athen* und der *Disputa* mitgeprägt haben mag. Neben der Philosophie kommt also der Kunst, deren Patron Apollo ist, eine wesentliche Aufgabe bei der spirituellen Entwicklung des Menschen zu. In der Architektur der *Schule von Athen* erscheint er als Götterfigur in der Nische des linken Wandpfeilers, um den sich Sokrates mit seinen Schülern gruppiert. Die Bedeutung der Kunst hat Egidio besonders empfunden, wenn er die Schönheit der Bilder mit einem Schleier vergleicht, durch den der Mensch nach und nach zu Gott emporgeführt wird. Ficino hatte, denselben Gedanken verfolgend, den Augensinn als den höchsten bewertet. Ähnliche Auffassungen finden sich bereits bei Nikolaus von Kues (1401–1464), vor allem in seiner Schrift »De Visione Dei« von 1453. Nach Kues vollzieht sich die Gottesschau jenseits von Verstand und sinnlicher Wahrnehmung. Allerdings kann die Kunst nah an das von den physischen Sinnesorganen unabhängige »Sehen« heranführen, und zwar durch ihre in Proportion, Glanz und Klarheit begründete Schönheit, deren Betrachtung die Quelle ahnen läßt, d. h. Gott, in dem die Idee des Schönen enthalten ist.[128] Die Entwicklung des Meditationsbildes in den humanistischen Kreisen erfuhr also sowohl von seiten der Gelehrten als auch der aufgeklärten Geistlichkeit Förderung.

Die Gesten der beiden Philosophen Platon und Aristoteles verbinden die *Schule von Athen* nicht nur mit der *Disputa*, sondern stellen auch ein Schlüsselmotiv des Wandbildes dar. Zusammengenommen ergeben sie die alte esoterische Symbolik des Passiven, Empfangenden und Aktiven, Vermittelnden. Was Platon von oben aufnimmt, das sind die Urideen des Kosmos, was Aristoteles vermitteln will, das ist eine durch Sittlichkeit geprägte

53 Giorgione, *La Tempesta (Das Gewitter)*, um 1506/08

Weltordnung. Damit aber ist auf eines der höchsten Bildungsideale der Akademien angespielt.

Über ihre allgemeinen Bildungsideale hinaus waren die Akademien auch von Zügen echter Geheimgesellschaften geprägt, in denen es Geheimlehren und damit zwangsläufig Einweihungsriten gab. Dieser hermetische Aspekt fand besonders in der venezianischen Kunst seinen Niederschlag. Zu erwähnen ist hier in erster Linie Giorgione (1477–1510), der Ficino und Pico della Mirandola tief verehrte und dessen Bilder z. T. rätselhaft und verschlüsselt sind. Zu diesen gehört das 1506/08 entstandene Gemälde *La Tempesta* (Abb. 53), heute in der Accademia in Venedig.

Dargestellt ist eine geheimnisvolle Szene, in eine friedvolle und dennoch von einem Blitz durchzuckte Landschaft eingebettet, die ein Fluß vom Hintergrund aus durchzieht. Die Farben des Bildes reichen vom kalten Blaugrün bis zum lichteren, von Gelb durchsetzten Grün und werden gegen den Vordergrund zu tief dunkel, um sich am unteren Bildrand zu einem schwarzen Schlund zu öffnen. Im Hintergrund ist, von Bäumen umgeben, ein Zentralbau mit Kuppel zu sehen, daneben eine Kirche mit einem Campanile und davor eine Gruppe von Türmen, gegen die der Blitz hinabzüngelt. Im Vordergrund am linken Flußufer steht vor antik wirkenden Ruinen ein junger Krieger in der Haltung eines Wächters, den Blick zum anderen Ufer gerichtet, wo unter einem mächtigen Baum auf einem bewachsenen Erdbuckel eine von einem weißen Tuch nur notdürftig umhüllte junge Frau sitzt und einem Säugling die Brust reicht. Dahinter zieht sich am rechten Ufer die Silhouette der Stadt entlang, die durch eine hölzerne Brücke mit dem linken Ufer verbunden ist.

Auffallend ist das Abgesondert-Sein der Frau mit dem Kind sowohl von den Tempelruinen und dem Krieger als auch von der Stadt mit ihren Kirchen und Türmen. Die Stadt stellt gleichsam ein zeitgenössisches Pendant zu den Ruinen dar, von denen besonders merkwürdig die beiden von einem Sockel aufragenden Säulenstümpfe berühren. Es ist unklar, was der junge Krieger bewacht, die Ruinen oder die Gruppe von Mutter und Kind, die für ihn unerreichbar scheint. Die Frau bemerkt ihn nicht, vielmehr schaut sie aus dem Bild heraus zum Betrachter, als wolle sie mit diesem Kontakt aufnehmen.

Unter den vielen hierzu versuchten Interpretationen bietet eine der interessantesten Edgar Wind an. Aufgrund von Fortezza- und Carità-Darstellungen von Giorgione-Nachfolgern, die wie trivialisierte Formen der Bildvorstellung der *Tempesta* wirken, nimmt er an, es handele sich auch hier um dieses Motiv, das gewöhnlich einen auf eine Lanze gestützten Krieger zeigt und eine am Boden sitzende Frau mit ein bis zwei Kindern. Das Gewitter deutet Wind als Fortuna und meint, es gehe um Beständigkeit und Liebe angesichts des wechselhaften Glücks im Weltlauf.[129]

Röntgenaufnahmen des Bildes zeigen, daß sich ursprünglich anstelle des Kriegers eine sitzende junge Frau befand, welche die Beine in einen Bach hängen läßt. Dazu weist Gustav Friedrich Hartlaub auf die Geburt des Apollonius von Tyana hin, eines zur Zeit Christi lebenden Neu-Pythagoräers und in der Magie Erfahrenen. Seine Mutter war vor seiner Geburt, durch ein Traumbild veranlaßt, Blumen pflücken gegangen, wobei sie von den Wehen überrascht wurde. Schwäne flogen herbei, um ihr Luft zuzufächeln und zu singen. In der Ferne schlug ein Blitz in die Erde ein, um die Geburt des Kindes als ein bedeutendes Ereignis zu kennzeichnen. An die Schwäne könnte in Giorgiones Gemälde der Vogel auf dem Stadttor erinnern. Mit den beiden ursprünglich gemalten Frauen ist wohl die Mutter Apollonius' von Tyana vor und nach der

Niederkunft gemeint, gemäß der mittelalterlichen Tradition der synchronen Bilddarstellung. Durch die Änderung der ersten Fassung hat Giorgione sicher einen neuen Gedankenkomplex entwickeln wollen, der den alten überwuchs. Ein Hinweis auf diesen ist gegeben, wenn man an den Mythos von Mars und Venus denkt, deren Verbindung eine Tochter, die Harmonia, erwuchs. Harmonie ist hier als Eintracht der Gegensätze gemeint, in dem Sinn, daß wahre Harmonie und Schönheit nur aus äußerster Spannung heraus und nur für einen kurzen Augenblick entstehen können. Sie sind niemals sicherer Besitz und müssen stets aufs neue erworben werden. Die oben erwähnte Fortezza-Carità-Auffassung bildet keinen Widerspruch zu dieser Interpretation, da in Fortezza das Marsprinzip und in Carità das Venusprinzip jeweils in einer veredelten Form mit enthalten ist.[130]

Am intensivsten hat sich wohl Gustav Friedrich Hartlaub mit dem Phänomen Giorgione und besonders auch mit *La Tempesta* auseinandergesetzt. Auf einer mehr hermetischen Ebene deutet er den wenig marsisch wirkenden Krieger als Hüter der Schwelle, die Säulen als Jachin und Boas des Salomonischen Tempels. Säulen spielen zudem auf von Geheimgesellschaften frequentierte Orte an wie Stoa, Portikus und Loggia, von der das Wort »Loge« abgeleitet ist. Betrachtet man das Gemälde unter diesem Aspekt, so kann das Kind auch der Neophyt sein, der unter die Eingeweihten aufgenommen wird, die Frau wiederum die Weisheit, die Alma mater. Da diese immer der Bedrohung und Verfolgung ausgesetzt ist, liegt es nahe, in dem ritterlichen Jüngling ihren Wächter zu sehen. Das Gewitter scheint auf Prüfungen hinzuweisen, die mit den Elementen in Verbindung zu bringen sind, hier mit dem Feuer.

Aber ist mit dem Säugling wirklich der Neophyt gemeint? Wie ist die Gruppe von Mutter und Kind zu verstehen? Warum erhält der Betrachter Kontakt zu ihr, was dem vornehmen jungen Krieger nicht zu gelingen scheint? Sein Versuch, in Blickkontakt mit der Frau zu kommen, ist offenbar. Dieser Wächter scheint zwei Dinge zu hüten. Zum einen hat er Zugang, nämlich zu den Ruinen des Tempels, auf dessen Seite er steht, das andere verschließt sich ihm geheimnisvoll, nämlich die Gruppe von Mutter und Kind. Er hält dem Gewitter stand, und er hat sich weit von der Stadt weg gewagt. Ist er es nicht, der vor etwas gänzlich Neuem steht, um das er noch zu ringen hat? Insofern mit der Frau die Weisheit gemeint ist, hat das Gemälde eine entfernte Verwandtschaft mit der *Schule von Athen*, doch ist im Gegensatz dazu das Esoterische bereits verselbständigt und säkularisiert. Die Kirche befindet sich weit im Hintergrund, und der Tempel ist bereits verfallen. Gerade dies ist Hinweis auf den ganz anderen, durch Erklärungen nur schwer auslotbaren Geist des Bildes.

Ähnlich verhält es sich mit einem zweiten Giorgione-Gemälde, *Die drei Philosophen* (Abb. 54) von 1508, das sich im Kunsthistorischen Museum in Wien befindet. Die Gruppe der drei Philosophen befindet sich gegenüber einer tief dunklen, von einem Felsdach überwölbten Höhle, die den gesamten linken Bildteil beherrscht. Das Gelände, auf dem die Männer stehen, ist stufenartig bearbeitet, so daß es in drei Ebenen geschichtet ist und gegen die Höhle zu abrupt abzufallen scheint. Eventuell könnte es sich um einen Steinbruch handeln. Auf der oberen Stufe, unter Bäumen mit kahlem Geäst hat der jugendliche der drei Philosophen Platz genommen. Er blickt mit höchster Konzentration, aber fragend in die Höhle, die ihre Geheimnisse nicht preiszugeben scheint. Über einem weißen, mit Goldborten verzierten Gewand trägt er einen grünen Mantel. Mit Winkel und Zirkel hat er die wichtigsten Steinmetzinsignien in den Hän-

54 Giorgione, *Die drei Philosophen*, um 1508

den. Rechts neben ihm stehen aufrecht, ein kompositorisches Pendant zur Höhle bildend, die beiden anderen Philosophen. Der mittlere, durch einen weißen Turban als Orientale gekennzeichnet, hat sich mit nachdenklicher Bestimmtheit von der Höhle abgewandt und ist im Begriff, sich von ihr wegzubewegen, wobei er in den weißen Gürtel greift, an dem ein Beutel hängt. Über einem blauen Gewand trägt er einen roten Mantel. Über die Schulter ist der breite, mit schönen Goldschließen gezierte Kragen des Kleides gebreitet. Von rechts, wie aus einem Waldstück dunkelsten Grüns kommend, schreitet der dritte Philosoph, ein würdiger, bärtiger Greis, auf die Höhle zu und durchdringt sie gleichsam mit scharfem Blick, während er ein Blatt mit kosmischen Symbolen so hält, daß es dem Blick des Betrachters preisgegeben wird. Gekleidet ist er in einen Mantel von verhalten glühendem Gold über einem braunvioletten, blaugesäumten Kapuzen-Gewand. Im Bild dominiert der Vordergrund mit den drei Philosophen, die durch die Bäume des Waldes und die Höhle von der übrigen Welt völlig abgeschirmt sind. Zwischen Bäumen und Höhle öffnet sich ein Durchblick in den Hintergrund. Der Blick schweift über ein Tal, am Horizont unter dem differenziert gemalten Himmel wird ein blauer Berg sichtbar und daneben die gelbrote Scheibe der untergehenden Sonne. In der Ebene, ungefähr in der Mitte des Bildes, liegt eine Mühle.

Zu diesem Gemälde hat es viele Deutungen gegeben, darunter eine als Dreikönigsbild und eine als Darstellung der drei Lebensalter. Für letztere Auffassung kann das Giorgione zugeschriebene Bild *Die Lebensalter* von 1500 herangezogen werden, das vielleicht eine Art Vorstufe ist. Es zeigt einen Jüngling mit einem Blatt in der Hand, flankiert von einem Mann mittleren Alters zur Rechten und einem Greis zur Linken, der aus dem Bild heraus auf den Betrachter schaut. Der Jüngling wird von dem Mann zu seiner Rechten belehrt. Wenn das Motiv der Lebensalter in dem Gemälde der *Drei Philosophen* auch mit enthalten ist, so muß es doch in seiner Vielschichtigkeit betrachtet werden.

Die Röntgenaufnahme zeigt, ähnlich wie bei *La Tempesta*, eine ältere Fassung. Ursprünglich trug der Greis rechts ein strahlenförmiges Diadem und der junge Mann eine Pelzmütze. Die Änderung könnte darauf zurückzuführen sein, daß Giorgione das Bild als Auftragsarbeit in Angriff nahm und seine ursprüngliche Erstfassung so nicht akzeptiert wurde. Die erste Fassung könnte einen Hinweis auf die Sternennatur des Priesters und die Erdgebundenheit des Adepten enthalten haben.

Nach Gustav Friedrich Hartlaub ist die Höhle die Saturnhöhle, das Erdinnere, dem in ganz besonderer Weise die Meditation des jungen Mannes gilt. Sie ist der Ort der Selbstversenkung, der Innenschau. Das aber kennzeichnet den Melancholiker und den Beginn der Initiation, die immer in einer Phase der Nacht der Seele geschieht, worauf die untergehende Sonne hindeutet. Auf das Hermetische des Bildes verweist überdies sein Name, denn »Philosophen« nannten sich damals auch die Vertreter der alchimistisch-hermetischen Geheimwissenschaften. Die Männer entsprechen nach Alter, Tätigkeit, Temperament und Tracht den typischen Vertretern der Einweihungsgrade des Saturniers. Damit hätten wir zugleich ein Zeugnis für das hierarchische Grundsystem solcher Geheimbünde vor uns.[131]

Das Gemälde ist von besonderer Wichtigkeit, weil auch Dürer die erste Fassung gesehen und damit Anregungen für seinen Meisterstich *Melencolia I* empfangen haben könnte. Hartlaub sieht in dem Werk ein saturnisches Bild, das die dreifache Wahrsagegabe zum Inhalt hat, deren der höhere Melancholiker fähig ist.

DÜRERS »MEISTERSTICHE«

Als Dürers »Meisterstiche« gelten *Ritter, Tod und Teufel* (Abb. 56) und *Melencolia I* (Abb. 55) von 1513 sowie *Hieronymus im Gehäus* (Abb. 65) von 1514. Ob diese Stiche als zusammengehörend geplant waren, ist heute nicht mehr nachzuweisen, doch sind sie immer als geistige Einheit zusammen gesehen worden. Man hat in ihnen eine Folge von Tugenden vermutet: die virtutes morales (die sittlichen Kräfte) in *Ritter, Tod und Teufel*, die virtutes intellectuales (Kräfte des Verstandes) in *Melencolia I* und die virtutes theologicales (Kräfte der Gotteserkenntnis) in *Hieronymus im Gehäus*. Auch die Zusammengehörigkeit der Blätter als Repräsentation der Einweihungsgrade des Saturniers nahm man an, wobei *Melencolia I* dem ersten, *Ritter, Tod und Teufel* dem zweiten und *Hieronymus im Gehäus* dem dritten Grad entspricht. Dann ständen Dürers »Meisterstiche« mit Giorgiones Gemälde *Die drei Philosophen* in Beziehung, bei dem es sich um ein Einweihungsbild einer entsprechenden Gesellschaft handeln könnte, deren Mitglieder sich gewöhnlich Philosophen nannten.[132]

Der inhaltliche Kontext der drei Blätter, die aufgrund ihrer technischen Vollkommenheit und intensiven künstlerischen Ausstrahlung als »Meisterstiche« bezeichnet werden, erschließt sich nicht auf den ersten Blick. Doch fällt bei ihrer näheren Betrachtung auf, daß einige Symbole auf zwei bzw. auf allen drei Blättern begegnen und so einen inneren Zusammenhang herstellen. Dabei handelt es sich vor allem um Saturnsymbole. So hält der Tod dem Ritter ein Stundenglas entgegen, ein solches hängt auch an der Rückwand der Studierstube des hl. Hieronymus sowie an der Mauer direkt über dem weiblichen Genius auf dem *Melancholie*-Stich. Ein weiteres Saturnsymbol, der Totenkopf, liegt auf dem Weg des Ritters und befindet sich auf der Fensterbank im *Hieronymus*-Stich. Die Schindermähre des Todes neben dem Ritter trägt eine Totenglocke, eine Glocke hängt auch über dem magischen Quadrat auf dem *Melancholie*-Stich, vielleicht handelt es sich um eine Glocke zur Dämonenabwehr. Ein Quader liegt unter dem linken Wandpfeiler der Studierstube des Hieronymus, links neben dem Mühlstein auf dem *Melancholie*-Stich liegt ebenso der Polyeder. Auch geometrische Körper sowie der Stein als Ausdruck des Mineralischen gehören zur Symbolik des Saturn. Hat man auch dem Ritter den melancholischen Typus absprechen wollen, so enthält doch dieser Stich genügend Saturnsymbole: Stundenglas, Totenschädel, Tod, Teufel, die felsige Gebirgslandschaft. Die Konzentration und Festigkeit, die der kurz in die Zügel fassende Ritter ausdrückt, sprechen für ein hohes Maß an Selbstbeherrschung, wie sie einem saturnin beeinflußten Charakter durchaus eigen sein kann. Weiterhin ist auf allen drei Stichen ein Hund zu sehen. Er begleitet den Ritter als treuer Gefährte, schläft friedlich neben dem Löwen in der Stube des Hieronymus und liegt eingerollt zwischen den geometrischen Körpern auf dem *Melancholie*-Stich.

Vergleicht man *Ritter, Tod und Teufel* (Abb. 56) mit *Hieronymus im Gehäus* (Abb. 65), so offenbaren sich zwei ganz verschiedene seelische Grundhaltungen. Mit seiner geballt nach außen gerichteten Energie repräsentiert der Ritter die »vita activa«, mit seiner in sich gekehrten hohen Konzentration stellt der hl. Hieronymus die »vita contemplativa« dar. Sie wurden im Christentum stets als ein sich ergänzendes Gegensatzpaar betrachtet. Dies schließt die beiden Stiche eng zusammen, zumal sie auch jeweils eine »reale« Person darstellen. Abweichend davon erkennen wir auf dem *Melancholie*-Stich (Abb. 55) einen weiblichen Genius, der die Personifikation eines Temperaments, nämlich des melancholischen ist. Geht es in *Ritter, Tod und Teufel* in erster Linie um sittliche Kraft und im *Hieronymus im Gehäus* um Weisheit, ist hier das Ringen um Erkenntnis das zentrale Anliegen. Dieses Ringen befindet sich gerade in einer Phase des In-sich-Gekehrtseins, doch weisen die Flügel des Genius auf seine Möglichkeit hin, sich in höhere Sphären aufzuschwingen. Als Ausdruck einer geistigen Haltung bildet dieses Blatt ein Pendant zum *Hieronymus im Gehäus*. Dies muß auch Dürer so gemeint haben, denn er pflegte den *Melancholie*-Stich gemeinsam mit dem *Hieronymus*-Stich zu verkaufen oder zu verschenken, *Ritter, Tod und Teufel* bzw. den »Reuter«, wie er das Blatt selbst nannte, gesondert.[133] Im Gegensatz zum Hieronymus in seiner Studierstube sitzt die Melancholie im Freien, allerdings nicht in der freien Natur, in der sich der Ritter bewegt, denn ihre Umgebung ist allzusehr verbaut durch die stereometrischen Körper und die Architektur. Wirkt in der Studierstube des Hieronymus alles geordnet, aufgeräumt und von einem verklärten Licht umflossen, so liegen die Dinge um den weiblichen Genius des *Melancholie*-Stiches herum wie ein quälendes Chaos, das in eine verzweifelte Grübelei führt. Auch die grelle Beleuchtung unterstreicht den dämonischen Aspekt, den das noch nicht Verstandene hat. Im Gegensatz dazu verweist die stille, klare Heiterkeit in der Studierstube des Hieronymus auf den Zustand wahrer Erleuchtung.

In dem *Melancholie*-Stich wird uns ein großer Teil des Wissens anschaulich gemacht, das in den Akademien gepflegt und weitergegeben wurde und das die Grundvoraussetzung zu höherer spiritueller Entwicklung ist. Gerade deshalb hat er eine besonders starke Affinität zum ersten Grad des Saturniers, der auch als der Grad des Adepten anzusehen ist, und soll hier, obwohl er erst nach *Ritter, Tod und Teufel* entstand, zuerst betrachtet werden.

Melencolia I

Bei der Interpretation von Dürers *Melencolia I* (Abb. 55) hat die Forschung immer wieder nach neuen Ansatzpunkten gesucht, um dem schwer enträtselbaren, aber in seiner Stimmung so eindrucksvollen Blatt näherzukommen. Dürer selbst hat seinen Stich unter den Begriff der Melancholie gestellt, mit ihm leistete er seinen Beitrag zu einem philosophischen Thema, das in den Kreisen der humanistischen Gelehrten intensiv diskutiert wurde. Den Anstoß dazu hatte Marsilio Ficino mit seiner Schrift »De vita triplici« (Schrift vom dreifachen Leben) gegeben (s. S. 35 f.).

Die Melancholie wird seit jeher als ein von Saturn geprägter Gemütszustand betrachtet. Nach den Schriften des Abu Maschar (787–886), die im Mittelalter seit dem 12. Jahrhundert in zwei lateinischen Übersetzungen vorlagen, ist die Melancholie das Temperament, das durch die in der Milz erzeugte schwarze Galle verursacht wird, deren Eigenschaften, kalt und trocken, auch das Element Erde kennzeichnen. Als Dämon der Erdentiefe und Beherrscher des Greisenalters ist Saturn der schwarzen Galle und dem melancholischen Temperament zugeordnet (s. S. 63).

Um den Zusammenhang zwischen Saturn und Melancholie besser zu verstehen, müssen wir näher auf die Bedeutung des saturninen Prinzips eingehen. In den Schriften des Abu Maschar sowie später bei Agrippa von Nettesheim finden wir für Saturn eine Fülle der widersprüchlichsten Zuordnungen, in denen sich der starke Gegensatz zwischen dem positiven und dem negativen Aspekt des Got-

55 *Melencolia I*, Kupferstich, 1514

tes ausdrückt. Nach alter Überlieferung ist er trocken und kalt, aber auch feucht; er verheißt Geschenke und Wohnstätten, aber auch große Armut, Heimatlosigkeit sowie lange Seereisen. Unter seinem Patronat stehen einmal gewalttätige und betrügerische Naturen sowie Menschen, die sich andere untertan machen, zum zweiten aber auch wahrhaftige, nachdenkliche und zielstrebige Charaktere. Saturn kann Besitz verleihen, aber auch schwere Schicksalsschläge verursachen. Unter seinem Einfluß stehen einmal geächtete Menschen wie Räuber, Totengräber, Leichenschänder, Friedhofsdiebe, andererseits auch tiefe, gelehrte Persönlichkeiten.[134]

Diese Widersprüchlichkeit kennzeichnet die schwerblütige Frauengestalt auf dem *Melancholie*-Stich von 1514, die sowohl von einer düsteren Stimmung umschattet ist, als auch mächtige Flügel trägt, mit denen sie sich emporschwingen und über ihre Erdenschwere erheben könnte. Sie besitzt Schlüssel und Geldbeutel, also Macht und Reichtum, und widmet sich geistiger Tätigkeit, worauf Zirkel und Buch verweisen. Dennoch scheint ihre augenblickliche Situation von Unfruchtbarkeit und Ausweglosigkeit bestimmt zu sein. Das Antlitz ist dunkel, die ganze Gestalt in tiefe Schwermut versunken.

In Saturn, griechisch Kronos, fließen zwei Gottesvorstellungen zusammen. Einmal ist er der Gott, der seine Kinder verschlingt und schließlich von Jupiter bzw. Zeus gestürzt und entmannt wird, zum anderen war er einst aber der Gott des Goldenen Zeitalters. In seiner Eigenschaft als Weltenschöpfer besitzt er die höchsten geistigen Fähigkeiten. Hieraus erklärt sich sein Patronat über die Geistesmenschen und Herrscher, Repräsentanten der schöpferischen Seite der Melancholie. Einige Skulpturen des Altertums zeigen Saturn in der Pose des Denkers, die Wange in die Hand geschmiegt wie Dürers *Melancholie*. Als gestürzter Gott jedoch wird Saturn zum Gott des Todes, der in den Tartarus verbannt wurde, und damit zum »Hüter der Schwelle«. Als entmannter Gott ist er nicht mehr der Erzeuger, sondern der Gott der Unfruchtbarkeit, der flüchtig umherirrend seine Heimat im Weltenplan verloren hat. In dieser Erscheinungsweise entspricht er der negativen Form der Melancholie als Trägheit und Verzweiflung. Zu diesen beiden Aspekten des Gottes gesellt sich noch derjenige des Chronos als Gott der Zeit.

Nach astrologischen Vorstellungen üben die Planeten ein Patronat über bestimmte Menschengruppen und -typen aus, was sich in den sogenannten Planetenkinder-Darstellungen niedergeschlagen hat (s. S. 68f.). Diese Bildtradition stammt aus der arabischen Welt und ist wohl um das 13. Jahrhundert über Spanien in den italienischen Kulturkreis eingedrungen. Eines der wichtigsten Denkmäler in diesem Zusammenhang sind die Fresken des Palazzo della Ragione oder »Salone« in Padua, die mit Hilfe der Zuordnung zu bestimmten Planeten alle Berufe und Charaktere in die Gesamtheit des Kosmos einzuordnen versuchen. Unter dem Patronat des Saturns zeigen sie einmal den kontemplativen Menschen in Gestalt eines Eremiten, Mönches und Einsiedlers, zum andernmal die Vertreter der einzelnen dem Saturn zugeordneten Berufe, darunter vorwiegend solche, die mit der Landwirtschaft und dem Bauwesen zu tun haben.[135]

Auch auf den *Melancholie*-Stich Dürers muß ein Einfluß dieser Fresken angenommen werden. Trotz seiner Andersartigkeit enthält er Züge, die auch an Giorgiones *Drei Philosophen* erinnern. Wie der Jüngling hält die weibliche Gestalt einen Zirkel in der Hand, und wie der orientalische Philosoph ist sie mit einem Geldbeutel versehen. Eine besondere Verwandtschaft besteht in Haltung und Tun dieser Frauengestalt mit dem jungen Philosophen auf dem Giorgione-Gemälde, der meditierend vor einer Höhle sitzt. Wie der weibliche Genius auf Dürers Blatt den Typus des kontemplativen Menschen unter den Saturnkindern verkörpert, so deuten die am Boden um sie verstreuten Geräte – Hammer, Winkelmaß, Meßlatte, Hobel, Säge, Nägel, Zange – auf saturnine, mit dem Bauwesen in Verbindung stehende Berufe; der Zirkel in der Rechten der Melancholie ist ein wichtiges Arbeitsgerät des Architekten, der roh behauene Stein Ausgangsmaterial für den Steinmetzen. Möglicherweise hat Dürer den Zyklus im Salone selbst gesehen, sicher aber Pirckheimer, der wohl an der Konzeption der Dürerschen *Melancholie* beteiligt war.

Nach der späthellenistischen Lehre von der Himmelsreise der Seele bekommt diese vor ihrer Inkarnation und vor ihrem Herabsteigen auf die Erde von jedem Planeten eine Gabe. Diese Gaben können Unheilsgaben sein, wenn der Abstieg der Seele als Sündenfall angesehen wird. Saturn verleiht in diesem Fall Tücke, Trauer und Stumpfsinn. Später hat die scholastische Theologie, die viele heidnische Vorstellungen übernahm, die Unheilsgaben als die sieben Todsünden interpretiert, dabei die Gabe des Saturns als Acedia, d. h. als Trägheit. Eine andere Möglichkeit der Gabenverleihung findet sich in der neuplatonischen Philosophie, nach der Saturn dem unter ihm Geborenen Verstand und Einsicht gibt. In der Scholastik entstanden aus den guten Gaben der Planeten die sieben christlichen Tugenden; unter diesen ist die Weisheit dem Saturn zugeordnet. Proklos (411–485) verbindet beide Auffassungen, indem er nicht von einem Entweder-Oder, sondern von einem Sowohl-Als-auch ausgeht. Nach ihm hat der unter dem Saturn geborene Mensch zwischen dessen guten und bösen Gaben zu wählen. Diese Anschauung finden wir im Christentum des 15. Jahrhunderts bei Matteo Palmieri (1406–1475) wieder, der sie im Sinn der Auffassung der Willensfreiheit versteht. Wilhelm von Auvergne (um 1315–1374) spricht der Melancholie eine ausgesprochen segensreiche Wirkung zu, da sich der melancholische Mensch seiner Meinung nach von fleischlichen Genüssen abwendet und zu Gott hinstrebt. Auch den »melancholischen Wahnsinn« betrachtet er als Gnadengeschenk.

Die vorwiegend positive Einstellung zur Melancholie in der scholastischen Theologie erklärt sich daraus, daß sie den ganzen Kosmos als Gottes Werk betrachtet und damit die Schöpfung im Prinzip als gut akzeptiert, denn in ihrem Rahmen sind für den Menschen Heilsmöglichkeiten in jeder Form enthalten. Es kommt lediglich darauf an, wie er ihre Gaben verwendet und wertet.

Bereits Aristoteles hatte in den »Problema XXXI« die negative Anschauung von der Melancholie abgemildert, indem er den drei nichtbluthaften Säften nicht mehr unbedingt eine krankmachende Wirkung zuschrieb. Die schwarze Galle z. B. kann unter günstigen Bedingungen den menschlichen Geist zu seinen höchsten Leistungen befähigen. In jedem Fall aber wird die Gesundheit des Melancholikers labil und gefährdet sein. Er bewegt sich immer an der Grenze des Krankhaften. Damit stoßen wir zum ersten Mal auf die Zuordnung von Eigenschaften, die den Melancholiker in die Nähe des genialen Menschen rücken. Diese Lehre ist in der neuen Melancholie-Auffassung der Renaissance lebendig.

In der Dürerzeit orientierte man sich außerdem auch an den Lehren der saliternischen Schule, deren Stammvater Constantinus Africanus (zwischen 1010 und 1015–1087) war. Diese Schule sah im Denken weniger ein Geschenk der Melancholie, sondern ihre gefährliche Ursache. Neben diätetischen und magischen Mitteln empfiehlt sie vor allem Musik als Therapie für den Melancholiker, eine Auffassung, die wir sowohl in Dürers Schrift zur »Erziehung der Malerknaben« als auch in den Ausführungen Ficinos wiederfinden sowie bildhaft in mittelalterlichen Holzschnitten und in den bekannten Gemälden von Cranach mit Melancholie-Darstellungen. Die sogenannten Temperamente-Bilder, meist Holzschnitte, zeigen nie die Melancholie als solche, sondern immer den Melancholiker oder die Melancholikerin. Wir sehen auf ihnen meist einen Mann oder eine Frau aus niederem Stande, auf einem Stuhl schlafend und in Untätigkeit versunken. Damit ist die Melancholie als der unedelste Komplex ausgedrückt.[136] Erst in der florentinischen Renaissance wurde ihre positive Seite gezielt ins Bewußtsein gehoben. Dante beschreibt im XXXI. Gesang des »Paradiso« über die Saturnsphäre den Saturn als Gestirn erhabener Kontemplation. Petrarca betont, er fühle sich als Melancholiker. Diese Wandlung in der Melancholie-Auffassung hängt auch damit zusammen, daß der Künstler, der im Mittelalter lediglich dienendes Glied war, nun zur Künstlerpersönlichkeit wurde. Das Individuelle und Subjektive trat damit stärker in den Vordergrund. Der Künstler erkannte sich selbst als schöpferischen Menschen.

Es bleibt nun zu untersuchen, welchen Stellenwert Dürers *Melencolia I* in der Melancholie-Diskussion der Renaissance einnahm. Faßt man den Austausch ins Auge, den Dürer mit italienischen Künstlern hatte, besonders während seines venezianischen Aufenthalts, so sind hier vor allem Giorgione und Giulio Campagnola (1482–zwischen 1515 und 1518) zu erwähnen. Wichtig erscheint z. B. Campagnolas Kupferstich *Saturnus* von 1507, auf dem ein liegender Greis abgebildet ist, der seinen Kopf aufstützt. Im Hintergrund sieht man das Meer, darauf ein Schiff. Zu erwähnen ist weiterhin sein *Saturnischer Philosoph*. Er hat ebenso wie Dürers *Melancholie* einen Zirkel in der Hand, mit dem er auf einer Scheibe Messungen vornimmt. Diese Scheibe ist mit Gestirnen versehen, soll also wohl den Kosmos versinnbildlichen. In solchen Darstellungen drückt sich die Wandlung der Saturn-Auffassung während der Renaissance im Sinn einer Veredelung aus, wie sie auch Dürers *Melancholie*-Stich prägt. Sie ist weniger aus der Tradition der populären nordischen Saturnkinder-Bilder herzuleiten als vielmehr von italienischen Denkmälern, wie sie z. B. in den Salone-Fresken in Padua begegnen.[137]

Dürer hat seinem Blatt den Titel »Melencolia I« gegeben. Es ist immer wieder gerätselt worden, was die »I« zu bedeuten habe. Die Meinung, daß diese eine Art Melancholie der niederen Stufe bezeichnen soll, der eine höhere »Melencolia II« gegenüberzustellen wäre, ist mit dem Argument angezweifelt worden, Dürer hätte dann, der Tradition gemäß, statt »Melencolia« den Ausdruck »Melancolicus« gewählt.[138] Doch darf im Rahmen von Dürers *Melancholie*-Stich die Frage nach den verschiedenen Aspekten der Melancholie nicht vernachlässigt werden. Zweifellos deutet die Tiefe der Darstellung auf das Niveau des höheren Saturniers. Doch ist das Blatt merkwürdig ambivalent. Wenn die Frauengestalt auch als geflügelter Genius erscheint, besitzt sie doch vieles in Haltung und Ausdruck, was auf die Acedia, d. h. die niedere Form der Melancholie verweist. Möglicherweise wollte Dürer mit dieser Ambivalenz ausdrücken, daß es eine Trennung zwischen höherer und niederer Melancholie nicht geben könne und der saturnin beeinflußte Mensch, auch wenn er fähig ist, sich zu höheren Erkenntnissen aufzuschwingen, immer wieder Phasen der Schwermut und Untätigkeit durchleben muß. Die erdenschwere, dennoch aber geflügelte Frauengestalt deutet auf den Wechsel dieser verschiedenen Phasen.

Beispielhaft für eine solche Auffassung sind die Anschauungen Marsilio Ficinos, die damals im Brennpunkt des Interesses der humanistischen Gelehrten standen. In seiner Schrift »De vita triplici« faßt Ficino alle Denkansätze seiner Zeit zu diesem Thema zusammen, wobei er von der Haltung eines Denkers ausgeht, der bereit ist, sein Schicksal bewußt zu tragen und es bis zu der Grenze, die ihm gesetzt ist, in die eigenen Hände zu nehmen.

Marsilio Ficino war selbst unter dem Saturn geboren. Nach eigenen Angaben litt er unter seiner melancholischen Veranlagung und lehnte sich gegen sie auf, wie der Briefwechsel mit seinem Freund Giovanni Cavalcanti in den siebziger Jahren des 15. Jahrhunderts verdeutlicht. Dürer hatte von diesem Briefwechsel, der bei seinem Paten Koberger gedruckt wurde, gewiß Kenntnis. Giovanni Cavalcanti bewegte Marsilio Ficino dazu, sich auch einmal die guten Seiten seiner unglücklichen Veranlagung zu vergegenwärtigen. Daraufhin setzte sich dieser ernsthaft mit dem Problem auseinander, um zu einer fruchtbaren Stellungnahme zu gelangen. Aus seinem Bemühen heraus entstand dann sein Werk »De vita triplici«, eine Diätetik des saturninen Menschen. Das erste Buch erschien 1482, das zweite und dritte 1489.

Marsilio Ficino wägt hier die zwei Seiten der Melancholie gegeneinander ab. Die Gegenmittel, die er zur Bekämpfung des Überhandnehmens der Melancholie vorschlägt, erinnern an die saliternische Schule. Natürliche und magische Mittel werden gleichwertig nebeneinander behandelt. Unter magischen Mitteln versteht er hier Talismane aus mineralischen oder pflanzlichen Stoffen, die unter dem Einfluß eines bestimmten Planeten stehen. Als Mittel gegen die Melancholie bevorzugte er Talismane, die dem Jupiter zugeordnet sind, der als Gegenprinzip zu Saturn ausgleichend wirken kann. Neben den magischen Mitteln stehen die natürlichen wie Ernährung und Spaziergänge, dazu die Musik.

Den Hauptakzent seiner Betrachtungen aber legt Ficino nicht auf die negativen Seiten der Melancholie. Wie Aristoteles führt er sie auf die Wirkung der schwarzen Galle zurück, mißt diesem Stoff jedoch einen vorwiegend fördernden Einfluß zu, da er das Denken nötigt, in das Zentrum der Gegenstände einzudringen, denn er strebt selbst dem Zentrum zu. Dieser Prozeß führt nach seiner Ansicht zur höchsten Erkenntnis, die dem edelsten und mächtigsten Planeten untersteht, nämlich Saturn, der damit von größter Bedeutung für den denkenden Menschen ist, wenn er ihn auch zugleich mit der Last der Schwermut belädt. Ficino ist der Meinung, der Melancholiker habe stets ein ungewöhnliches und schweres Schicksal. Außerdem könne es eine Wahl-Planetenkindschaft geben, nach der allein die Beschäftigung mit geistigen Dingen den Menschen unter den Einfluß des Saturn stelle.[139] Das Wesentliche an der Lehre Ficinos besteht darin, daß sie den Melancholiker als außergewöhnlichen, ja genialen Menschen ansieht. Eine solche Meinung mußte in den Gelehrtenkreisen Widerhall finden, da sie dem neuen Bewußtsein der Renaissance entgegenkam.

Dürers *Melencolia I* umfaßt verschiedene Bedeutungsschichten, deren eine aus der oben angesprochenen Temperamentenlehre herrührt. Durch die Verknüpfung von Melancholie und Saturn ergibt sich eine weitere, aus astrologischem Gedankengut abzuleitende und in der Tradition der Planetenkinder-Darstellungen stehende Bedeutungsschicht. Der saturnine Charakter des Blattes offenbart sich vor allem in der schwermütigen Stimmung der Frauengestalt, zum anderen in den zahlreichen, dem Saturn zugeordneten Attributen. So verweist die Sanduhr auf den Aspekt der Zeit in der Saturnsymbolik, der Zirkel auf deren räumlichen Aspekt, denn er deutet auf Meßkunst und Geometrie. Die auf dem Boden verstreuten Arbeitsgeräte stammen aus dem

Bauhandwerk, der Steinblock nimmt Bezug auf den Beruf des Steinmetzen, darüber hinaus ist er ein Symbol für das schwere Element der Erde. Es ist dieser Polyeder ein einfacher Rechteckblock mit angeschnittenen Ecken, was auch aus einer Zeichnung des Dresdener Skizzenbuchs von 1514 hervorgeht. Als ein Bildhauerblock ist er ein Hinweis auf das noch zu vollbringende schöpferische Werk.[140] Die links über dem Meer schwebende, die Bildinschrift tragende Fledermaus fällt als Nachttier ebenfalls in die Kette der Saturnsymbolik. Da Saturn alle Reinigungsriten zugeordnet sind, gehört auch die unter dem Gewand der Melancholie noch sichtbare Klistierspritze in diese Reihe, denn zu den wichtigsten gesundheitlichen Maßnahmen bei melancholischen Zuständen gehört die Sorge für die Reinheit des Körpers. Auf die eher günstigen Wirkungen des Saturns verweist die Waage, hinter der das astrologische Symbol zu sehen ist. In der Waage ist Saturn erhöht und entfaltet demzufolge in diesem Tierkreiszeichen seine positiven Kräfte.

Neben dem Saturn unterstehenden Gegenständen finden sich auf dem *Melancholie*-Stich auch solche, die seinem Gegenprinzip Jupiter zuzuordnen sind, so z. B. das Zahlenquadrat neben der Sanduhr an der Mauer des Gebäudes, vor dem sich der weibliche Genius niedergelassen hat. Es ist ein magisches Quadrat, das, gleich in welcher Richtung man die Zahlen addiert, immer wieder dieselbe Summe ergibt, in diesem Fall 34, die Zahl Jupiters. Dieses Quadrat hat die Funktion eines Talismans, der gegen den gefährlichen Saturneinfluß wirkt, indem er die entgegengesetzten jovischen Kräfte vermittelt. In der gleichen Richtung soll der Kranz auf dem Haupt der Melancholie wirken, der aus Liebstöckl, einer Jupiterpflanze, besteht, indem er seine heilenden Kräfte gegen den krankhaft melancholischen Zustand entfaltet. Vielleicht ist die Jupitersymbolik auf dem *Melancholie*-Stich nicht nur im Sinn einer Gegenwirkung zu verstehen, sondern auch in dem eines Zusammenwirkens beider Planeten. In dem Humanistenkreis um Kaiser Maximilian tauchte die Frage auf, ob es ohne das Zutun des Jupiters überhaupt einen segensreichen Einfluß des Saturns geben könne. So ist der astrologischen Tradition entsprechend der Zusammenschein von Jupiter und Saturn, d. h. die Große Konjunktion, unter bestimmten Voraussetzungen als ausgesprochen günstig zu beurteilen, denn die Große Konjunktion wird als Christuskonstellation betrachtet. Es wäre zu überlegen, ob Dürer mit der Symbolverknüpfung auf dem *Melancholie*-Stich eine Große Konjunktion im Zeichen der Waage, dem Ort der Erhöhung des Saturns, gemeint hat.[141]

Außer Saturn und Jupiter zugeordneten Symbolen finden sich auf dem Stich auch solche des Merkur: das Buch, der auf ein Täfelchen schreibende Putto, der Hund. Merkur beherrscht Sprache und Schrift, zudem unter den Lebensaltern das 7.–14. Jahr, was sich auf den Putto beziehen könnte. Allerdings wäre hier auch eine Deutung als Amor möglich, vor allem dann, wenn man die über dem geflügelten Kind befindliche Waage, ein Tierkreiszeichen der Venus, dazu in Beziehung setzt. Da mit Amor auch die zu Gott zurückstrebenden Kräfte gemeint sind, kann er als Ausdruck höchster spiritueller Impulse und damit als Möglichkeit betrachtet werden, die niedere Form der Melancholie zu überwinden, um die schöpferische Intuition freizusetzen, die vonnöten wäre, das quälende Chaos um die Frauengestalt zu ordnen und in Kosmos zu verwandeln. Auffallend ist die selbstvergessene Hingabe des Knäbleins an seine Tätigkeit. Unberührt von der Zerrissenheit, wie sie von der weiblichen Gestalt ausgeht, und der Disharmonie ihrer sich als Provisorium darstellenden Umgebung sitzt es auf dem kostbaren, über den Mühlstein gebreiteten Tuch, in seiner tiefen Versunkenheit Frieden und Trost wie eine Verheißung ausstrahlend. Ein möglicher Widerspruch zwischen seiner Deutung als Venus- oder Merkursymbol löst sich auf, wenn man den Mythos des göttlichen Kindes in die Interpretation mit einschließt, nach dem sich der Amorknabe und das Merkurkind begegnen. So kennt die Mythologie auch eine verwandtschaftliche Beziehung der beiden Götter, wenn sie berichtet, Hermes hätte mit Artemis, nach einer anderen Variante mit Aphrodite, den Eros gezeugt.[142]

Links zu Füßen der Melancholie, zwischen den stereometrischen Körpern hat sich der Hund zusammengerollt niedergelassen. Man kann ihn als ein dem Merkur zugeordnetes Tier deuten, das eine Beziehung zur höheren Form der Melancholie besitzt. Er ist schlafend dargestellt, weil ein Augenblick wiedergegeben wird, in dem die saturninen Kräfte voll wirksam sind. Nach Horapollon ist der Hund ein besonders begabtes Tier, zugleich ist er gefährdet, da er in Depressionen verfallen und tollwütig werden kann. Auch bei Agrippa ist der Hund ein Tier Merkurs. Er hat Ähnlichkeit mit einem forschenden Menschen, der sich immer wieder auf der Jagd befindet, weil er nach neuen Erkenntnissen sucht. Nach Ficino wird Saturn durch den beweglichen Merkur zu seinem tiefen Wissen angetrieben.[143]

Die an dem fensterlosen Gebäude lehnende siebensprossige Leiter gehört noch in die Symbolik der Astrologie, weist aber bereits über sie hinaus. Es handelt sich hier um ein altes Einweihungssymbol für den Weg der Seele durch die sieben Planetensphären.

Eine dritte Bedeutungsschicht des Blattes ist durch das Gedankengut der Alchimie gegeben. Erst hierin eröffnet sich eine tiefere Dimension. Das Patronat über die Alchimie hat seit alters Merkur, doch wird der Alchimist auch von Saturn, d.h. vom höheren Saturn, beeinflußt. Der am Meeresufer befindliche Feuertopf sowie das Meer selbst und der darüber ausgespannte Regenbogen lassen sich ausreichend nur mit Hilfe der Alchimie erklären, auch der Putto und der Polyeder haben eine Beziehung zur alchimistischen Symbolik. Polyeder, Kugel und Zirkel sind zum einen Sinnbild der Saturn zugeordneten Geometrie. Andererseits handelt es sich bei Kugel und Polyeder um alchimistische Symbole, nämlich um die prima materia, hier durch den Polyeder verdeutlicht, die erst zur Vollkommenheit, ausgedrückt durch die Kugel, geläutert werden muß. Einige Symbole dürften Anspielungen auf die einzelnen Phasen des alchimistischen Werkes enthalten. Die für die Gerinnung oder Coagulatio stehende eingerollte Schlange ist dem Merkur zugeordnet. Auch der Hund, das Merkurtier, hat sich zu einer Kreisfigur zusammengerollt. Flügel können Sublimation bedeuten. Sowohl die Melancholie als auch der Putto besitzen Flügel. Dazu kommt noch die Fledermaus. Mit Fledermausflügeln wurde häufig der Hermaphrodit, Symbol für die Vereinigung der Gegensätze, wiedergegeben. Der Regenbogen deutet auf den sich im Verlauf des alchimistischen Prozesses bildenden Pfauenschweif. Die Krönung des Werkes, die Quintaessentia, könnte durch das helle Saturn-Gestirn ausgedrückt sein. Das Kind und das Mühlrad fallen einmal unter die Mondsymbolik, haben jedoch zum anderen Bezug zur Alchimie. So verweist das Kind auf das sogenannte »ludus puerorum« in der Alchimie (s. S. 85), der Mühlstein auf die Zerkleinerung des Ausgangsstoffes – wobei noch einmal an Giorgiones Gemälde *Die drei Philosophen* erinnert sei, auf dem sich eine Mühle inmitten der Landschaft befindet, ziemlich genau im Schnittpunkt der Diagonalen. Die Waage wiederum ist Ausdruck für das Ziel, die Läuterung, sowie für das vollkommene Gleichgewicht aller Prinzipien des Seins in gereinigtem Zustand und damit für den eigentlichen Sinn des Großen Werkes. In diesem Zusammenhang ist auch die Leiter ein Symbol für Aufstieg und Läuterung. Auf den in der Alchimie notwendigen Fäulnisprozeß, die nigredo, deutet die Dunkelheit des Antlitzes der Melancholie, der Feuertopf auf den Prozeß der Reinigung, während das Meer Symbol der Wandlung, des eigentlichen Ziels der Alchimie, sein kann.[144]

In Verbindung mit Giorgione hat man sich Gedanken über die möglichen Hintergründe der Dürerschen *Melancholie* gemacht, wobei auf die Bauhütten- und Zunfttradition verwiesen wurde, in der die noch heute lebendigen Lehrbilder der Astrologie und Alchimie wirksam waren. Da diese Lehrbilder im allgemeinen nur von Eingeweihten verstanden werden konnten, ist anzunehmen, daß Dürer wie auch schon Giorgione sich an eine Gemeinschaft von solch Wissenden gewandt habe. Unter diesem Gesichtspunkt könnte die *Melancholie* also ein Meditationsbild sein, das Dürer von einer Art Geheimgesellschaft in Auftrag gegeben wurde. Unter Umständen sollte es im Sinn der Talismanmagie auch dazu dienen, die wohltätigen Einflüsse der Gestirne, hier des Jupiter und des höheren Saturn, anzuziehen. Auch Kaiser Maximilian hat man als Auftraggeber angenommen, der sich selbst als ein höherer Saturnier verstand. Aby Warburg wiederum weist auf einen geheimen Augurenbund hin, dem auch Melanchthon, Carion, Camerarius, Gauricus, Faust, Sebastian Brant angehört haben, also Männer aus dem Umkreis Dürers. Die Anregung kann durchaus auch von einem solchen Kreis gekommen sein, wie er von der Kunstgeschichte noch zu wenig beachtet wurde:

> *Akademien und weltliche Sodalitäten, als geschlossene Gesellschaften mit ›hermetischem‹ mysterienbündischen Einschlag, bilden das von der Kunstgeschichte völlig unbeachtete soziologische Bindeglied zwischen Renaissancegnosis und bildender Kunst. Sie waren Hüter und Pfleger der Lehrbilder, Zeichen und symbolischen Vorstellungen. Sie unterhielten mannigfache Beziehungen zu Kunst und Künstlern und treten im 15. und 16. Jahrhundert neben der Kirche erkennbar als Besteller und Anreger der Graphik und Malerei hervor.*[145]

Da es sich bei *Melencolia I* wie auch bei den beiden anderen Meisterstichen um einen reproduzierbaren Kupferstich handelt, war von vornherein eine breitere Schicht angesprochen als von den Gemälden Botticellis und Giorgiones bzw. von Raphaels Fresken. Damit aber blieb das humanistische Gedankengut nicht auf die sogenannten Eingeweihten beschränkt.

Schließlich soll noch auf eine letzte, aus dem Christentum stammende Bedeutungsschicht hingewiesen werden. Der geflügelte Knabe umfaßt in der alten Vorstellung des »göttlichen Kindes« auch den Gedanken der Christusgeburt unter der Großen Konjunktion, eine Konstellation, die in dem Blatt vielleicht mit enthalten ist. Die am Boden verstreuten Nägel sowie die Zange unter dem Gewand der Melancholie können auf die Passion Christi, d. h. auf seine Erlösungstat, hinweisen, die im alchimistischen Sinn auch durch das Große Werk symbolisiert werden kann. Christus wird in der Alchimie als »lapis«, das ist der Stein der Weisen, bezeichnet. Unter diesem Gesichtspunkt würde die astrologische und alchimistische Symbolik in dem Verweis auf die Passion Christi, die sich mit dem Gedanken an die Transmutation verknüpfen läßt, wieder zusammenfließen. Damit leuchtet zugleich der andere Pol der Erkenntnis, um den es im *Melancholie*-Stich geht, auf, nämlich der Glaube. In ihm kann die Gnade wirksam werden, durch die der um Erkenntnis ringende Mensch seinem Ziel näher geführt wird.[146]

Trotz der Vielfalt seiner schwer deutbaren Einzelsymbole eignet dem *Melancholie*-Stich, in dem Dürers Kunst höchste Vollkommenheit entfaltet, nichts Kleinteiliges. In einer großen Gesamtschau offenbart er eine Gemütsverfassung, welche die ganze Qual und Schicksalhaftigkeit einer Sternstunde des schöpferischen Genius enthält, wenn er von höchster Spannung durchdrungen ist, die der Freisetzung schöpferischer Kräfte voranzugehen pflegt. Ungeordnet sind die Probleme vor dem weiblichen Genius ausgebreitet, der vor der Aufgabe, hier eine Kontinuität zu schaffen, in einer zwanghaften Grübelei beinahe resigniert. Das offene Meer ist verbaut, vor allem von dem großen, unbearbeiteten und unüberwindbar erscheinenden Stein. Obwohl an Land, unweit des Ufers sitzend, wirkt die mächtige Frauengestalt wie isoliert hinter dem mauerartigen Gebäude, bedrängt durch die verwirrende Vielfalt rätselhafter Gegenstände, Möglichkeiten, die noch ungenutzt eher Pein als Hoffnung verursachen. Ein grelles Licht fällt von rechts auf das faltenreiche Gewand der Frau, harte Kontraste schaffend, in denen der kostbare Stoff aufblitzt. Dazu läßt das kosmische Spiel von Gestirn und Regenbogen über dem Meer ein fahles Licht vom Hintergrund aus ins Bild dringen, so daß sich auch in der Beleuchtung das Extreme und Bedrohliche des Seelenzustandes offenbart, von dem die machtvolle und gewaltige Frauengestalt gefangengehalten wird. Doch läßt sie keinen Zweifel darüber aufkommen, daß sie sich auf ihren Schwingen erheben wird, sobald sie sich ihrer schöpferischen Potenzen bewußt geworden ist. Die sie umgebenden Gegenstände verweisen auf die verschiedenen, in den Akademien gepflegten Disziplinen, die durch Theorien und intellektuelle Bemühungen allein wohl kaum zu meistern sind. Das Buch auf dem Schoß der Melancholie ist geschlossen, den Zirkel hält sie eher achtlos. Um so emsiger schreibt der Putto auf sein Täfelchen, ganz aus seiner unmittelbaren Intuition heraus. Der weibliche Genius ist am Ende eines Weges angelangt, der, um nicht in eine Sackgasse zu geraten, eine zu vollziehende Wende verlangt. Es geht darum, vom Wissen zur Erkenntnis und von der Erkenntnis zur Einsicht und Ganzheit fortzuschreiten.

Zuletzt soll nochmals an Dürers eigenes Horoskop erinnert werden, das er gekannt hat und das ihn bei seiner Arbeit am *Melancholie*-Stich vielleicht inspirierte. Aufgrund seines Geburtsbildes mit einer Konjunktion von Sonne und Saturn im Haus der Berufung konnte sich Dürer als höherer Saturnier auffassen und damit als von dem Planeten geprägt, der ein Patronat über die Wissenschaften und hermetischen Künste ausübt und der Vermittlung von Erkenntnis und Weisheit dient.

Ritter, Tod und Teufel

Dürers Kupferstich *Ritter, Tod und Teufel* (Abb. 56) gehört formal in die Nähe der Proportionsstudien. Gipfelte die Auseinandersetzung des Künstlers mit der menschlichen Gestalt im *Adam und Eva*-Stich, so schuf er hier die idealen Proportionen des Pferdes, als dessen Vorstufen das *Große* und das *Kleine Pferd* von 1505 zu betrachten sind. Dem Ritter liegt die Trachtenstudie nach einem Reitknecht von 1498 zugrunde, die unmittelbare Studie zu Roß und Reiter enthält ein Blatt mit je einer Federzeichnung auf der Vorder- und Rückseite, entstanden wohl ebenfalls im Jahr 1513. Die großen Vorbilder des Kupferstichs stellen die Reiterdenkmäler Italiens dar, der *Colleoni* von Verrocchio in Venedig und der *Gattamelata* von Donatello in Padua; der unmittelbare Einfluß dürfte von einer Leonardo-Zeichnung ausgegangen sein, die zu den Entwürfen des Reiterdenkmals des Francesco Sforza gehört.[147]

Ikonographisch steht der Kupferstich in der Tradition des »miles christiani«, die bis auf die Verkündigung des Ersten Kreuzzugs auf dem Konzil von Clermont im Jahr 1095 zurückreicht. Durch den Konflikt mit dem Islam nahm das Christentum eine kämpferische Note an, welche die Entwicklung der Idee des christlichen Ritters begünstigte. Die unmittelbaren Vorbilder stellen der Erzengel Michael, Bezwinger Luzifers, und der hl. Georg, der Drachentöter, dar. Die Bildvorstellung des »miles christiani« begegnet häufig in Holzschnitten des 15. Jahrhunderts. Auch unter den berühmten Fresken des Kreuzgangs am Dom von Brixen ist sie enthalten, und zwar in der zwischen 1390 und 1410 ausgemalten 10. Arkade, die das Thema der Tugenden und Laster zum Inhalt hat. Hier befindet sich der »christliche Held«, dessen Aufgabe es ist, das Böse zu bekämpfen und sich für das Gute einzusetzen, an der Pfeilerwand.

In übertragener Bedeutung kann jeder Christ ein Gottesstreiter gegen die finsteren Mächte sein. Gerade in der von religiösen und sozialen Problemen beherrschten Dürerzeit hatte diese Idee eine besondere Aktualität und fand auch Eingang in die zeitgenössische Literatur. So verfaßte Erasmus von Rotterdam (1469–1536) 1503 die Schrift »Enchiridion militis Christianis«, die allerdings erst durch die zweite Auflage von 1518 weitere Verbreitung fand. Auch wenn ein unmittelbarer Einfluß dieser Schrift auf den Dürer-Stich zweifelhaft ist, spiegelt sie doch den geistigen Hintergrund, vor dem er entstand. Ulrich von Hutten (1488–1523) hat sich mit der Idee des christlichen Ritters ebenfalls auseinandergesetzt, dessen Tugenden er in Wahrheit, Gerechtigkeit, Tapferkeit, Glaube, Befolgung des Gotteswortes sah. Dürer nahm dazu selbst Stellung, als sich anläßlich der Entführung Luthers auf die Wartburg das Gerücht von dessen Ermordung verbreitete, indem er an Erasmus schrieb: »Hör, du ritter Christi reith hervor neben den herrn Christum, beschütz die wahrheit, erlang der martärer cron.«[148]

Eine wichtige Bibelstelle, die gern herangezogen wurde, wenn es um die Gleichsetzung der Tugenden des christlichen Ritters mit seiner Ausrüstung ging, ist Eph. 6, 10–18:

> *10.* Im übrigen werdet gekräftigt im Herrn und in der Macht seiner Stärke.
> *11. Ziehet die ganze Waffenrüstung Gottes an, damit ihr den listigen Anschlägen des Teufels standhalten könnt!*
> *12. Denn unser Ringkampf geht nicht wider Fleisch und Blut, sondern wider die Gewaltigen, wider die Mächte, wider die Beherrscher dieser Welt der Finsternis, wider die Geisterwesen der Bosheit in den himmlischen Regionen.*
> *13. Darum ergreifet die ganze* Waffenrüstung *Gottes, damit ihr am bösen Tage Widerstand leisten und alles vollbringen und standhalten könnt.*
> *14. So haltet nun stand, an euren Lenden gegürtet mit Wahrheit und angetan mit dem* Panzer *der Gerechtigkeit*
> *15. und beschuht an den Füßen mit Bereitschaft für das Evangelium des Friedens,*
> *16. und ergreifet bei dem allem den* Schild *des Glaubens, mit dem ihr alle feurigen Pfeile des Bösen werdet löschen können!*
> *17. Und nehmet an euch den* Helm *des Heils und das* Schwert *des Geistes, welches das Wort Gottes ist!*
> *18. Mit allem Gebet und Flehen betet zu jeder Zeit im Geiste, und seid hierzu wach mit aller Beharrlichkeit und Fürbitte für alle Heiligen, ...*

Dürers von den Dämonen aus dem Reich der Finsternis, von Tod und Teufel umringter Ritter kann durchaus in geistiger Verbindung

56 *Ritter, Tod und Teufel*, Kupferstich, 1513

mit diesem Bibeltext gesehen werden. Er entstand in einer Zeit gewaltiger sozialer Umschichtungen, denen nach und nach auch das Rittertum zum Opfer fiel. Dürers Blatt stellt gewissermaßen eine letzte Apotheose der Ideale dieses Standes dar, denen auch Kaiser Maximilian als der »letzte Ritter« noch anhing und die in Dürers Stich eine Transzendierung erfahren, denn sein Ritter muß sich mit Mächten auseinandersetzen, die nicht von dieser Welt sind.

Die Gestalt des Todes hatte Dürer bereits vor der Entstehung von *Ritter, Tod und Teufel* bewegt. In einem Kupferstich von 1496 schleicht der Tod einem lustwandelnden Liebespaar nach, in der Federzeichnung von 1498 stürzt er sich auf einen Reiter, und in der Kohlezeichnung *Memento mori* von 1505 reitet er als König Tod auf einem dürren Klepper, um dessen Hals ein Totenglöckchen baumelt, ähnlich dem, das die Schindermähre auf dem Kupferstich trägt. Hinter der Teufelsvision mag sich noch die Bildvorstellung der Versuchung des hl. Antonius verbergen, wie sie besonders eindrucksvoll Martin Schongauer (um 1450 – 1491) gegen 1475 gestaltet hat. Gegen diese Dämonen hat sich der Streiter Christi durchzusetzen, in dem sich neben den Angehörigen des ritterlichen Standes, vor allem der Ordensritter, jeder Christ wiedererkennen kann.

Der Kampf gegen die höllischen Mächte hatte zur Dürerzeit einen hohen Stellenwert. Es war eine verwirrende Zeit, in sich zerrissen durch Glaubensspaltungen, Ketzerkämpfe, soziale Unruhen und geplagt von Seuchen sowie Hungersnöten. Zu den um die häretischen und reformatorischen Bewegungen entbrennenden Glaubenskämpfen kam die Massenhysterie des Hexenwahns, der auch unschuldige Menschen zu Tausenden geopfert wurden. Niemand war vor einer entsprechenden Denunziation sicher. Zudem gelang es nur wenigen, in dem Dickicht des Aberglaubens einen klaren Standpunkt zu beziehen, denn das Hexenwesen bestand durchaus nicht nur in der Phantasie fanatischer Kleriker. Viele Menschen wandten sich an Hexen, wenn es galt, ihre eigenen Ziele zu erreichen. Magische Mittel, denen man eine hohe Wirksamkeit zuerkannte, dienten den verschiedensten Zwekken. So waren Liebes- und Schadenzauber an der Tagesordnung. Die Hexen, zumeist drogenkundige Frauen, brauten Gift- und Rauschtränke. Ihre Zusammenkünfte, Einweihungszeremonien und Hexensabbate waren nicht frei erfunden, sondern fanden tatsächlich statt. Die Geständnisse der Hexen waren nicht nur das Resultat von Folterungen in den Verliesen der Inquisition, sondern teilweise auch Schilderungen psychischer Ausnahmezustände, die durch Drogen verursacht wurden. Zahllose Rezepte sogenannter »Hexensalben« sind überliefert, meist auf der Basis von Bilsenkraut, Stechapfel und Tollkirsche, Substanzen, die halluzinatorische Erscheinungen hervorrufen können, wie sie in den Erzählungen vom »Hexenritt« überliefert sind. Da die medizinischen Zusammenhänge zwischen diesen Erlebnissen und den Rauschdrogen nicht erkannt wurden, hielt man die Walpurgisnacht und andere Phänomene für real. Halluzinationen wurden auch deshalb nicht als solche durchschaut, weil die Kirche sie gelegentlich dann tolerierte, wenn sie im Gewand göttlicher Visionen auftraten. Doch auch der Visionär konnte in den Verdacht der Teufelsbündelei geraten, wenn sich seine Gesichte als Truggebilde unreiner Dämonen entlarven ließen. So hatte es der ernsthaft Suchende schwer, Klarheit auf diesem Gebiet zu erlangen und die »Scheidung der Geister«, wie sie die Kirche verlangte, zu vollbringen, d. h. göttliche Inspiration und teuflische Besessenheit in ihrer wahren Natur zu erkennen. Angst und Ratlosigkeit steigerte die Brutalität und

57 *Die vier Hexen*, Kupferstich, 1497

Grausamkeit der Hexenverfolgungen. Oft war die Frage danach, wes Geistes Kind man war, unlösbar, so daß sich viele Menschen in der Sorge um das Heil ihrer Seele auch durch Selbstbezichtigungen ins Unglück stürzten. Von der allgemeinen Verwirrung waren auch die gelehrten Akademiker nicht ausgenommen, pflegten sie doch mit großem Eifer die erlaubte »weiße Magie«, die allzuleicht in ihr Gegenteil, die »schwarze Magie«, umschlagen konnte. Diese Zeitproblematik hat sich in zahlreichen Blättern aus Dürers graphischem Werk niedergeschlagen.[149]

Das in diesem Zusammenhang bekannteste Beispiel ist wohl Dürers berühmter *Hexen*-Stich von 1497 (Abb. 57). Er zeigt in einem zwar streng konstruierten, doch rational nicht auflösbaren Raum vier nackte weibliche Gestalten, in deren Mitte am Boden ein Totenschädel liegt. Neben dem Fuß der rechten Frau ist ein Röhrenknochen zu erkennen, und aus dem Türspalt links lugt ein Teufelswesen hervor. Die Häufung von saturninen Symbolen fällt auf – die Vierzahl, der Totenschädel, der Knochen, der Dämon, der scheinbar klare und doch undurchschaubare Raum. Dies alles sowie die Nacktheit der Frauen deutet darauf hin, daß es sich um die Szene einer schwarzmagischen, dem Saturn unterstehenden Zeremonie handelt. Vielleicht ist ein Initiationsritus zur Aufnahme in einen Hexenbund gemeint. Rätselhaft bleibt die Kugelform über den Frauen mit der Inschrift »OGH«, die zu den widersprüchlichsten Deutungen Anlaß gegeben hat und die, obwohl an pflanzliche Formen erinnernd, einen mehr anorganischen Charakter besitzt. Da bei magischen Ritualen oft Drogen verwendet wurden, liegt es nahe, dieses fruchtähnliche Gebilde als ein Räuchergefäß zu deuten, ähnlich einem Profumego, wie es in Venedig zur Räucherung mit Weihrauch und anderen wohlriechenden Kräutern Verwendung fand. Die Räucherung mit gifti-

58 Die Hexe, Kupferstich, um 1501/1502

gen, Halluzinationen hervorrufenden Drogen begleitete die meisten schwarzmagischen Handlungen, zu denen außer Liebes- und Schadenzauber auch Initiationsriten und die Vorbereitungen zum Hexensabbat gehörten.[150]

Bereits 1484 hatte Papst Innozenz VIII. die Bulle zur Verfolgung der Hexerei erlassen. Dabei spielte der berüchtigte »Hexenhammer« eine große Rolle, dessen Erstveröffentlichung in das Jahr 1487 fiel. Dieses Buch von Jakob Sprenger und Heinrich Institoris wurde auch in Nürnberg mehrere Male herausgegeben, so bei Dürers Paten Anton Koberger 1494 und 1496, bei Kaspar Hochfelder 1500 und bei Friedrich Peypus 1519. Es trug dazu bei, den Hexenwahn zu verbreiten und die Verfolgungen noch zu forcieren.[151]

Dürer muß von diesen Entwicklungen tief beeindruckt gewesen sein, denn er setzte sich mit dem Hexenproblem wiederholt in seinem Schaffen auseinander, so auch in dem Kupferstich *Die Hexe* von 1501/02 (Abb. 58), der eine besondere Form des Schadenzaubers zum Inhalt hat, nämlich die Wettermacherei, die den Hexen oft zur Last gelegt wurde, wenn z. B. eine Naturkatastrophe zur Vernichtung der Ernte geführt hatte. Die Szene spielt im Freien. Rechts oben in der Ecke des Blattes ist ein Hagelschlag angedeutet. Die Hexe sitzt verkehrt auf einem durch die Luft reitenden Bock und hält einen Besen in der Linken. Das verkehrte Sitzen ist ein Hinweis darauf, daß im Reich Satans alles verkehrt einhergehen muß. Die im Vordergrund spielenden Putten sind auf die Alchimie zu beziehen, die hier in ihrem schwarzmagischen Aspekt gemeint ist, denn die Hexe steht mit dem Bereich der Hölle unmittelbar in Verbindung.

Eine Verwandtschaft zu dem älteren Hexenstich zeigt eine zwischen 1500 und 1502 entstandene, mit *Versuchung* betitelte Federzeichnung (Abb. 59). Das Bildmotiv steht dem der »Versuchung des hl. Antonius« nahe.

59 *Die Versuchung*, Federzeichnung, um 1500/1502

60 *Sturz des Simon Magus*, Federzeichnung, um 1500

Zwei Mönche, offenbar in eine fromme Beschäftigung vertieft, werden von einem Dämon mit einer Pansflöte durch erotische Phantasien abgelenkt, indem er ihnen das Bild einer schönen jungen Frau vorgaukelt. Die Pansflöte deutet auf seine Abkunft aus der heidnischen Götterwelt, er ist gleichsam der in die Hölle abgesunkene Pan. Die Szene spielt in einem Raum, der eine gewisse Ähnlichkeit mit dem des *Hexen*-Stiches von 1497 zeigt. Wie dort ist der Teufel durch die linke Tür eingetreten, doch befindet er sich bereits in unmittelbarer Gesellschaft mit den Mönchen, während er im *Hexen*-Stich gerade erst von den nackten Frauen beschworen wird. Sie lassen damit das Böse vorsätzlich ein; dagegen werden die Mönche ohne ihr eigenes Wollen von ihm bedrängt, und zwar mit Hilfe eines weiblichen Wesens. Die enge Beziehung zwischen Dämon und Frau bzw. Teufel und Hexe ist augenscheinlich und gleichsam ein Ausdruck der durch die Hexenverfolgungen eskalierenden Verteufelung des weiblichen Geschlechts.

Wie tief dieses Problem im Bewußtsein der Zeitgenossen verankert war, beweist die Intensität, mit der Dürers Schüler Hans Baldung Grien (um 1485–1545) das Hexenthema in all seinen Varianten aufgenommen hat. Ebenso wie bei Dürer gibt es bei ihm die Wetterhexe, die in ihrem Kessel das Unwetter zusammenbraut; er zeigt Hexen beim Gebrauch der Hexensalbe, mit der sie sich zur Walpurgisnacht vorbereiten, er stellt sie dar, wie sie sich mehr oder weniger erfolgreich zum Flug durch die Lüfte anschicken und wie sie ihre Mitmenschen durch Schadenzauber verhexen. Stärker als bei Dürer spielt bei ihm das Moment des Erotischen eine Rolle. Seine Hexen sind häufig von verlockender Schönheit. Oft war diese der alleinige Grund für das Ende einer Frau auf dem Scheiterhaufen. Der Mann, seinen Trieben hilflos ausgeliefert, suchte gern Zuflucht bei der Vorstellung, der Reiz weiblicher Schönheit sei ein Blendwerk des Teufels, eine höllische Versuchung, der nur schwer zu widerstehen sei und die den Frommen vom Pfad der Tugend abbringt.[152]

Dennoch blieb der Hexenwahn nicht auf das weibliche Geschlecht beschränkt. Auch viele Männer mußten als »Hexer« den Weg zum Scheiterhaufen antreten. Das eigentliche männliche Gegenstück zur Hexe war jedoch der Magier, der trotz all seiner Gelehrsamkeit den »schwarzen Künsten« verfiel. Auch dieser Gestalt hat Dürer in seinem graphischen Werk Ausdruck verliehen, und zwar in der um 1500 entstandenen Federzeichnung *Sturz des Simon Magus* (Abb. 60). Dürer illustriert hier die Erzählung von dem falschen Magier, der sich von Dämonen in die Luft erheben ließ und dann durch die Apostel Petrus und Paulus gestürzt wurde, indem sie die Dämonen bannten. Dieser Sturz verdeutlicht die mit der Ausübung der Magie verbundenen Gefahren für den Magier selbst, wenn er sich auf die Entfesselung finsterer Mächte einläßt. Auch Petrus und Paulus arbeiten mit magischen Mitteln, wenn sie, um den König von ihrer Lehre zu überzeugen, die Macht der Dämonen brechen und damit den Untergang des Schwarzmagiers bewirken. Sie vertreten den positiven Aspekt der Magie, die sogenannte »weiße Magie«. Doch nicht immer ist diese von der schwarzen Magie so klar zu unterscheiden wie im Fall des Simon Magus. Da die beiden Seiten der Magie oft fließend ineinander übergehen, ergibt sich eine ungeheure Ambivalenz. Hinzu kommt die Tatsache, daß auch die sogenannte »weiße Magie« z. T. aus antiken Quellen gespeist wurde und damit aus kirchlicher Sicht dem Heidentum allzu nahe stand. Dies wird in Dürers um 1495 entstandener Federzeichnung *Pupila augusta* deutlich (Abb. 61).

Die Zeichnung zeigt im Hintergrund eine mittelalterliche, am Meer liegende Stadt. Im Vordergrund ist ein am Ufer gelegener Bezirk

61 Pupila augusta, Federzeichnung, um 1496

durch einen Zaun abgeschieden, in dem sich drei Frauen aufhalten. Sie sind mit merkwürdigen Handlungen beschäftigt, während im Mittelgrund drei Mädchen auf einem Delphin über das Meer segeln, indem sie ein Tuch wie einen Baldachin über ihre Häupter breiten. Rechts neben der liegenden Frau, die einen Teller berührt, befindet sich ein Korb mit der spiegelbildlichen Inschrift »Pupila augusta«. Dies bedeutet »Erhabenes Mündel« und ist ein Ehrenname der jungen Aphrodite, die bei ihrer Ankunft am zyprischen Gestade von den Horen in Obhut genommen wurde. Aufgrund der Inschrift kann die über das Meer segelnde Gruppe als eine Venus-Allegorie gedeutet werden. Darauf verweisen auch die Putten im Korb sowie der Putto vorn rechts, der nach einem Hasen hascht. All dies sind Attribute der Venus. Eine Assoziation mit der *Geburt der Venus* stellt sich ein, obwohl diese Szene nicht gemeint sein kann. Unmöglich sind die drei Frauen im Vordergrund die drei Horen, denn keine von ihnen bereitet sich auf eine Begrüßung vor. Die an der linken Seite sitzende Frau erblickt die Mädchengruppe lediglich wie in einer Vision. Als Vorbild für die in den Teller schauende Frau und den Korb mit der Inschrift kann ein Stich aus Ferrara gedient haben. In diesem Zusammenhang ist auch ein Bericht von Philostrat d. Ä. über Nymphen zu erwähnen, die sich mit ihren spielenden Kindern in ihrem Heiligtum, einem Aphrodite geweihten Apfelgarten, an einem frischen Quell aufhalten. Auch an diese Schilderung erinnert die Dürer-Zeichnung, doch kann der rechte Baum am Zaun nicht ohne weiteres als Apfelbaum bezeichnet werden, und das Gewässer, über das die Mädchen segeln, ist kein Quell.[153] Nach Hartlaubs Deutung handelt es sich bei dem Blatt um eine Vision der drei Frauen, hervorgerufen durch verschiedene mantische Praktiken:

62 Thronender Greis mit Zepter und kniender Jüngling, Federzeichnung, um 1490/94

Wir haben hier ein kleines Beispiel für den großen geistesgeschichtlichen Prozeß, den man als die ›Entschälung‹ der klassischen Antike aus der spätantik-arabisch-christlichen mittelalterlichen Vermummung bezeichnet hat. ... Daß die Zeichnung mit der spiegelverkehrten Inschrift ›Pupila Augusta‹... mindestens eine wahrsagende Frau darstellt, hatte man bereits aus einem Bilde des Bacchiacca erschlossen, wo eine Wöchnerin ganz ähnlich aus einem in der Schale ruhenden Krystall die Zukunft zu lesen versucht. Die noch in der Renaissance oft erwähnte Praxis, durch Starren in ein Kristall, einen Spiegel, auf ein mit Wasser gefülltes Gefäß, einen polierten Fingernagel oder dgl., Bilder aus dem Unterbewußtsein aufsteigen zu lassen (sogenannte Krystallo-, Lekano-, Hydro-, Onychomantie usw.), die dann prophetisch ausgelegt werden können, findet sich als Motiv in der bildenden Kunst nicht ganz selten.[154]

Einige der von Hartlaub aufgeführten Künste werden von den drei Frauen auf dem Dürer-Blatt ausgeübt. Die ganz vorn auf dem Boden sitzende Frau betrachtet ihren Nagel, während die hinter ihr liegende in einen Teller blickt, den sie mit dem Zeigefinger ihrer rechten Hand berührt. Vermutlich ist er mit Wasser gefüllt. Nur die mehr im Mittelgrund sitzende Frau schaut die Vision unmittelbar. Das Interessante an dem Blatt ist die Verschmelzung von antikem Gedankengut mit dem mittelalterlichen Geist, was sich auch formal in dem Kontrast der bürgerlich und deutsch wirkenden Stadt zu der eher antik erscheinenden Szene mit den drei beinahe unbekleideten Frauen ausdrückt. Da ihr Tun weder auf eine Beschwörung von Dämonen, noch auf eine Art Schadenzauber oder Hexenritual zielt, können diese Frauen keine Hexen sein, sondern eher Seherinnen, deren Schau sowohl Vergangenes als auch Zukünftiges in die Sichtbarkeit holt.

63 *Fünf nackte Figuren*, Federzeichnung, 1516

64 Nackte Frau mit Fackel und andere Akte, Federzeichnung, 1514

Der Venuskult aus dem Umkreis der florentinischen Akademie war Dürer sicher bekannt. Möglicherweise sollen die drei Frauen auf die Venus humanitas verweisen, die auch in den nördlichen Breiten ihren Einzug halten wird.

Gerade die Zeichnung *Pupila augusta* ist ein Indiz dafür, daß Dürer einen entscheidenden Unterschied zwischen dem Zauber der Hexen und den mantischen Künsten erkannte. Letztere haben einen Bezug zur Magie, der positive Aspekte innewohnen, wenn sie weißmagisch aufgefaßt wird. Möglicherweise ist die Vorstellung der weißen Magie in dem seltsamen Blatt *Thronender Greis mit Zepter und kniender Jüngling* enthalten (Abb. 62). Aufgrund der orientalischen Kopfbedeckung des alten Mannes nimmt man an, er sei ein »chymischer Adept«. Auffällig ist, daß diese Kopfbedeckung derjenigen ähnelt, mit der auch Hermes Trismegistos gern wiedergegeben wurde (s. S. 33). Vielleicht handelt es sich bei dieser bereits zwischen 1490 und 1494 entstandenen Zeichnung um einen Einweihungsritus, dessen Bedeutung heute nicht mehr bekannt sein dürfte. Mit den beiden zum Fenster hereinblickenden Männern sind wohl Personen gemeint, die den Vorgang unbefugterweise belauschen.[155]

In einen auf die letzten Gedankengänge bezogenen Zusammenhang können zwei Blätter mit nackten Figuren gebracht werden, die nur schwer deutbar erscheinen. Das erste ist eine Federzeichnung (Abb. 63) von 1516 mit fünf nackten Figuren, die um einen gerade angezündeten Leuchter stehen. Man hat in diesem Blatt ein Neujahrsblatt sehen wollen, und zwar im Hinblick auf den Neubeginn nach einem saturnischen Zeitalter. In ähnlichem Sinn als Weltwende deutete man das zweite Blatt mit einer nackten, fackeltragenden Frau (Abb. 64) von 1514. Hier soll lediglich auf eine Gemeinsamkeit dieser erst nach *Ritter, Tod und Teufel* entstandenen Blätter verwiesen werden, nämlich auf die Lichtsymbolik. Das angesprochene neue Zeitalter und die Weltwende wären mit der Überwindung der dunklen Kräfte der schwarzen Magie zugunsten eines gereinigten magischen Denkens gleichzusetzen.[156] Hierzu bedarf es hoher sittlicher Tugenden und eines in sich gefestigten Charakters von klarem Urteil, wie er in *Ritter, Tod und Teufel* begegnet. Nur ein solcher ist in der Lage, sowohl den Irrtümern der Fanatiker als auch den Verlockungen eines magischen Sumpfes zu widerstehen, wie sie in Dürers Zeit lebendig waren.

Mit dem Kupferstich *Ritter, Tod und Teufel* (Abb. 56) schließt sich geistig ein Kreis, der mit dem frühen Holzschnitt *Gerson als Pilger* (s. S. 10 ff.) seinen Ausgang nahm. Indem Dürer den Hund, den traditionellen Begleiter des Pilgers, auch dem Ritter beiordnete, verknüpfte er die beiden Bildvorstellungen des »miles christiani« und des »christlichen Pilgers« miteinander. Im Gegensatz zur Wegrichtung Gersons reitet der Ritter nach links, doch wie dort erscheint hoch über ihm eine Burg; allerdings liegt sie ferner, auf einem gewaltigeren Berg. Der Ritt führt durch ein Gebirge, das im Vergleich zu der Hügellandschaft auf dem *Gerson*-Blatt schroffer und dramatischer aufgefaßt ist. Hat sich der Pilger mit dem Wappen auf den Weg des Wissens begeben, desselben Wissens, um das der Genius auf dem *Melancholie*-Blatt ringt, so nimmt der Ritter eine Bewährungsprobe auf sich, die zu bestehen ein hohes Maß an Bewußtheit voraussetzt.

Verglichen mit dem frühen *Gerson*-Blatt schließt der Meisterstich *Ritter, Tod und Teufel* des Künstlers Begegnung mit der italienischen Renaissance ein. Ganz vom nördlichen Geist geprägt ist die beinahe romantisch zu nennende Landschaft mit der Burg und den Spukgestalten auf dem Weg des Ritters. Pferd und Reiter haben der Formenwelt der Renaissance Italiens viel zu verdanken. Die aus der nördlichen und südlichen Welt empfangenen Impulse fügte der Künstler zu einem Blatt gespannter Geschlossenheit, das in seiner herben Kompromißlosigkeit den Geist des deutschen Humanismus eingefangen hat. Den Ritter führt kein Schutzengel mehr wie Gerson, vielmehr ist es der Tod, der ihm in der Schlucht auflauert. Ganz auf sich gestellt, souverän auf dem kraftvollen und edlen Pferd sitzend, schaut er mit verhalten selbstbewußtem Lächeln vorbei an dem Stundenglas, das ihm das fahle, halb verweste Phantom entgegenhält, um dessen gekröntes Haupt sich Schlangen kräuseln. Es ist König Tod, der, wie die Totentänze zeigen, eine unbestrittene Macht über die Welt ausübt. Auch andere Bildvorstellungen, z. B. das Gleichnis der Begegnung zwischen den Lebenden und Toten oder der Triumph des Todes, sind hier noch lebendig. Doch aufrecht trabt das mit einem Eichenbüschel, dem Zeichen der Stärke, geschmückte Pferd weiter, während sich die Mähre des Gespenstes zum Weg hinabbeugt, wo ein Totenschädel liegt. Der Gepanzerte, mit einem Schwert Gegürtete, umfaßt entschlossen den Speer und greift die Zügel knapp, wissend um eine Stunde voller Prüfungen, die sein untadeliger Geist zu bestehen hat. Neben ihm, die Nase nach vorn ausgestreckt und die Ohren flach angelegt, läuft der Hund, hier den feineren Instinkt ausdrückend, der mithilft, die Situation zu meistern. Ein ekles, halb schweins-, halb wolfsgesichtiges Dämonenwesen mit Bocksfüßen und einem spitz aufgerichteten Horn rührt mit seiner Krallenhand den Ritter im Rücken an. Doch nichts deutet darauf hin, daß der Gepanzerte diesen Angriff des Teufels zur Kenntnis nimmt. Seine unbeirrte Haltung macht die Dämonen zu wesenlosen Gespenstern. Unter den Hufen seines Pferdes huscht eine Eidechse hinweg, die als ein Sonnentier und als ein Sinnbild der Sehnsucht der menschlichen Seele nach Gotteserkenntnis gilt.

Die Lichtquelle im Blatt ist links vorn zu denken. Sie läßt das Fell des Pferdes, das Zottelhaar des Hundes, den prachtvollen, mit Akribie ausgearbeiteten Harnisch, das Hemd des Todes, das Teufelsgesicht und den Felsen aufleuchten, in der Dämmerung der Schlucht Kontraste schaffend. Die Burg auf dem fernen Berg liegt im hellen Tageslicht, in dem sich zickzackförmig der Weg abzeichnet, der zu ihr führt. Ihn wird der Ritter erreichen, sobald er mitten durch die Schlucht und um den starrenden Felsen geritten ist. Es ist eine Atmosphäre um ihn, die an die Sage von Parzifal und die Gralsburg denken läßt, auch wenn nicht davon ausgegangen werden kann, daß Dürer diese Anspielung beabsichtigte. Die Gewißheit innerer Führung spricht aus dem von Reichtum an Lebenserfahrung geprägten, gereiften Antlitz des Ritters mit den festen Zügen. Beim Vergleich mit *Melencolia I* fällt auf, wieviel gespenstischer jenes Blatt ist, das keine Dämonen enthält, sondern nur die Fülle von Rätseln um die Frauengestalt, deren jugendliches Antlitz von Ratlosigkeit gezeichnet ist. Eine solche Ratlosigkeit kennt der Ritter nicht; er hat keine Rätsel zu lösen, und er läßt sich von den Dämonen nicht bedrängen. So wirkt das Blatt, das Tod und Hölle zur Erscheinung bringt, nicht eigentlich unheimlich. Vielmehr strahlt es die Zuversicht des Ritters aus, der seines Sieges sicher ist. Der chaotisch anmutenden Dingwelt auf dem *Melancholie*-Stich steht hier eine große, geschlossene und blockhafte Konzeption gegenüber. Meisterhaft hat es Dürer auch verstanden, die Verschiedenartigkeit des Materials herauszuarbeiten, das Fell der Tiere, das Metallische der Rüstung, die Härte des Felsens. Diese Unterscheidung der Stoffe ist ein wesentliches Element der Komposition, das es ermöglicht, in der Einheitlichkeit des Gesamtblattes die Unterschiede der Details zu erkennen. Das Ergebnis ist Größe und Klarheit bei aller Mannigfaltigkeit.

Wenn dieses Blatt gern mit dem zweiten Grad des Saturniers in Verbindung gebracht wird, hat dies durchaus seine Berechtigung. Im Gegensatz zur *Melancholie*, die als Repräsentantin des ersten Grades gelten kann, ist der Ritter ein Mann mittleren Alters, der die Phase des Spekulativen überwunden hat und als Mensch der Tat um das rechte Handeln aus dem rechten Geist heraus weiß. Mit den Dämonen am Abgrund wandelnd, ist er dem Gesetz des Saturns unterstellt. Doch weiß er um diese Ursituation des Menschen und meistert sie in hoher Bewußtheit. Seine Konsequenz und die Reinheit seines Tuns machen ihn zum Saturnier der höheren Art, der die schicksalshafte Stunde beherrscht und dabei die Voraussetzung schafft, seine Gratwanderung durchzustehen, um das in fernem Licht liegende Ziel zu erreichen.

Hieronymus im Gehäus

Hieronymus, einer der vier großen Kirchenväter, ging in die Geschichte als Schöpfer der lateinischen Bibelübersetzung ein, der Vulgata. Sein Begleittier ist der Löwe, der ihm aus Dankbarkeit dafür diente, daß ihm der Heilige einen Dorn aus der Tatze zog. Die Legende erzählt, Hieronymus sei, von Anfechtungen versucht, in die Wüste gegangen und habe dort gebüßt, indem er, vor einem Kruzifix kniend, sich mit einem Stein an die Brust schlug. Erst die Legende des 15. Jahrhunderts machte ihn zum Kardinal. Hieronymus wurde in der mittelalterlichen Kunst häufig dargestellt, sei es, wie er dem Löwen den Dorn aus der Tatze zieht, sei es als Büßender oder als Gelehrter bei der Bibelübersetzung in seiner Studierstube.

Auch Dürer nahm dieses Bildmotiv wiederholt auf. Ein Holzschnitt von 1492 zeigt Hieronymus, der dem Löwen den Dorn auszieht, in seiner Studierstube. Von 1511 gibt es einen Holzschnitt, der ihn in der Zelle bei der Bibelübersetzung sichtbar werden läßt, also eine Vorform zu dem Stich *Hieronymus im Gehäus*. Bereits auf diesem Blatt sitzt er an einem mit einem Kruzifix versehenen Schreibpult, das Tintenfaß zu seiner Linken. Auf einer Bank liegt ein auf ein Kissen gebettetes Buch, wohl die Bibel, auch ein Bücherbord ist vorhanden, ebenso das Gerät an der Wand sowie die Sanduhr. Damit enthält dieser Holzschnitt bereits viele Elemente, die auf dem Meisterstich wieder begegnen. Eine Kaltnadelradierung von 1512 zeigt den büßenden Hieronymus in einer Felslandschaft, die Hände betend über Büchern gefaltet; links ist der schlafende Löwe zu sehen, auch das Kruzifix und das Tintenfaß fehlen nicht. Noch nach dem Meisterstich von 1514 gestaltete Dürer dieses Thema, und zwar in dem Gemälde *Hl. Hieronymus* von 1521, das sich im Museo del Arte Antiqua in Lissabon befindet. Hier beschränkt sich der Künstler auf das Notwendigste. Hieronymus sitzt vor den Büchern, zu seiner Linken liegt ein Totenkopf, auf den er zeigt, daneben ein Tintenfaß, rechts neben ihm ein Kruzifix. Alle Details sind nun weggefallen, der Raum ist nur angedeutet, der Heilige, ein würdiger alter Mann, nicht mehr in ganzer Gestalt, sondern mehr als Porträt wiedergegeben.

Unter Dürers Hieronymus-Darstellungen bildet der Meisterstich von 1514 einen Höhepunkt (Abb. 65). Der Heilige befindet sich in einem Innenraum, der getreu nach den während der Renaissance, insbesondere von Alberti erarbeiteten Gesetzen der Perspektive konstruiert ist. Doch darf diese technische Perfektion nicht als Selbstzweck verstanden werden; vielmehr erscheint sie ganz in den Dienst einer höheren Gesetzmäßigkeit gestellt, welche die Idee des Kosmos repräsentiert. Damit bildet das Blatt einen Gegenpol zum *Melancholie*-Stich mit seiner chaotisch erscheinenden Dingwelt. Im *Hieronymus*-Stich ist jedem Gegenstand sein ihm angemessener Platz zugewiesen. Nichts drängt sich hervor, alles ist sinnvoll in das Ganze eingeordnet, wobei die Gefahr, in Kleinteiligkeit und Pedanterie zu verfallen, vermieden ist. Meisterhaft hat es der Künstler verstanden, eine wohlgeordnete, aufgeräumte und dabei großzügige Innenarchitektur zu gestalten. Auch die bereits in dem Kupferstich *Ritter, Tod und Teufel* beobachtete Liebe zum Detail und die Unterscheidung des Stofflichen ist hier zu höchster Reife gediehen.

Der hl. Hieronymus steht im hohen Greisenalter. Gegenüber dem tatkräftigen, handelnden Ritter, einem Mann in den besten Jahren, wirkt er in stiller Zurückgezogenheit und selbstloser Hingabe an das geistige Werk, die »vita contemplativa« vertretend wie der Ritter die »vita activa«.

Der Betrachter blickt direkt in die Stube des Gelehrten, deren Fluchtpunkt sich in seiner Augenhöhe an dem Wandschränkchen links hinter dem Heiligen befindet. Stufen scheinen in den Raum hinaufzuführen, deren letzte am unteren Bildrand zu erkennen ist. Dort hat sich der behaglich blinzelnde Löwe niedergelassen; neben ihm schlummert das Hündchen. Eine friedvolle Stimmung breitet sich über alle Gegenstände des Raumes. Die Pantoffeln unter der Fensterbank, die Bücher, die sorgsam aufgereihten Gegenstände an der Rückwand und die Kissen auf den Sitzmöbeln verleihen dem Raum Geborgenheit. Selbst der Totenkopf im Fenster ist in diese Harmonie einbezogen. Ihm haftet nichts Erschreckendes an, doch trägt er zu dem tiefen Ernst der Szene bei. Als Greis steht der Heilige an der Schwelle des Todes. Doch verfügt er noch über die Kräfte des Lebens, über Energie und Vitalität, wofür die Tiere ein Ausdruck sind. Ihre Friedfertigkeit deutet an, daß die Kräfte der Triebwelt gezähmt und gebändigt, von aller Wildheit gereinigt und ins Geistige transformiert

65 *Hieronymus im Gehäus*, Kupferstich, 1514

sind. Der Heilige hat sein Leben unter Kontrolle gebracht. Dies sichert ihm das ungestörte Schaffen in einem Rahmen, der eine gewisse Wohlhabenheit ausstrahlt.

Hieronymus sitzt am Tisch an seinem Lesepult, ganz in sein Werk, die Bibelübersetzung, versenkt. Es ist ein heiliges Buch, das er durch seine Arbeit auch anderen zugänglich macht. Als Erleuchteter wird er zum Medium des Wortes, das Gott selbst ist. Der Glorienschein um sein Ehrfurcht gebietendes Haupt weist darauf hin, und das Zeichen seiner Würde, der Kardinalshut, schmückt die Wand hinter ihm. Daneben hängt ein Stundenglas als Sinnbild dafür, daß auch der Heilige unter dem Gesetz der Zeit steht, das ihm nur eine kurze Frist gewährt. Der von der Balkendecke herabhängende Kürbis verweist auf die Hinfälligkeit des Lebens, der Totenschädel auf das sichere Ende. Doch hat der Weise dieses Gesetz bewußt angenommen und die ihm verfügbare Zeit einem höheren Sein geweiht, das durch ihn spricht. So zeigt sich im Gewand des Zeitlichen der Glanz der Ewigkeit.

Ebenso verklärt wie der Heilige wirkt auch der Raum selbst. Das Geheimnis seiner heiteren Ruhe liegt in dem Licht, das durch ihn flutet, die Balkendecke warm aufleuchten läßt und in Reflexen über den Fußboden huscht. Es dringt durch die Butzenscheiben der Fenster, Lichtkringel in die Laibungen zeichnend und sanft über alle Gegenstände spielend. In seinem Glanz strahlt die Platte des schlichten Holztisches hell auf und schimmern die Kissen seidig.

Bezogen auf die Lehre von den drei Graden, repräsentiert dieser Kupferstich die letzte Stufe des Saturniers. Hier offenbart sich die Eigenschaft Saturns als Hüter der Schwelle von Zeit und Raum, der höchste Erkenntnis gewährt, sobald seine Gesetze begriffen sind. Das Blatt enthält viele Vanitassymbole, die später, in der Kunst des Barock, große Beliebtheit erlangten – den Totenschädel, die Sanduhr, den Kürbis, die Bücher. Doch haben sie hier nichts Bedrohliches an sich, denn der Gelehrte wurzelt ganz im Geist. Er kann sich dem Fluß der Zeit anvertrauen, wissend um sein Eingebundensein in die Ewigkeit. Auch der streng komponierte, mathematisch exakt durchstrukturierte Raum ist im ureigensten Sinn saturnin. Doch öffnen sich die Arkaden der Fenster weit in ihn und lassen das Licht einströmen, das seine Grenzen aufzulösen scheint. Es schafft keine Beklemmung wie der fahle nächtliche Schein auf dem *Melancholie*-Blatt und bildet auch keine harten Kontraste wie in *Ritter, Tod und Teufel*. Vielmehr verbreitet es einen überirdischen Glanz und verleiht der Stube des Gelehrten den Charakter eines sakralen Raumes. Der Heilige wird nicht mehr von Rätseln bedrängt oder in den Lebenskampf geworfen, denn sein vom Licht der Erkenntnis durchdrungenes Bewußtsein ist bereits weit über diese Stufen hinausgewachsen. Er repräsentiert den Saturn in seiner erlösten Form.

Auch wenn die Intention Dürers hinsichtlich der Meisterstiche sich nicht durch Quellen belegen läßt, kann der Kupferstich *Hieronymus im Gehäus* als Ausdruck für die Offenbarung des höheren Saturn, dessen Kult zur Dürerzeit eine so große Rolle spielte, betrachtet werden. Dem Künstler ist es gelungen, hier eine Bewußtseinsstufe sichtbar zu machen, die als Vorform in vielen seiner früheren, hermetische Rätsel enthaltenden Blätter bereits angedeutet ist. Den Weg, auf den Gerson entschlossen seinen Fuß setzte, hat der hl. Hieronymus dieses Blattes bereits hinter sich. Seine Aufgabe ist es, in seiner Rolle als Medium des Göttlichen anderen ein geistiger Lehrer und Führer zu sein. Dieser Mission dient seine Tätigkeit. Mit *Hieronymus im Gehäus* hat bei Dürer die Idee der Weisheit, in der alle Rätsel aufgelöst und zugleich geborgen sind, ihre Inkarnation gefunden.

ANHANG

Anmerkungen

Zitate der Bibel nach: Die Heilige Schrift des Alten und des Neuen Testaments (Zürcher Bibel), Zürich 1955.

1 s. Albrecht Dürer, 1471–1971, Ausstellungskatalog Nürnberg 1971, S. 97, Nr. 162: »Titelholzschnitt aus: Johannes Gerson: Quarta pars operum..., Straßburg: Martin Flach für Matthias Schürer, 27. 2. 1502. 2°«.
Ebd.: »Der kurz nacheinander von A. Giesecke und Th. Musper veröffentlichte Holzschnitt gehört zum vierten Teil von Wimpfelings Gersonausgabe, der mit den hier zum ersten Mal gedruckten Schriften wohl gleichzeitig mit den drei ersten gegen 1494 geplant war, aber erst acht Jahre später im Druck vollendet werden konnte. Deshalb ist der Holzschnitt auch um 1494 zu datieren, er entstand also in der letzten Zeit von Dürers oberrheinischer Wanderschaft.«
Das hier vorliegende Kapitel »Albrecht Dürers *Gerson als Pilger*« wurde aufgenommen in: Festschrift für Lottlisa Behling zum 75. Geburtstag, S. 159–171.

2 s. Albrecht Dürer, 1471–1528, Das gesamte graphische Werk, S. 1489.

3 s. Albrecht Dürer, 1471–1971, Ausstellungskatalog Nürnberg 1971, Nr. 162, S. 97: »Wie eine visionäre Erscheinung erhebt sich vor dem in die Ferne gerichteten Blick des Pilgers ein schlanker Engel, den seine lang geschwungenen Flügel weiter in die Höhe ziehen; allerdings hat gerade bei ihm der Holzschneider manches verschnitten.«

4 s. Stanislas Klossowski de Rola, Alchemie – Die geheime Kunst, Abb. 48.

5 s. Gustav Friedrich Hartlaub, Signa Hermetis, S. 109 f., Abb. 8.

6 s. Barbara Tuchmann, Der ferne Spiegel, S. 514.

7 s. Jean Gerson, Œuvres complètes, Bd. I, S. 105 ff., Bd. X, S. 77 ff.: »De Erroribus circa artem magicam«, S. 90 ff.: »Trilogium astrologiae theologinatae«, dazu S. 104: »nona, raritas studentium et peritorum in vera astrologiae disciplina, cum tamen in judiciis dandis multiplex supra modum consideratio requiratur vel observatio«.
s. Lynn Thorndike, A History of Magic and Experimental Science, vol. IV, S. 114–131; Albert Stöckl, Geschichte der Philosophie des Mittelalters, S. 1078 f.; Heinz Lüdecke, Albrecht Dürers Wanderjahre, S. 41 f.
Zum folgenden s. Ludwig Keller, Die heiligen Zahlen, S. 35, 37.

8 s. Hermann Lais, Dogmatik, S. 128–130; Rudolf Steiner, Ursprungsimpulse der Geisteswissenschaft, und ders., Das christliche Mysterium.
Anregungen hierzu sowie zu den Kapiteln über die Astrologie und Alchimie verdanke ich auch den Vorträgen von Herrn Dipl.-Psych. Thorwald Dethlefsen, Leiter des Privatinstituts für außerordentliche Psychologie in München.
s. Kurt von Wistinghausen, Der verborgene Evangelist. Studie zur Johannes-Frage, wo der Frage nachgegangen wird, ob der Verfasser des Johannes-Evangeliums mit dem Apostel Johannes identisch ist. Auf S. 151 f. wird die dreimalige Frage des Christus an Petrus auch damit begründet, daß dieser nicht imstande war, die Frage nach der Gottesliebe, »Agape«, zu beantworten, und daher auf die Menschen- und Freundesliebe, »Philia«, angesprochen werden mußte.

9 s. Gerhard Wehr, Esoterisches Christentum; Ernst Benz, Beschreibung des Christentums, S. 288 ff.

10 s. Rudolf Steiner, Das Matthäus-Evangelium.

11 s. Ludwig Keller, Latomien und Loggien in alter Zeit. Zu Person und Forschungen Ludwig Kellers s. Neue Deutsche Biographie, Bd. 11.

12 s. Emil Bock und Robert Goebel, Die Katakomben; Rudolf Steiner, Das Johannes-Evangelium.
Zum folgenden s. Karl Leo Noethlichs, Die historische Entwicklung vom 1.–5. Jh. n. Chr., in: Spätantike und frühes Christentum, S. 1–8.

13 s. Alfred Schütze, Mithras; Reinhold Merkelbach, Die römischen Mithrasmysterien, in: Spätantike und frühes Christentum, S. 124–137.

14 s. Robert Haardt, Die Gnosis; Hans Joachim Krämer, Der Ursprung der Geistmetaphysik, S. 223–264; Karl R. H. Frick, Licht und Finsternis; Hans Leisegang, Die Gnosis; Dagmar Stutzinger, Der Gnostizismus, in: Spätantike und frühes Christentum, S. 82–97.

15 s. Hermann Lais, Dogmatik, S. 252 ff.; Bernhard Lohse, Epochen der Dogmengeschichte; Renate Riemeck, Glaube, Dogma, Macht, Kap. Vorbereitung auf das Vatikanische Konzil 1869/70.

16 s. Lothar Baier, Die große Ketzerei; Renate Riemeck, Glaube, Dogma, Macht, Kap. Das dritte Laterankonzil (1179), die »Ketzer« und der Kaiser.

17 s. Heinz Demisch, Erhobene Hände, Geschichte einer Gebärde in der bildenden Kunst, S. 78 ff.; Rudolf Kutzli, Die Bogumilen.

18 s. Mircea Eliade, Geschichte der religiösen Ideen, S. 175–181; Hubert Jedin (Hrsg.), Handbuch der Kirchengeschichte, Bd. 3, S. 221–223, 273; Robert Oertel, Die Frühzeit der italienischen Malerei, S. 187 ff., Abb. 108; Helen S. Ettlinger, Dominican Influence in the Stanza della Segnatura and the Stanza d'Eliodoro. Eine eindrucksvolle Schilderung der Zeit und der Glaubenskämpfe gibt Umberto Eco in seinem Roman Der Name der Rose.

19 s. Gérard de Sède, Die Templer sind unter uns; Renate Riemeck, Glaube, Dogma, Macht, Kap. Das Konzil von Vienne (1311/12) und die Templer.

20 Hermann Lais, Dogmatik, S. 44.

21 s. Hermann Kunisch (Hrsg.), Eckhart, Tauler, Seuse.

22 s. Ludwig Keller, Die böhmischen Brüder und ihre Vorläufer; Renate Riemeck, Jan Hus. Reformation 100 Jahre vor Luther. Dieses Lebensbild schildert die weitere Entwicklung der reformatorischen Bestrebungen in Böhmen, die schließlich in den Hussitenkriegen gipfelten.

23 s. Ludwig Keller, Zur Geschichte der Bauhütten und der Hüttengeheimnisse; Barbara Schock-Werner, Bauhütte und Zunft.

24 s. Ludwig Keller, Die Anfänge der Renaissance und die Kultgesellschaften des Humanismus im 13. und 14. Jahrhundert, S. 7–10; Karl F. Otto, Die Sprachgesellschaften des 17. Jahrhunderts, S. 7 f.; Philipp Labbeus und Gabriel Cossartius, Sacrosancta Concilia..., vol. XIV; Mircea Eliade, Geschichte der religiösen Ideen, S. 239–242; Peter Erkelenz, Der Akademiegedanke im Wandel der Zeiten.

25 s. Ludwig Keller, Die heiligen Zahlen und die Symbolik der Katakomben, S. 38; ders., Latomien und Loggien in alter Zeit, S. 6–18; ders., Zur Geschichte der Bauhütten und der Hüttengeheimnisse, S. 12; Emil Bock und Robert Goebel, Die Katakomben, S. 11.

26 s. Ludwig Keller, Die römische Akademie und die altchristlichen Katakomben, S. 6–27 und 32–34.
Eine Untersuchung der Ereignisse aus katholischer Sicht findet sich bei Ludwig Pastor, Geschichte der Päpste im Zeitalter der Renaissance, S. 318 ff. und 666 ff., Bd. 2, S. 624 ff.

27 s. Konrad Oberhuber, Polarität und Synthese in Raphaels »Schule von Athen«.

28 s. Ludwig Keller, Die Anfänge der Renaissance und die Kultgesellschaften des Humanismus im 13. und 14. Jahrhundert, S. 13–15, 22 und 25 f.; André Chastel, Marsile Ficine et l'Art; Arnaldo della Torre, Storia dell' Accademia Platonica di Firenze, Kapitel III und IV.

29 Karl R. H. Frick, Die Erleuchteten, S. 28 ff.

30 Der 1463 von Ficino übersetzte »Pimander« befindet sich heute in der Biblioteca Laurenziana Florenz. s. Francis Amelia Yates, Giordano Bruno and the Hermetic Tradition, S. 12; Götz Pochat, Figur und Landschaft, S. 288.

31 s. Camerarius and the Historical Doctor Faustus; Francis Amelia Yates, Giordano Bruno and the Hermetic Tradition, S. 35.

32 s. Federico Hermanin, L'appartamento Borgia.

33 s. Paul Oskar Kristeller, Die Philosophie des Marsilio Ficino, S. 237; Marsilio Ficino, Opera omnia...

34 Hans Rupprich, Vom späten Mittelalter bis zum Barock, S. 450. In der Vorstellung der »Sympathie« verknüpft Ficino den Magie-Begriff mit dem Liebesgedanken im Sinn der »Agape«, s. Wolf-Dieter Müller-Jahnke, Von Ficino zu Agrippa, S. 33 ff.

35 Gustav Friedrich Hartlaub, Giorgiones Geheimnis, S. 30: »In der frühen Akademie von Venedig, die Kardinal Bessarion begründete, haben Kabbalisten wie Reuchlin, Astrologen wie Regiomontanus und Gaurices gewiß in ähnlicher Richtung gewirkt. Die Beziehungen zu Deutschland einerseits, wo Paracelsus, Agrippa, Reuchlin, Trithemus und das ganze Adeptenwesen mit seinen Geheimbünden blühte, und zum Orient andererseits mußten gerade hier, wie sie die Pflege der »scientiae occultae« allgemein förderten, so auch auf die geistige Haltung der Akademien ganz besonders einwirken, obschon jedenfalls die spätere, von Aldus begründete ›Neoakademie‹, wie Keller nachweist, schon kirchlich protegiert und darum ›ungefährlich‹ gemacht worden war, und obschon uns über ein Ritual bei den Versammlungen in Murano u. a. O. nichts verraten wird (Ts. Pompeo Molmenti, La storia di Venezia nella vita privata, Turin 1885)...«

36 s. Gustav Friedrich Hartlaub, Arcana Artis, S. 298–324, S. 316; ders., Das Unerklärliche, S. 157/58.

37 s. Herma Bashir-Hecht, Die Fassade des Dogenpalastes in Venedig, S. 94–99.

38 s. Hans Rupprich, Vom späten Mittelalter bis zum Barock, S. 367; Georg Leidinger, Albrecht Dürer und die Hypnerotomachia Poliphili, S. 15; Allgemeines historisches Porträtwerk. Gelehrte und Männer der Kirche, Text zu Taf. 3.

39 s. Gustav Friedrich Hartlaub, Giorgiones Geheimnis, S. 79.
Die Darstellung des hl. Johannes findet sich auch auf dem sog. Bildhauerkapitell am Dogenpalast von Venedig. s. Herma Bashir-Hecht, Die Fassade des Dogenpalastes in Venedig, S. 106–108.

40 s. Gustav Friedrich Hartlaub, Giorgiones Geheimnis.

41 Pietro Paoletti und Gustav Ludwig, Neue archivalische Beiträge zur Geschichte der venezianischen Malerei, S. 435: »Die Archive des Veneto bieten eine reiche Ausbeute von deutschen Künstlernamen. Schon Brandolese hat Ende des vorigen Jahrhunderts die deutschen Malernamen aus den Büchern der Fraglia dei Pittori in Padua veröffentlicht. Was nun zunächst Murano anlangt, so muss constatiert werden, daß es jedem, der die Acten des Podestà durchliest, auffallen muss, welche grosse Anzahl von Deutschen in Murano überhaupt Beschäftigung fand, theils als Glashändler, theils in den Fabriken der Glasmaler, theils als Ballenbinder für den Export und in allen möglichen anderen Handwerken....«; S. 440: »Im Mittelalter und selbst noch zu Ende des XVI. Jahrhunderts blühte in Treviso eine deutsche Colonie, die sogar eine eigene Schule gegründet hatte und einen Altar in der Kirche S. Francesco besaß.« s. Gustav Friedrich Hartlaub, Giorgiones Geheimnis, S. 33.

42 Hans Rupprich, Vom späten Mittelalter bis zum Barock, S. 522 ff.

43 s. Ludwig Keller, Die Anfänge der Reformation und die Ketzerschulen, S. 1–61, bes. S. 31 und 34; ders., Zur Geschichte der Bauhütten und der Hüttengeheimnisse, S. 1–22, bes. S. 11; Hans Rupprich, Dürer. Schriftlicher Nachlaß, Bd. 1, S. 55.

Erwin Panofsky, Dürers Stellung zur Antike, S. 39 f., Anm. 39: »Dürer hat sich – worin wir Giehlow zustimmen – dabei wohl zunächst an einen von ihm vorgesetzten Humanistenkreis gewandt, dem alle jene Lehrzeichen in ihrer neuen saturnischen Anwendung vertraut gewesen sein müssen [auf die Melancholie bezogen], und es liegt nahe anzunehmen, daß dieser Kreis durch solche Kenntnis im Sinne einer ›fraternitas‹ verbunden war – ähnlich wie Agrippa einer großen chymischen Bruderschaft angehörte.«

s. Gustav Friedrich Hartlaub, Zu den Bildmotiven des Giorgione, S. 57–84.

44 s. Hans Rupprich, Vom späten Mittelalter bis zum Barock, S. 531 ff.; Will-Erich Peuckert, Pansophie, S. 97 ff. Zu Pico della Mirandola und seiner Illuminationslehre s. Engelbert Monnerjahn, Giovanni Pico della Mirandola, S. 54 ff.

45 s. Tilman Riemenschneider – Frühe Werke, Ausstellungskatalog Mainfränkisches Museum Würzburg 1981, S. 360 f.

46 s. Will-Erich Peuckert, Pansophie, S. 86 ff.

47 Camerarius and the Historical Doctor Faustus.

48 s. Heinrich Cornelius Agrippa's von Nettesheim Magische Werke, Bd. 1, Vorrede, S. 7 ff.; Gustav Friedrich Hartlaub, Zu den Bildmotiven des Giorgione, S. 67.

49 nach Will-Erich Peuckert, Pansophie, S. 113 f.

50 s. Heinrich Cornelius Agrippa's von Nettesheim Magische Werke, Bd. 1, S. 47.

51 s. Will-Erich Peuckert, Pansophie, S. 170 ff.

52 Heinrich Cornelius Agrippa's von Nettesheim Magische Werke, Bd. 3, S. 41 f. und S. 51.

53 s. Paul Oskar Kristeller, Die Philosophie des Marsilio Ficino, S. 369 ff.; Marsilio Ficino, Theologia Platonica, Buch III, Kap. 2, in: Geschichte der Philosophie in Text und Darstellung, Bd. 3, S. 262 ff.

54 s. Heinrich Cornelius Agrippa's von Nettesheim Magische Werke, Bd. 1: »Vom Weltgeiste und dem Band der verborgenen Kräfte«, S. 99; Will-Erich Peuckert, Pansophie, S. 147 f.

55 s. Heinrich Cornelius Agrippa's von Nettesheim Magische Werke, Bd. 1, S. 78.

56 s. Paul Oskar Kristeller, Die Philosophie des Marsilio Ficino, S. 355 f., Anm. 60: »Einmal besitzt die Seele außer dem irdischen Körper noch eine feinere, aus der Substanz des Himmels bestehende Hülle, welche als ätherischer Körper oder auch als Vehikel der Seele bezeichnet wird und eigentlich mit dem verklärten Leib der abgeschiedenen Seele gleichgesetzt wird. Es ist dies eine alte neuplatonische Vorstellung, welche sich unter dem Namen des Astralleibes bis in die modernsten Formen des Aberglaubens hinübergerettet hat... Ein weiteres Zwischenwesen zwischen Seele und Körper, welches jedoch dem Körper wesentlich näher steht und daher auch in medizinischen Untersuchungen seinen Platz findet, ist der sog. Spiritus.« – Letzterer Begriff drückt wohl das aus, was heute vielfach als Aura bezeichnet wird.

57 s. Will-Erich Peuckert, Pansophie, S. 185 ff.

58 s. Hans Rupprich, Vom späten Mittelalter bis zum Barock, S. 361; Maximilian I., Ausstellungskatalog Innsbruck/Wien 1959.

59 s. Hans Rupprich, Vom späten Mittelalter bis zum Barock, S. 353, 453, 499, 677 f.

60 ebd., S. 128 ff., 499; s. Karl Giehlow, Dürers Stich »Melencholia I« und der maximilianische Humanistenkreis, S. 70 f.; Maximilian I., Ausstellungskatalog Innsbruck/Wien 1959.

61 s. Georg Leidinger, Albrecht Dürer und die Hypnerotomachia Poliphili, S. 19.

62 s. Hans Rupprich, Vom späten Mittelalter bis zum Barock, S. 483 ff., 513, 542 ff.

63 s. Hans Rupprich, Dürer. Schriftlicher Nachlaß, S. 36; Gustav Friedrich Hartlaub, Arcana Artis, S. 293.

64 s. Hans Rupprich, Vom späten Mittelalter bis zum Barock, S. 531.

65 s. Georg Leidinger, Albrecht Dürer und die Hypnerotomachia Poliphili, S. 9 ff., 28, 36; Hans Rupprich, Dürer. Schriftlicher Nachlaß, S. 36, 38, 55.

66 s. Albrecht Dürer, 1471–1971, Ausstellungskatalog Nürnberg 1971, Nr. 34, S. 39: »Conrad Celtis erwähnt in einem Epigramm auf Dürer..., daß dieser ihm ›seine Philosophie‹ zeichnen solle. Die Darstellung folgt dem klassischen Schema des thronenden Christus, umgeben von den Evangelistensymbolen, das auch die Grundlage der didaktischen Bilder der Spätscholastiker abgegeben hatte. In der Mitte sitzt die weibliche Personifikation der Weisheitsliebe, bekrönt und – in Übereinstimmung mit Boetius – versehen mit der gleichsam wie eine Krawatte herabhängenden ›scala artiu‹, die in griechischen Buchstaben von (oben) Phi bis Theta geht, womit vielleicht der Weg von der Philosophie zur Theologie angedeutet werden soll.... In der Unterschrift des Blattes wird alles Wissbare als Gegenstand der Philosophie bezeichnet, entsprechend einer Definition des Albertus Magnus. Sein Bild erscheint im linken Philosophenmedaillon; nach einer Vermutung D. Wuttkes handelt es sich dabei um ein durch einen Vergleich von Celtis angeregtes Selbstbildnis Dürers.« s. Fedja Anzelewsky, Dürer-Studien, S. 118 ff.

67 s. Hans Rupprich, Vom späten Mittelalter bis zum Barock, S. 528; Erwin Panofsky und Fritz Saxl, Dürers »Melencolia I«, S. 15 f.

68 s. Gerhard Pfeiffer, Die Vorbilder zu Albrecht Dürers »Vier Apostel«, S. 3.

69 s. Lottlisa Behling, Betrachtungen zu einigen Dürerpflanzen, S. 75 ff.

70 Abgebildet bei Wolfgang Döbereiner, Wassermann, Abb. S. 61: Der Mensch im kosmischen Kreuz der Elemente Feuer (Sonne), Wasser, Erde und Luft (Mond).

71 Heinrich Cornelius Agrippa's von Nettesheim Magische Werke, Bd. 3, Kapitel 7, S. 38.

72 s. Eugen Grupp, Theologische Astrologie, S. 75; Wilhelm Knappich, Geschichte der Astrologie, S. 72.

73 s. Hans Rupprich, Dürer. Schriftlicher Nachlaß, Bd. 2, S. 83 f.

74 s. Albrecht Dürer, 1471–1528, Das gesamte graphische Werk, Bd. 2, S. 1127.

75 s. Erich von Beckerath, Der Dürersche Kupferstich B 79 »Sol Justitiae«. Der Dürersche Holzschnitt »Die Apokalyptischen Reiter«, S. 27; ders., Geheimsprache der Bilder, S. 113.

76 s. Erich von Beckerath, Die unerkannte astrologische Symbolik der Sirenen und der mit ihnen verwandten sogenannten Leuchterweibchen (Lüsterweibchen), Abb. 1. Erich von Beckerath demonstriert seine Auffassung anhand eines Beispiels aus dem 17. Jahrhundert, und zwar an einem Lüsterweibchen im Bayerischen Nationalmuseum München, ebd. Abb. 5. s. auch ders., Geheimsprache der Bilder, S. 196 f.

Der zweigeteilte Schwanz kommt in Darstellungen der Fischjungfrau immer wieder vor, besonders in der romanischen Kunst. Dieses Bildmotiv wird oft mit der Voluptas in Verbindung gebracht. Es sei an dieser Stelle darauf hingewiesen, daß in der astrologischen Symbolik das Tierkreiszeichen der Fische durch zwei übereinanderliegende Fische wiedergegeben wird. Auch darauf mag der zweigeteilte Schwanz eine Anspielung sein.

Das kardinale Kreuz besteht aus Widder, Waage, Krebs und Steinbock, das fixe aus Stier, Skorpion, Löwe und Wassermann und das bewegliche aus Fische, Jungfrau, Zwillinge und Schütze.

77 s. Heinrich Cornelius Agrippa's von Nettesheim Magische Werke, Bd. 2, Kapitel 39: »Von den Bildern des Jupiter«; Gustav Friedrich Hartlaub, Albrecht Dürers »Aberglaube«, bildet das Blatt (Abb. 12) als »Saturnische Säule« ab.

78 Die *Venus* hat denselben Körper und dieselbe Haartracht wie *Nemesis*, deren Entstehungszeit daher kurze Zeit vor der *Venus* anzusetzen ist, s. Eduard Flechsig, Albrecht Dürer, Bd. 2, S. 366.

Arion, s. Albrecht Dürer, 1471–1528, Das gesamte graphische Werk, S. 737: »Eigenhändig beschriftet: pisce super curvo vectus. cantabat arion (singend ward durch die Flut von dem Delphin getragen Arion).«

79 s. Walter L. Strauss, The Complete Drawings of Albrecht Dürer, vol. 2, S. 654.

80 s. Erich von Beckerath, Der Dürersche Kupferstich B 79 »Sol Justitiae«. Der Dürersche Holzschnitt »Die Apokalyptischen Reiter«, S. 5 ff.: »Man sieht da eine männliche Gestalt mit Schwert und Waage, mit einem heiligenscheinartigen Lichtkranz um den Kopf, auf einem Löwen sitzend, wobei die betont kreisrunden Augen dieses Mannes auffallen.... Die Worte ›Sol Justitiae‹ findet man in der Antiphone, die in der katholischen Kirche am 21. Dezember, dem Tag der Wintersonnenwende (Sol = Sonne!), gesungen wird und deren Text lautet:

O Oriens
splendor lucis aeternae
et sol iustitiae,
veni et illumina

sedentes in tenebris
et umbra mortis.

O aufgehende Sonne
Glanz des ewigen Lichtes
und Sonne der Gerechtigkeit,
komm und erleuchte die,
die im Dunkel sitzen
und im Schatten des Todes.

Mit ›Sol Justitiae‹ ist also die Sonne gemeint, mithin stehen wir vor einem Sonnensymbol...

Sehen wir uns daraufhin einmal die Darstellung etwas genauer an: Wenn hier ausdrücklich von ›Sol‹ (Sonne) die Rede ist, so finden wir sie nicht in dem Schwert symbolisiert, noch viel weniger in der Waage, die der Mann in seiner Linken trägt, auch nicht in dem Löwen, auf dem er sitzt, sondern in dem von einer Sonnenaura umgebenen Kopf des Mannes. Schon in den ältesten Zeiten war es üblich, die Sonne durch einen Kreis mit einem Punkt in der Mitte zu bezeichnen (Kreis = Ewigkeit, bedeutet Bewußtsein, also: Bewußtes geistiges Ich). Sieht man näher hin, so erkennt man, daß die Augen dieses Mannes aus zwei solchen Kreisen mit je einem Punkt in der Mitte gebildet sind, wobei nur noch hinzuzufügen wäre, daß die Astrologie eine Analogie zwischen dem menschlichen Auge und der Sonne lehrt...

Dem kundigen Astrologen fällt aber sofort auf, daß die Kombination eines männlichen Wesens (die Sonne gilt als männlich in der Astrologie, der Mond als weiblich) mit Sonne, Schwert und Waage in ganz eindeutiger Weise einen astrologischen Lehrsatz symbolisch demonstriert, dessen hier dargestellte Elemente so klar sind, daß der Kundige diesen Lehrsatz nur abzulesen braucht. Dieser Lehrsatz lautet:

Die Sonne ›herrscht‹ im Löwen,
ist im Widder ›erhöht‹ und
in der Waage ›im Fall‹.

Der Laie wird fragen: ›Wo ist hier der Widder?‹ ›Alles andere ist da!‹ Für ihn, den Laien, möge folgendes gesagt sein:

Wenn ein Mann auf einem Löwen sitzt und dieser offenbar damit einverstanden ist, so ›beherrscht‹ dieser Mann den Löwen. Da wir den Mann aber als Sonne erkannt haben, so klingt der astrologische Lehrsatz ganz von selbst auf: ›Die Sonne herrscht im Löwen‹, das heißt, sie entwickelt ihre stärkste physikalische und geistige Kraft im Tierkreiszeichen Löwe.

›Erhöht‹ ist hier das Schwert, das man, als ureigenes Symbol bzw. Attribut des Mars, also jenes Planeten, der nach astrologischer Lehre im Widder ›herrscht‹ oder sein ›Herr‹ ist, an die Stelle des Widders gesetzt hat. ... Daß aber der astrologische Widder gemeint ist, ist unschwer aus der ihm entgegengesetzten Waage zu entnehmen, denn die Tierkreiszeichen Widder und Waage liegen sich bekanntlich als ewige Gegensätze gegenüber.«
s. ders., Geheimsprache der Bilder, S. 97 ff.; Heinrich Cornelius Agrippa's von Nettesheim Magische Werke, Bd. 1, S. 56: Als Bild des Mars wird ein Bewaffneter angegeben; Will-Erich Peuckert, Astrologie, S. 92 ff.
Zum Relief auf dem Planetenkapitell des Dogenpalastes in Venedig s. Herma Bashir-Hecht, Die Fassade des Dogenpalastes in Venedig, S. 94 ff.

81 s. Erwin Panofsky, Dürers Stellung zur Antike, S. 19–23.

82 Aus der letzten Zeile der um dieses Blatt gruppierten Verse, »Nurnberge Calendis Sextilibus 1496«, geht hervor, daß der Holzschnitt vor dem 1. August 1496 fertiggestellt gewesen sein muß. Die Zeichnung dazu ist vermutlich nicht nach Anfang Juli 1496 entstanden, s. Eduard Flechsig, Albrecht Dürer, Bd. 1, S. 309; ebd.: »Der Mann mit der Franzosenkrankheit befindet sich auf einem Flugblatt mit lateinischen Versen, das der Arzt Dietrich Ulsen (Theodoricus Ulsenius) veröffentlicht hat.«

83 Johann Lichtenberger, Die weissagunge deudsch.

84 s. Stephan Steinlein, Astrologie, Sexualkrankheiten und Aberglaube in ihren inneren Zusammenhängen, Bd. 2, S. 21 und 29; ders., Astrologie, Medizin, Aberglaube, S. 349; Erich von Beckerath, Geheimsprache der Bilder, S. 82 ff.; Albrecht Dürer, 1471–1971, Nr. 447, S. 224: »Gedicht und Illustration des von der Nürnberger Ausgabe vom 1. 6. 1496 (Hans Mair) abweichenden Nachdrucks greifen die medizinischen Folgen auf, die im Prognosticon des Paulus von Middelburg aus der Konstellation von 1484 (vgl. Sternbild Skorpion und Jahreszahl) gezogen ist. Nach seinen Versen wird Ulsenius die sternbedingte Ursache der Syphilis im Traum offenbart. Dürers Holzschnitt bedient sich gleicher Kennzeichnung der Symptome wie die damals geläufige Bezeichnung ›böse Blattern‹, die im Gotteslästeredikt Kaiser Maximilians von 1495 vorkommt.«
Das Jahr 1484 war für die Astrologen noch in anderer Hinsicht bedeutsam, denn seine Konstellationen deuteten auf die Geburt eines großen Ketzers oder Propheten hin. Das wurde wiederholt auf Martin Luther bezogen. Bei Warren Kenton, Astrologie, S. 116, zeigt Abb. 52 Luthers Horoskop (aus Abhandlung von Jerôme Cardon, Nürnberg 1548). Daraus geht hervor, daß in Luthers Geburtsbild nicht nur die Sonne, sondern auch Saturn seinen Aufenthalt im Skorpion hat.

Ludwig Reiners, Steht es in den Sternen?, S. 78: »Bei Luther verlegte der ›Fürst der Sterndeuter‹, Lukas Gaurikus, die Geburt vom 10. November 1483 auf den 20. Oktober 1484, 1 Uhr, weil zu dieser Stunde die Konstellation für einen großen Ketzer paßte.« Grundsätzlich ist bei diesem Problem darauf hinzuweisen, daß nach astrologischen Vorstellungen die Große Konjunktion ein Symbol für Entwicklungen ist und damit für den Beginn einer neuen Zeitepoche.

85 s. Erich von Beckerath, Der Dürersche Kupferstich B 79 »Sol Justitiae«. Der Dürersche Holzschnitt »Die Apokalyptischen Reiter«, S. 9–14.

86 Franz von Juraschek, Das Rätsel von Dürers Gottesschau, S. 68.

87 s. Erich von Beckerath, Der Dürersche Kupferstich B 79 »Sol Justitiae«. Der Dürersche Holzschnitt »Die Apokalyptischen Reiter«, S. 16 ff; Hans Rupprich, Dürer, Schriftlicher Nachlaß, Bd. 2, S. 98.

88 Carl Gustav Jung, Psychologie und Alchemie, S. 367.

89 Nach Stanislas Klossowski de Rola, Alchemie – Die geheime Kunst, S. 15.

90 s. Franz Freudenberg, Paracelsus und Fludd, S. 193: »Denn die Natur ist so subtil und scharf in diesen Dingen, daß sie ohne große Kunst nicht gebraucht sein will. Sie bringt nichts an den Tag, was in seiner Art vollendet wäre; vielmehr der Mensch muß es vollenden. Diese Vollendung heißt Alchemie. Denn ein Alchemist ist ein Bäcker, indem er Brot bäckt, ein Winzer, indem er Wein macht, ein Weber, indem er Tuch macht. Wer also das, was aus der Natur dem Menschen zunutz erwächst, dahin bringt, wozu es von der Natur verordnet wird, der ist ein Alchemist.« s. auch ebd. S. 180 ff., 194, 215 f.

91 s. Carl Gustav Jung, Psychologie und Alchemie, S. 354; Erich Neumann, Ursprungsgeschichte des Bewußtseins, S. 36 f.

92 Gustav Friedrich Hartlaub, Arcana Artis, S. 321 und Abb. 19.

93 s. Carl Gustav Jung, Psychologie und Alchemie, Abb. 129, 38, 20; s. Stanislas Klossowski de Rola, Alchemie – Die geheime Kunst, Tafel 1: *Synesius*, 15. Jh., Bibliothèque Nationale Paris, Ms. grec 2327, f. 297.
Bei Dürer blicken die Köpfe der beiden Schlangen in verschiedene Richtungen, weisen also auf dämonische Kräfte hin.

94 s. Friedrich Winkler 734 und Bd. III, S. 116, wonach der Ring am Löwen den Entwurf deutlich als solchen für einen Anhänger ausweist.

95 Gustav Friedrich Hartlaub, Arcana Artis, S. 298: »Was aber haben nun gerade die Kinder in Cranachs Melancholie-Gemälden mit der chymischen Verwandlungskunst zu tun? Ursprünglich wird diese Lehre mit dem Kinderspiel darum verglichen, weil gesagt werden soll, wie wunderbar leicht, ›kinderleicht‹, die chymischen Operationen (Zubereitung des lapis) fortschreiten, sobald einmal die erste geheimnisvolle Schwierigkeit, die sogenannte Herkulesarbeit in der Auffindung der prima materia und ihrer separatio, überwunden ist. Diese Vergleiche mit dem ludus puerorum... befinden sich bereits bei den griechischen Alchimisten des ersten Jahrtausends (z. B. Pseudo-Demokrit, Zosimus, Pelagius) auch in der turba; wahrscheinlich ist die Formel aber noch älter. Das Gleichnis geht dann in den allgemeinen Wortschatz der hermetischen Literatur über. Vermutlich findet es sich auch bei den Arabern. Dem berühmten Arnaldus von Villanova (ca. 1240–1311) wird ein Buch unter dem Titel ›ludus puerorum‹ zugeschrieben; oft findet sich auch die Formel ›opus mulierum et ludus puerorum‹, z. B. in der von Carbonelli behandelten Handschrift Cas. 1477, wo man die merkwürdige Verbindung ›post multos amplexus et ludos pueriles‹ liest mit ihrem für die Alchimie so kennzeichnenden erotischen Einschlag.«

96 s. Eduard Flechsig, Albrecht Dürer, Bd. II, S. 280, wonach der Besteller ein Nürnberger Humanist gewesen sein könnte, der wohl nach dem Losungsspruch »Fortes fortuna iuvat« zu ermitteln wäre. Der Wahlspruch Christoph Scheurls lautete ähnlich: »Fortes fortuna formidat«.

97 s. Albrecht Dürers Umwelt, Ausstellungskatalog Nürnberg 1971, S. 44 f.

98 Nach Hans Tietze und Erika Tietze-Conrat, Kritisches Verzeichnis der Werke Albrecht Dürers, Bd. 1, S. 36 f., könnte mit dem Ofen auch ein solcher zur Herstellung bestimmter Medikamente gemeint sein.
Erwin Panofsky, Zwei Dürerprobleme, S. 6: »Angesichts solcher und ähnlicher Zeugnisse, in denen die Vorstellungen ›Schlafsucht‹, ›Teufel‹ und ›Fleischeslust‹ dem Oberbegriff der sündhaften Trägheit untergeordnet erscheinen, liegt auch die Vermutung nahe, daß auch der ›Traum des Doktors‹ als eine Acedia-Darstellung aufzufassen sei.«
Gustav Friedrich Hartlaub, Albrecht Dürers »Aberglaube«, S. 177: Der Teufel als Ohrenbläser in Fledermausgestalt, dem Melancholietier, bläst Trübsal ein. Rat der Venus: Abbacken – »Alt hinein – jung heraus« (s. Volkskunde).

99 Gustav Friedrich Hartlaub, Albrecht Dürers »Aberglaube«, S. III, hält dieses Blatt für kein Studienblatt, sondern für die Elemente eines Traums oder für eine Phantasie über Michelangelo, wofür das Profil der Bü-

stenfigur sprechen würde. Berücksichtigt man den melancholischen Charakter des Bildhauers und seine große schöpferische Potenz, mit der er in der Materie, vor allem im Stein, wirkte, würde diese Auffassung unserer Deutung nicht widersprechen. Es könnte sich nach Hartlaub auch um die Darstellung des vergehenden alten Zeitalters handeln (das saturnische Zeitalter) und wäre dann ein Gegenstück zu »dem Studienblatt mit 5 nackten Figuren, das die weihnachtliche Wiedergeburt des Lichts, die Erneuerung der Welt zum Thema haben könnte«.

100 s. Claus D. Grupp, Spielkarten und ihre Geschichte, S. 31–35; Kurt Bachmann, Neue Forschungsergebnisse zur ältesten Geschichte der Spielkarte, S. 63–68; Detlef Hoffmann, Die Welt der Spielkarte, S. 19; Stuart R. Kaplan, The Encyclopedia of Tarot, S. 35 ff.

101 s. Papus (Gérard Encausse), Tarot der Zigeuner, S. 69.

102 Heinrich Cornelius Agrippa's von Nettesheim Magische Werke, Bd. 1, S. 99: »Vom Weltgeiste und dem Band der verborgenen Kräfte«.

103 s. Herma Bashir-Hecht, Die Fassade des Dogenpalastes in Venedig, S. 94 ff.

104 s. Hans Rupprich, Dürer. Schriftlicher Nachlaß, Bd. 2, S. 35; Heinrich Cornelius Agrippa's Magische Werke, Bd. 2, S. 160 ff.: »Der Mensch als das schönste und vollendetste Werk Gottes, als sein Ebenbild und als eine Welt im Kleinen, hat einen vollkommeneren und harmonischeren Körperbau als die übrigen Geschöpfe, und enthält alle Zahlen, Maße, Gewichte, Bewegungen, Elemente, kurz Alles, was zu seiner Vollendung gehört, in sich und Alles gelangt in ihm, als dem erhabensten Meisterwerke, zu einer Vollkommenheit, wie die übrigen zusammengesetzten Körper sie nicht besitzen. Die Alten, die einst an den Fingern zählten und mit den Fingern die Zahlen ausdrückten, scheinen eben dadurch zu beweisen, daß aus den Gliedern des menschlichen Körpers alle Zahlen, Maße, Verhältnisse, alle Harmonie abgeleitet worden sind. Nach dem Bau des menschlichen Körpers haben sie daher auch ihre Tempel, öffentlichen Gebäude, Privathäuser, Theater, ihre Schiffe und Maschinen, und jedes Kunstwerk, sowie die einzelnen Theile der Kunstwerke und Gebäude, als Säulen, Kapitäler, Fundamente, Pfeiler, Postamente und alles Uebrige der Art eingetheilt und angefertigt. Ja, Gott selbst lehrte Noah seine Arche nach dem Maße des menschlichen Körpers bauen, sowie er selbst der ganzen Weltmaschine die Symmetrie des menschlichen Körpers verlieh; daher wird jene die große, dieser die kleine Welt genannt. ... Auf gleiche Weise stehen die Maße aller einzelnen Glieder des Menschen in einem bestimmten Verhältnisse zu einander und harmonieren mit den Gliedern der Welt und den Maßen des Archetypus so genau, daß es kein Glied am menschlichen Körper gibt, das nicht einem Himmelszeichen, einem Sterne, einer Intelligenz, einem göttlichen Namen im Urbilde Gottes selbst entspricht. Die ganze Form des menschlichen Körpers ist rund, und daß er vom Runden herstammend, auch dahin strebe, läßt sich nicht verkennen.«

105 s. Hans Rupprich, Dürer. Schriftlicher Nachlaß, Bd. 2, S. 38.
Im selben Sinn setzte sich Leonardo da Vinci, auf Vitruv gründend, mit den Proportionen des Menschen auseinander, s. Hans Feddersen, Leonardo da Vincis Abendmahl, S. 162 ff.

106 s. Erwin Panofsky, Dürers Stellung zur Antike.

107 s. Erwin Panofsky, Dürers Darstellung des Apollo und ihr Verhältnis zu Barbari, S. 359–377; Eduard Flechsig, Albrecht Dürer, Bd. 2; Franz von Juraschek, Albrecht Dürer; Fedja Anzelewsky, Dürer-Studien, S. 169 ff.

108 s. dtv-Lexikon der Antike, Bd. 1, S. 109 ff.
Die Attribute der Götter weisen auf ihren verhängnisvollen Aspekt hin. Es ist deshalb nicht auszuschließen, daß sich hinter dieser Darstellung der Neumondaspekt verbirgt, die Konjunktion von Sonne und Mond, die von alters her als unheilvoll galt. Dafür spricht die Beziehung der Hekate zu dem Geschwisterpaar, denn Apollo und Diana können den Beinamen Hekatos bzw. Hekate tragen. Hekate aber ist die den Neumond symbolisierende Mondgöttin. s. Karl Kerényi, Die Mythologie der Griechen, Bd. 1, S. 34.

109 Bei diesen Fresken, die in der Tradition der Kalenderbilder stehend Zuordnungen der Planeten zu bestimmten Tierkreiszeichen enthalten, fällt auf, daß die Zuordnungen von der mittelalterlichen Tradition abweichen. Die abweichenden Zuordnungen finden sich bei Agrippa von Nettesheim wieder, s. Heinrich Cornelius Agrippa's von Nettesheim Magische Werke, Bd. 2, Kap. 58. Stellen wir diese den alten Zuordnungen gegenüber, so ergibt sich für den Monat März Widder mit Pallas (statt Mars), April – Stier mit Venus (traditionell), Mai – Zwillinge mit Phöbus (statt Merkur; Phöbus ist Apollon und wird noch heute in der Hamburger Schule – eine moderne astrologische Schule – den Zwillingen zugeordnet), Juni – Krebs mit Merkur (statt Mond), Juli – Löwe mit Jupiter (statt Sonne), August – Jungfrau mit Ceres (statt Merkur), September – Waage mit Vulcan (statt Venus), Oktober – Skorpion mit Mars (traditionell), November – Schütze mit Diana (statt Jupiter), Dezember – Steinbock mit Vesta (statt Saturn), Januar – Wassermann mit Juno (statt Saturn), Februar – Fische mit

Neptun (statt Jupiter; seit der Entdeckung des Neptun setzte sich die Zuordnung von Neptun zu den Fischen in der Astrologie durch). Dieses System, das orphische, stellt Agrippa dem traditionellen gegenüber. Beide Systeme werden in der Magie als gleichwertig behandelt.
s. Aby M. Warburg, Italienische Kunst und internationale Astrologie im Palazzo Schifanoia zu Ferrara. Warburg weist hier auf die Dekanatslehre von Abu Maschar hin sowie auf das System des Manilius, der die zwölf Götter anstelle der Planeten zu Regenten der zwölf Monate einsetzte.
s. Erwin Panofsky, Dürers Stellung zur Antike.

110 s. Francis Amelia Yates, Giordano Bruno and the Hermetic Tradition, S. 78. Bereits die Spätantike kannte die Verschmelzung von Apollo und Sol in Phöbus, s. Lexicon Ikonographicum Mythologiae Classicae, II/1, S. 419.
s. Paul Oskar Kristeller, Die Philosophie des Marsilio Ficino, S. 79 f., der hier u. a. Ficinos Schrift »De comparatione solis ad Deum« (Opera omnia, S. 965 ff.) erwähnt.

111 s. dtv-Lexikon der Antike, S. 125 ff.

112 s. Erwin Panofsky, Dürers Darstellung des Apollo und ihr Verhältnis zu Barbari.

113 Hans Kaufmann, Dürers »Nemesis«, S. 138 ff.

114 s. ebd., S. 140 f., 145.

115 s. Albrecht Dürer, 1471–1971, Ausstellungskatalog Nürnberg 1971, Nr. 481, S. 245; Hans Kaufmann, Dürers »Nemesis«, S. 135 ff.

116 s. Erwin Panofsky, Das Leben und die Kunst Albrecht Dürers, S. 114, der noch folgende Zuordnung der Säfte und Laster angibt: Schwarze Galle – Verzweiflung, Geiz; gelbe Galle – Hoffart, Wut; Schleim – Gefräßigkeit, Trägheit; Blut – Unzucht.

117 Heinrich Cornelius Agrippa's von Nettesheim Magische Werke, Bd. 1, Kapitel 23–26 und 28.
Zieht man die moderne Astrologie zurate, so sind folgende Analogien naheliegend: Katze, dem Löwen verwandt – Sonne; Hase, ein Tier der Fruchtbarkeit – Mond; Papagei, der sprechende Vogel – Merkur; Stier, ein Tierkreiszeichen – Venus (Beherrscher des Stiers); Maus, der Nager – Mars; Hirsch oder Elch, ein Jagdwild – Jupiter; Steinbock, ein Tierkreiszeichen – Saturn (Beherrscher des Steinbocks).

118 Erwin Panofsky, Das Leben und die Kunst Albrecht Dürers, S. 114: »Es wurde angenommen, daß allein die Zerstörung dieses ursprünglichen Gleichgewichts den menschlichen Organismus Krankheit und Tod unterwarf und die menschliche Seele empfänglich für Laster machte.«
S. 113 macht Panofsky auf die Grundspannung des Blattes mit folgenden Worten aufmerksam: »Dazu kommt, daß die Zeitgenossen bestimmte ikonographische Züge beobachtet hätten, die dem modernen Betrachter leicht entgehen. Sie hätten sein Vergnügen geteilt, daß er die gespannte Beziehung zwischen Adam und Eva zu der zwischen einer Maus und einer Katze, die sich zum Sprung duckt, in Parallele setzt... Sie hätten verstanden, daß die Eberesche, die Adam noch festhält, den Baum des Lebens bedeutet, und daß zwischen ihm und dem verbotenen Feigenbaum derselbe Gegensatz besteht wie zwischen dem klugen, wohlwollenden Papagei und der diabolischen Schlange.«

119 s. Ludwig Keller, Die Anfänge der Reformation und die Ketzerschulen, S. 33 ff.

120 s. Ernst H. Gombrich, Symbolic Images, S. 40 ff.; Jan Lauts, Sandro Botticelli, S. 12 ff.

121 s. Ernst Steinmann, Botticelli, S. 71 ff.; Jans Lauts, Sandro Botticelli, S. 11 f.; Umberto Baldini, Rifiorisce la Primavera.

122 s. Ernst H. Gombrich, Symbolic Images, S. 46; Götz Pochat, Figur und Landschaft, S. 296 ff., weist auf die thematische Verwandtschaft der Venus-Bilder Botticellis mit Teppichen hin, auf denen Venus mit ihrem Liebeshof dargestellt war. Solche Teppiche wurden mit besonderer Vorliebe in Florenz gesammelt. Die stilisierten Hintergrundlandschaften Botticellis versteht er aus seiner intellektualistischen, neuplatonischen Kunstanschauung. Ihr unsinnlich-dekorativer Charakter stieß schon bei Leonardo da Vinci auf Kritik.
Erwin Panofsky, Die Renaissance der europäischen Kunst, S. 119 ff.: Merkur wird hier als Anspielung auf die Möglichkeiten der menschlichen Vernunft gesehen. Er »kann die Nebel zerstreuen, aber nicht durchdringen«. Im Gegensatz dazu sieht Edgar Wind, Heidnische Mysterien in der Renaissance, Merkur als eine Art platonischen Hierophant, der die Nebel nur leicht berührt, da sie Schleier sind, durch die der Glanz transzendenter Wahrheit den Betrachter erreichen kann, ohne ihn zu vernichten.

123 nach Ernst H. Gombrich, Symbolic Images, S. 42.

124 s. Herbert von Einem, Das Programm der Stanza della Segnatura, S. 7; Konrad Oberhuber, Polarität und Synthese in Raphaels »Schule von Athen«, S. 55, macht darauf aufmerksam, daß die Überlieferung als Stanza della Segnatura erst seit Vasari gesichert ist.

125 Heinrich Pfeiffer, Zur Ikonographie von Raffaels Disputa, S. 33.

126 s. Hartmut Biermann, Die Stanzen Raffaels, S. 52.

127 s. Paul Feldkeller, Raffaels Fresko »Die Philosophie«, S. 16 f.; Heinrich Pfeiffer, Zur Ikonographie von Raffaels Disputa, S. 68 ff. Die Figuren rechts und links vom Altar der *Disputa* werden hier als die Apostelfürsten Petrus und Paulus gedeutet. s. auch Luitpold Dussler, Raffael, Kritisches Verzeichnis..., S. 79 f., der die beiden Gestalten als nicht identifizierbar erklärt.

128 s. Heinrich Pfeiffer, Zur Ikonographie von Raffaels Disputa, S. 45 und 173 ff.; Jan Lauts, Sandro Botticelli, S. 20; Konrad Oberhuber, Polarität und Synthese in Raphaels »Schule von Athen«, S. 62 f., der die linke Hälfte der *Schule von Athen* als »apollinische Linie der griechischen Philosophie« deutet. Eberhard Hempel, Nikolaus von Cues in seinen Beziehungen zur bildenden Kunst, S. 6 ff.

129 Edgar Wind, Giorgiones Tempesta, S. 3; s. Salvattore de Settis, Giorgiones Gewitter, Auftraggeber und verborgenes Sujet eines Bildes in der Renaissance, wo tabellarisch sämtliche bisherigen Deutungsversuche aufgeführt sind.

130 s. Edgar Wind, Giorgiones Tempesta, S. 6; Gustav Friedrich Hartlaub, Arcana Artis, S. 318.

131 s. Günther Tschmelitsch, Harmonia est discordia concors; Gustav Friedrich Hartlaub, Giorgiones Geheimnis, S. 60 f.
An dieser Stelle soll noch auf die Farbensymbolik hingewiesen werden. Grün (Mantel des jungen Mannes) gilt als Farbe des spirituellen Erwachens und damit als Farbe des Adepten oder des ersten Grades des Saturniers. Da Rot dem Mars und Blau dem Jupiter zugeordnet sind, kennzeichnen die Farben der Kleidung des Mannes mittleren Alters ein Dasein erfolgreicher Aktivität, die nur auf der Basis voll ausgebildeten Bewußtseins möglich ist. Das würde dem zweiten Grad des Saturniers entsprechen. Violett ist die Farbe des Weisen und Gold die der Sonne und damit des göttlichen Geistes. In diese Farben ist der alte Mann gekleidet, der damit den dritten Grad des Saturniers repräsentiert, der seine volle spirituelle Reife erreicht hat.

132 s. Erwin Panofsky, Das Leben und die Kunst Albrecht Dürers, S. 202 ff.; Ludwig Keller, Bibel, Winkelmaß und Zirkel, S. 52; Gustav Friedrich Hartlaub, Giorgiones Geheimnis, S. 79 f.: »Sollte Dürer geplant haben – vielleicht in bedeutsamer Parallele zu der Stufenfolge der ›Drei Philosophen‹ Giorgiones, von denen der studiosus ein suchendes, der senex ein die Weisheit findendes Saturnkind ist – den inneren Aufstieg des Saturniers im Sinne der geheimen Weisheitslehre bestimmter Zirkel zu schildern? Die Komposition des Dürerschen Stiches *[Melencolia I]* betont gerade – und nicht nur im Ausdruck der Frauengestalt selber – das Unerlöste, Ungeordnete der hart sich im Raume stoßenden Sachen. Alles ruft hier nach Anwendung, Klärung und Gestaltung, alles ist Aufgabe, und noch in quälender Unregelmäßigkeit liegt der vielkantige unübersichtliche Polyeder des ›rauhen Steins‹ übergroß und ungefüge mitten im Raume. Aber der Frauengestalt entsinkt beinahe der Zirkel aus der Hand, die niedere Melancholie hält sie am Boden.
Hat nun Dürer es aufgegeben, den höheren Aufstieg zu schildern? Hier sei auf eine kurze Andeutung L. Kellers hingewiesen. Er versucht das Blatt Melancholie mit Ritter, Tod und Teufel und Hieronymus im Gehäus – also die drei Meisterstiche von 1513/14 – zusammenzustellen als Versinnbildlichung der drei Grade (so wie wir sie etwa in Picos Schriften und in Giorgiones Bild verherrlicht sehen). Ritter, Tod und Teufel wäre dann, gegenüber der Lehrlingsstufe der ›Melencholia I‹, der ›Gesellengrad‹: die aktiv praktische Einstellung zum Leben. Die beiden Gespenster erinnern dann an gewisse Aufnahmeprüfungen und Versuchungen, die in den Mysterien überliefert waren. Der Melancholiker scheint ihnen besonders zugänglich: diese Seite der Melancholie hat Cranach in seinen Gemälden der Melancholia geschildert, der ein ganzer Hexenritt naht, während sie sich einen gegabelten Stecken (doch wohl als Wünschelrute, ein echt saturnisches, der Aufspürung des Erdinnern dienendes Werkzeug!) zurechtschnitzt. Hieronymus endlich – man beachte die wunderbare Ordnung und Ruhe der Komposition im Gegensatze zu dem ungeklärten Durcheinander ›Melencholie‹ – wäre die Vollendung des Meistergrades. (Der ›Stein‹ – so könnte man zur Not erklären – befindet sich nunmehr als wohlbehauener Kubus links im Vordergrunde, auch die bisher nie ganz verständlich gemachte merkwürdige ›Versenkung‹ ganz im Vordergrund ließe sich auslegen.)
Die Ansicht Kellers hat – gerade auch im Sinne unserer Giorgione-Interpretation – etwas Bestechendes. Aber warum hat Dürer dann auf den beiden anderen Blättern die Bezeichnung Melancholia II und III weggelassen? Nicht ausgeschlossen ist, daß während der Arbeit die gelehrte Zuordnung der beiden höheren Stufen an innerer Wahrscheinlichkeit verlor. Sie widersprach doch zu sehr der volkstümlichen Auffassung vom ›Saturnkind‹ und wäre dann den allermeisten Betrachtern unverständlich geblieben. So ließ er die Bezeichnung weg und begnügte sich mit der Versinnbildlichung der ›drei Grade‹. Diese drei Grade entsprechen etwas den theologischen Stufen, auf die Lippmann aufmerksam macht, in Greogor Teisch ›Margarita philosophica‹. Keineswegs aber sind diese theologischen Begriffe von Dürer gemeint, vielmehr hat seine Auffassung – jedenfalls im ersten und zweiten Blat-

te – etwas ausgesprochen Unkirchliches, sie entspricht einer Geheimlehre, wie sie in Kreisen gleichgesinnter Eingeweihter gepflegt wurde.«

133 s. Fedja Anzelewsky, Dürer, S. 180 und 182.

134 s. Erwin Panofsky und Fritz Saxl, Dürers »Melencolia I«, S. 4 f.; Raymond Klibanski, Erwin Panofsky und Fritz Saxl, Saturn and Melancholy, S. 4 f.; Heinrich Cornelius Agrippa's von Nettesheim Magische Werke, Bd. 1, S. 236 f. (saturnine Zuordnungen): »Schwarz bis Safrangelb, mager, gekrümmt, rauhe Haut, hervorstehende Adern, haariger Körper, kleine Augen, zusammenlaufende Augenbrauen, dünner Bart, dicke Lippen, gesenkter Blick, schwerer Gang, schlau, scharfsinnig, Verführer, Mörder«,
Bd. 3, S. 214: »hohe Betrachtung, tiefe Einsicht, ernstes Urteil, strenges Nachdenken, Standhaftigkeit, der unbewegliche Vorsatz«,
S. 218/19: »Ängstlichkeit, Ekel, Melancholie, Wahnwitz, Traurigkeit, Verstocktheit, Kälte, Lästerung, Verzweiflung, Lügen, Gespensterfurcht, Beunruhigung durch Dämonen«, S. 278: »geheimere Kenntnisse und ruhige Betrachtung des Verstandes«.

135 s. Erwin Panofsky und Fritz Saxl, Dürers »Melencolia I«, S. 7 und 61; Gustav Friedrich Hartlaub, Giorgiones Geheimnis, S. 40 f.

136 s. Erwin Panofsky und Fritz Saxl, Dürers »Melencolia I«, S. 11–19, 60, bes. S. 21 ff. und 28–32; Hans Rupprich, Dürer. Schriftlicher Nachlaß, S. 38.

137 s. Gustav Friedrich Hartlaub, Arcana Artis, Abb. 13; ders., Giorgione und der Mythos der Akademien, S. 232–257, bes. S. 256 f.: »Alles weist auf eine nicht nur künstlerische, sondern auch persönliche Fühlungnahme zwischen Dürer einerseits, Giorgione und Campagnola andererseits hin. Campagnola hat mehrfach Dürerstiche verwertet, so auch auf dem »Saturnus« von 1507, der während Dürers Anwesenheit in Venedig entstanden ist, aber einen älteren Stich dieses Meisters im Hintergrund verwertet. Dürer malte für denselben Fondaco dei Tedeschi, für den auch Giorgione in seinen berühmten Fresken tätig war. Auf dem Bilde der »Ehebrecherin« in Glasgow, dessen nahe Beziehung zu Giorgione doch wohl unzweifelhaft ist, ist eine Kopfstudie Dürers aus der großen Passion verwertet, und auf Domenico Campagnolas Fresken in Padua erscheint ein Dürerbildnis.
Nun kommen auch Saxl und Panofsky zu dem Ergebnis, daß Dürers Melancholie mit den populären nordischen Saturnkinderbildern formal wie inhaltlich nichts zu tun hat. Diejenigen Berufe..., die von Dürers Darstellung symbolisiert werden, sind in Italien, und zwar zuerst in den Salonefresken von Padua vertreten. Die sechs Darstellungen, die in den Saturnfresken des Salone das Nachdenken illustrieren, sind hier gleichsam zu der einen Hauptfigur geworden; Hobel und andere Werkzeuge bei Dürer entsprechen dem Tischler, der Beutel dem Schatzsucher, Block und Schleifstein entsprechen beide dem Steinmetzen, der sie hervorbringt, und der letztere deutet wahrscheinlich außerdem noch auf den Schleifer, der ihn im Salone benutzt.«

138 Gustav Friedrich Hartlaub, Giorgiones Geheimnis, S. 79 f.: »Eine offene Frage, die auch Panofsky-Saxl nicht beantworten, bleibt die Bezeichnung Melencholia I. Wer diese Bezeichnung unbefangen liest, muß den Gedanken, als habe D. [Dürer] eine Temperamentenfolge geplant, unbegründet finden. Erstens hätte Dürer dann Melancholicus statt Melancholia geschrieben, da solche Substantive für die anderen drei Komplexionen fehlen. Zweitens hätte es näher gelegen, dann das I vor das Wort Melencholia zu setzen. Sinngemäß muß man annehmen, daß noch ein Blatt, vielleicht noch ein drittes, als Melencholia II (und III) folgen sollten. Wie wir auch im Text ausführen, birgt der neue, vor allem von Ficin [Ficino] vertretene Begriff der saturnischen Melancholie gewisse Entwicklungsmöglichkeiten in sich, die das Saturnkind in den Stand setzen, durch Meditation und Konzentration die niederen Wirkungen des Gestirns zu überwinden. Für den, dem dies gelingt, winkt hohe Weisheit und Urteil. Nur ein Saturnkind kann dies hohe Ziel erreichen – wenn es jene in vollem Sinne saturnischen inneren und äußeren Arbeiten verrichtet hat. So sagt auch Melanchthon: ›Sola igitur astra bilis illa, quem diximus naturalem, ad judicium nos sapientiam conducit.‹ ›Neque enim semper!‹ – fügt er bedeutsam hinzu.«

139 s. Gustav Friedrich Hartlaub, Giorgione und der Mythos der Akademien; Erwin Panofsky und Fritz Saxl, Dürers »Melencolia I«, S. 32–48; Dieter Benesch, Marsilio Ficinos ›De triplici vita‹ (Florenz 1489) in deutschen Bearbeitungen und Übersetzungen.

140 s. Curt Seckel, Die Symbolik in Dürers Melancholie, S. 749–756; Sigrid Strauss-Kloebe, Melencholia I, S. 29–41.

141 s. Lottlisa Behling, Betrachtungen zu einigen Dürer-Pflanzen, S. 75–84; Karl Giehlow, Dürers Stich »Melencholia I« und der maximilianische Humanistenkreis, S. 6–57, S. 17, Kapitel V: »Die Stellung Maximilians zu den neuen Theorien vom Wesen der Melancholie«, S. 37: »Gegen den verderblichen Einfluß des Saturn vermögen sich aber die Menschen derart zu schützen, daß sie entweder sich der von ihm selbst gekennzeichneten Kontemplation mit der ganzen Kraft ihres Verstandes ergeben oder die dem Saturn gerade entgegengesetzte Eigenart

des Jupiter auf sich einwirken lassen. Das geschieht einmal durch Betätigung der praktischen Vernunft, dann besonders durch den Gebrauch von Heilmitteln und das Tragen magischer Bilder, die seine Hilfe dem Menschen zuzuführen imstande sind.«

s. Sigrid Strauss-Kloebe, Melencolia I, Anm. 173, S. 57: Das Zahlenquadrat ist »nicht, wie Giehlow meint, ein Symbol der genialen Erfindungskraft, sondern, wie Warburg dagegensetzt, ein anti-saturnisches Amulett..., das durch den Gedankengang der Jatro-Astrologie begriffen werden muß. Allerdings deutet in diesem Gedankengang das Quadrat nicht, wie Warburg annimmt, auf einen erfolgten dämonischen Zweikampf, nach welchem die Tafel wie ein Ex-Voto zum Dank für die Dienste des Jupiter an die Wand eingelassen wurde; sondern es befindet sich in dauernder Wirksamkeit, ohne welche das Sublim-Genialische sofort verschwinden würde, da es ja nur mit seiner Hilfe... zustande kam.«

142 s. dtv-Lexikon der Antike, Bd. 1, S. 137.

143 s. Erwin Panofsky und Fritz Saxl, Dürers »Melancolia I«, S. 32–48; zur astrologischen Symbolik s. auch Alfons Rosenberg, Zeichen am Himmel, S. 83–87. Rosenberg sieht in den Flügeln der Melancholie eine Anspielung auf Chronos als Gott der Zeit. Den Putto bringt er u. a. in Zusammenhang mit Hermes als Seelenwäger und Schreiber der Schicksalstafeln.

144 s. Gustav Friedrich Hartlaub, Albrecht Dürers »Aberglaube«, S. 167–196. Nach Hartlaubs Auffassung soll der Stich Dürers auch die Verzweiflung an den magischen Künsten darstellen, wie sie auf gewissen Stufen meditativer Erfahrung eintritt. Der Polyeder würde nach dieser Auffassung auf die Unlösbarkeit der Aufgabe deuten. So ist der Stich vielleicht auch ein Warnungsblatt, sich nicht allzusehr an die Mystik des höheren Saturn zu verlieren. Als Heilmittel wird die Hingabe an den ausgleichenden Planeteneinfluß des Jupiter empfohlen.

s. W. Ganzenmüller, Die Alchemie im Mittelalter, S. 172 ff.; Stanislas Klossowski de Rola, Alchemie – Die geheime Kunst, Abb. 21; Gustav Friedrich Hartlaub, Signa Hermetis, S. 102 ff., 146 ff.; ders., Arcana Artis, S. 300: »Auf jeden Fall ist das Kind sowohl als chymisches wie als saturnisches Sinnbild ein Zeichen für die Wandlung und Erneuerung (Neophyt), und wir erleben in ihm wiederum die besonders innige Bezogenheit des saturnischen und des ›hermetischen‹ Gedankens überhaupt. Nicht unwahrscheinlich, daß auch die Hunde bei Cranach hier ihre besondere Symbolik haben. Die Erklärung des Hundes als Merkurtier (Strauß-Klöbe zu Dürers Kupferstich) oder auch (Giehlow) als ›Melancholietier‹, weil Hund bei Horapollo für Milz steht, die (›hypochondrische‹, das heißt unter dem Brustknorpel befindliche) Milz aber dem Saturn gehört, erfaßt jedoch nur eine Ebene dieser sinnbildlichen Beziehung – was man schon fühlt, wenn man auf das gemeinsame Spiel der Hunde und Kinder bei Cranach schaut (insbesondere auf dem Bilde von 1528). Bedeutet Kind die besonderen Umkehrungsverhältnisse bei der Coagulatio oder einfach den ›kinderleichten‹ Hergang, so wird wohl auch der Hund in diese besondere Richtung weisen: das ›Windspiel‹ träte so neben das Kinderspiel sowohl im Sinne von ›Drehung‹ wie von spielender Leichtigkeit. Aber wie Kind einen noch allgemeineren hermetischen Sinn hat, so vielleicht auch ›Hund‹: ›Hund‹ steht, jedenfalls im späteren alchimistischen Schrifttum, ganz allgemein für Gold, bzw. Sulphur (›unser Gold‹, ›unser Schwefel‹, aurum philosophorum), meist im Gegensatz zum Wolf, der das Antimon symbolisiert.«

S. 303: »Die ›Contritio‹, Zerreibung, wie sie der Mühlstein leistet, wird in den Traktaten häufig als eine Art von ›trockenem Weg‹ neben der Putrefactio (Solutio, Auflösung, Fäulnis) beschrieben. ...der Schleif- oder Mühlstein ist, wenn nicht wegen seiner drehenden, so doch wegen seiner veredelnden oder zerreibenden (dadurch tötenden, verwandelnden, aufschließenden) Funktion als Lehrbild der Alchimie zu lesen.«

S. 305: »Auch der Regenbogen, mit Meer, Tiegel, Fledermaus den Hintergrund ausfüllend, ist in der chymischen Bildersprache bekannt. Er deutet hier, ähnlich wie der sogenannte Pfauenschweif, mit seinem Farbenspiel das Nahen der großen Verwandlung und Erlösung an, während er im Sinne der volkstümlichen Vorzeichenlehre (Prognosticatio) nach Paracelsus auch Wassernot und kommendes Unglück zu verkündigen pflegt.«

S. 309 f.: »Es läßt sich leicht nachweisen, daß die Waage auch speziell hermetisch-alchimistische Bedeutung hat, und daraus werden in ikonographischer Hinsicht gewisse Schlüsse zu ziehen sein. Nach Evola ist die Waage das Sinnbild für das vollkommene Gleichgewicht der sämtlichen Prinzipien des Seins, in ihrem gereinigten und potenzierten Zustand, das Gleichnis für das große Ziel ihrer ›Rectificatio‹ (Läuterung); zugleich meint sie auch jenes innere harmonische Gleichgewicht, jenes Ruhen im eigenen Ich-Mittelpunkt, kraft deren erst das äußere Magisterium wirksam sein kann. Dem Klassiker der arabischen Alchimisten, Geber, wird das ›Buch der Waage‹ zugeschrieben, und seitdem ist die Bezeichnung der Alchimie als ›Wissenschaft der Waage‹ nicht weniger verbreitet als der Ausdruck ›Wissenschaft des Schlüssels‹ [vgl. Schlüsselbund der Frauengestalt, die Vfn]. Die Waage begegnet uns daher auch beständig in den alchimistischen Bilderhandschriften.«

S. 313: »Möglich, daß Leiter und Turm nicht nur auf Baukunst, sondern auch auf Sternkunde und Sterndeutung verweisen sollen, wobei wiederum zu bedenken ist, daß auch das ›Große Werk‹ der Alchimie ganz und gar vom Himmel und von der Zeitdauer abhängig sein sollte und daß schließlich Turm wie Stufenleiter gleichzeitig wiederum Gleichnisse des Aufstiegs und der Läuterung sind. Berühmtestes Beispiel für den läuternden Aufstieg der Seele durch die sieben Planetensphären (sieben Stufen der Leiter) ist Dantes Paradies. Im übrigen gehört die Leiter (scala philosophorum) auch zu dem Bilderschatz der Alchimie im engeren Sinne, und zwar, wie Beispiele bei Carbonelli zeigen, bereits in Buchmalereien des 15. Jahrhunderts.«

145 Aby Warburg, Gesammelte Schriften, Bd. II, S. 533; Gustav Friedrich Hartlaub, Arcana Artis, S. 78 f.; ders., Zu den Bildmotiven des Giorgione, S. 69; Karl Giehlow, Dürers Stich »Melencholia I«, macht darauf aufmerksam, daß Conrad Peutinger ein Gutachten über die Melancholie des Herkules aegypticus erstellen mußte, mit dem sich der Kaiser identifizierte.

146 s. Gustav Friedrich Hartlaub, Signa Hermetis, S. 111.

147 s. Wilhelm Waetzoldt, Dürers »Ritter, Tod und Teufel«, S. 17; Alfred Wittber, Ritter trotz Tod und Teufel, S. 13.

148 nach Erwin Panofsky, Das Leben und die Kunst Albrecht Dürers, S. 201 f.

149 s. Jeremy Kingston, Hexenzauber, Hexenwerk; Albrecht Schöne, Götterzeichen, Liebeszauber, Satanskult, S. 109 ff.

150 s. Moritz Thausing, Albrecht Dürer, Bd. 1, S. 218; Georg Kaspar Nagler, Die Monogrammisten, Bd. 1, Nr. 33, S. 168; Heinz Ladendorf, Antikenstudium und Antikenkopie, S. 30; Albrecht Dürer, 1471–1971, Ausstellungskatalog Nürnberg 1971, Nr. 514, S. 270.

151 Henry Institoris (Kraemer) et Jacques Sprenger, Le Marteau des Sorcières, S. 17; s. Fedja Anzelewsky, Dürer-Studien, S. 29 ff., 101 ff.

152 s. Gustav Friedrich Hartlaub, Albrecht Dürers »Aberglaube«, S. 191; ders., Einleitung zu: Hans Baldung Grien, Hexenbilder (Abb. 6: Der Hexensabbat, Helldunkel-Holzschnitt 1510; Abb. 8: Drei Hexen, Zeichnung 1514, Wien Albertina; Abb. 10: Hexensabbat, Zeichnung 1514, Wien Albertina; Abb. 11: Hexe, die sich nicht heben kann, Federzeichnung, um 1513, Kupferstichkabinett Berlin-Dahlem; Abb. 15: Die beiden Wetterhexen, Gemälde, 1523, Staedelsches Kunstinstitut Frankfurt M.; Abb. 16: Der verhexte Stallknecht, Holzschnitt, um 1544).

153 s. Edmund Schilling, Dürers »Pupila Augusta«, S. 1–9; Walter L. Strauss, The Complete Drawings of Albrecht Dürer, vol. 1, Abb. 12a: Hier ist ein Niello von Pelegrino wiedergegeben, das Aphrodite und zwei Begleiterinnen ebenfalls mit einem baldachinartigen Tuch über Wasser segelnd darstellt.

154 Gustav Friedrich Hartlaub, Albrecht Dürers »Aberglaube«, S. 190 f., der sich hier auf G. Paulis, Dürer, Italien und die Antike, bezieht.

155 s. Gustav Friedrich Hartlaub, Albrecht Dürers »Aberglaube«, S. 186 f., wo mit Abb. 16 eine Miniatur zu Porphyrius' »Judicia fatorum« der Staatsbibliothek Berlin (Handschrift Lat. 4°322) abgebildet wird, auf der zwei Figuren ganz ähnlich angeordnet sind. Da es sich um ein mantisches Buch handelt, vermutet Hartlaub aufgrund der Ähnlichkeit mit der Dürer-Zeichnung, daß auch diese einen chaldäischen Eingeweihten darstellen wollte. Auffallend ist die Beziehungslosigkeit zwischen Greis und Jüngling, die auch die Figuren des Blattes der Handschrift kennzeichnet.
s. auch Wilhelm Fraenger, Die Hochzeit zu Kana, der bei seiner Betrachtung des Bildes von Hieronymus Bosch *Die Hochzeit zu Kana* auf S. 32 das gleiche Bildmotiv als »tückisch« bezeichnet.

156 s. Gustav Friedrich Hartlaub, Albrecht Dürers »Aberglaube«, der in Teil III: Traumwerke, darauf hinweist, daß das Studienblatt mit fünf nackten Figuren nach Winkler ein Gegenstück zum *Verzweifelnden* sein soll.

Literaturverzeichnis

Agrippa von Nettesheim
Heinrich Cornelius Agrippa's von Nettesheim Magische Werke
Nachdruck der 3. unv. Auflage Berlin (Bernsdorf) 1916, Meisenheim Glan 1925

Albrecht Dürer, 1471–1971
Ausstellungskatalog Germanisches Nationalmuseum Nürnberg, 1971

Albrecht Dürer, 1471–1528, Das gesamte graph. Werk
2 Bde, München 1971

Albrecht Dürers Umwelt
Ausstellungskatalog Nürnberg 1971

Allgemeines historisches Porträtwerk
Gelehrte und Männer der Kirche
München 1889

Anzelewsky, Fedja
Dürer
Stuttgart 1980

Anzelewsky, Fedja
Dürer-Studien
Berlin 1983

Bachmann, Kurt
Neue Forschungserg. zur ältesten Geschichte der Spielkarte und des Kartenspiels in Asien und Europa
in: Forschungen und Fortschritte XXVI, 5/6 (1950)

Baier, Lothar
Die große Ketzerei
Berlin 1984

Baldini, Umberto
Rifiorisce la Primavera
Firenze 1982

Bashir-Hecht, Herma
Die Fassade des Dogenpalastes in Venedig
Köln/Wien 1977 (Diss. München 1976)

Beckerath, Erich von
Die unerkannte astrologische Symbolik der Sirenen und der mit ihnen verwandten sogenannten Leuchterweibchen (Lüsterweibchen)
Altötting 1971

Beckerath, Erich von
Der Dürersche Kupferstich B 79 »Sol Justitiae«. Der Dürersche Holzschnitt »Die Apokalyptischen Reiter«. Eine kunstgeschichtliche Untersuchung über die beiden Darstellungen hinsichtlich ihrer unerkannten astrologischen Symbolik, nebst einigen Erläuterungen über die Gründe des speziellen Dürerschen Kunstschaffens
Altötting 1973

Beckerath, Erich von
Geheimsprache der Bilder. Die astrologische Lehre und ihre Symbolik in der bildenden Kunst
Wien 1984

Behling, Lottlisa
Betrachtungen zu einigen Dürerpflanzen
in: dies., Zur Morphologie und Sinndeutung kunstgeschichtlicher Phänomene, Köln/Wien 1975

(Behling, Lottlisa)
Festschrift für Lottlisa Behling zum 75. Geburtstag
München 1984

Benesch, Dieter
Marsilio Ficinos ›De triplici vita‹ (Florenz 1489) in deutschen Bearbeitungen und Übersetzungen
Frankfurt M. 1977

Benz, Ernst
Beschreibung des Christentums
München 1975

Die Bibel
Die Heilige Schrift des Alten und des Neuen Testaments (Zürcher Bibel)
Zürich 1955

Biermann, Hartmut
Raffaels Fresko »Die Philosophie«, genannt »Die Schule von Athen«
Berlin 1957

Bock, Emil und Robert Goebel
Die Katakomben – Bilder aus den Mysterien des Urchristentums
Stuttgart 1930, ^{2}1961

Brant, Sebastian
Das Narrenschiff
Basel, Johann Bergmann 11.2.1494, 4°

Camerarius and the Historical Doctor Faustus
in: Humanistische Bibliothek, Reihe I, Abhandlungen, Bd. 24, hrsg. u. eingel. von Frank Baron, München 1978

Chastel, André
Marsile Ficine et l'Art
Genève 1975

Demisch, Heinz
Erhobene Hände. Geschichte einer Gebärde in der bildenden Kunst
Stuttgart 1984

Dethlefsen, Thorwald
Die esoterische Bedeutung von Weihnachten
Tonband-Kassette, München 1980

Dethlefsen, Thorwald
Astrologie und Schicksal
Tonband-Kassette, München 1981
Döbereiner, Wolfgang
Wassermann
München 1974
dtv-Lexikon der Antike
Bd. 1, München 1970
Dussler, Luitpold
Raffael. Kritisches Verzeichnis der Gemälde, Wandbilder und Bildteppiche
München 1976
Eco, Umberto
Der Name der Rose
(Il nome della rosa, Milano 1980, übers. von Burckhart Kroeber)
München 1982
Einem, Herbert von
Das Programm der Stanza della Segnatura im Vatikan
Opladen 1971
Eliade, Mircea
Geschichte der religiösen Ideen
III/1: Von Mohammed bis zum Beginn der Neuzeit
Freiburg 1983
Erkelenz, Peter
Der Akademiegedanke im Wandel der Zeiten. Plädoyer für ein Deutschland-Institut
in: Akademische Vorträge und Abhandlungen, Heft 29, Bonn 1968
Ettlinger, Helen S.
Dominican Influence in the Stanza della Segnatura and the Stanza d'Eliodoro
in: Zeitschrift für Kunstgeschichte (1983)
Falck-Ytter, Harald
Raphaels Christologie
Stuttgart 1983
Feddersen, Hans
Leonardo da Vincis Abendmahl
Stuttgart 1975
Feldkeller, Paul
Raffaels Fresko »Die Philosophie«, genannt »Die Schule von Athen«
Berlin 1957
Festschrift für Lottlisa Behling zum 75. Geburtstag
München 1984
Ficino, Marsilio
Opera omnia con una lettera introduttiva di Paul Oskar Kristeller e una premessa di Mario Sancipiano
Vol. I Torino 1959, Vol. II Torino 1962
Flechsig, Eduard
Albrecht Dürer
Bd. 1 Berlin 1928, Bd. 2 Berlin 1931
Fraenger, Wilhelm
Die Hochzeit zu Kana
Berlin 1950
Freudenberg, Franz
Paracelsus und Fludd. Die beiden großen Okkultisten und Ärzte des 15. u. 16. Jahrhunderts
Berlin 1918
Frick, Karl R. H.
Die Erleuchteten
Graz 1973
Frick, Karl R. H.
Licht und Finsternis, Teil I, Ursprünge und Anfänge
Graz 1975
Ganzenmüller, Wilhelm
Die Alchemie im Mittelalter
Paderborn 1938
Geschichte der Philosophie in Text und Darstellung
Bd. 3: Renaissance und frühe Neuzeit (hrsg. von Stephan Otto)
Stuttgart 1984
Gerson, Jean
Œuvres complètes
Bd. I Paris 1960, Bd. X Paris 1973
Giehlow, Karl
Dürers Stich »Melencholia I« und der maximilianische Humanistenkreis
in: Mitt. d. Ges. f. vervielf. Kunst, Leipzig, I–II, 1903; III–VII, 1904
Gombrich, Ernst H.
Symbolic Images. Studies in the art of the Renaissance
London 1972
Grupp, Claus D.
Spielkarten und ihre Geschichte
Leinfelden 1973
Grupp, Eugen
Theologische Astrologie, Handbuch der Astrologie und deren Literatur mit praktischem Teil
Geislingen 1958
Gutbier, Adolf
Rafael. Die Stanzen des Vatikan. Text v. Wilh. Lübke
Dresden 1875
Haardt, Robert
Die Gnosis. Wesen und Zeugnisse
Salzburg 1967
Hartlaub, Gustav Friedrich
Giorgiones Geheimnis. Ein kunstgeschichtlicher Beitrag zur Mystik der Renaissance
München 1925

Hartlaub, Gustav Friedrich
Giorgione und der Mythos der Akademien
in: Repertorium für Kunstwissenschaft, Berlin 1927
Hartlaub, Gustav Friedrich
Signa Hermetis (Zwei alte alchemistische Bilderhandschriften)
in: Zeitschrift des deutschen Vereins für Kunstwissenschaften IV (1937) 93–112 und 144–162
Hartlaub, Gustav Friedrich
Arcana Artis (Spuren alchemistischer Symbolik in der Kunst des 16. Jahrhunderts)
in: Zeitschrift für Kunstgeschichte VI (1937)
Hartlaub, Gustav Friedrich
Albrecht Dürers »Aberglaube«. Zu einigen Handzeichnungen und Graphischen Blättern
in: Zeitschrift des Deutschen Vereins für Kunstwissenschaft VII (1940)
Hartlaub, Gustav Friedrich
Das Unerklärliche
Stuttgart 1951
Hartlaub, Gustav Friedrich
Zu den Bildmotiven des Giorgione
in: Zeitschrift des deutschen Vereins für Kunstwissenschaft VII (1953)
Hartlaub, Gustav Friedrich
Einleitung zu: Hans Baldung Grien, Hexenbilder
Stuttgart 1961
Hempel, Eberhard
Nicolaus von Cues in seinen Beziehungen zur bildenden Kunst
in: Berichte über die Verhandlungen der Sächsischen Akademie der Wissenschaften zu Leipzig. Philologisch-historische Klasse, Bd. 100, Heft 3, Berlin 1953
Hermanin, Federico
L'appartamento Borgia
Rom 1933
Hoffmann, Detlef
Die Welt der Spielkarte
München 1972
Institoris (Kraemer), Henry und Jacques Sprenger
Le Marteau des Sorcières. Présentation et traduction par Amand Danet
Plon 1973
Jedin, Hubert (Hrsg.)
Handbuch der Kirchengeschichte, Bd. 3: Die mittelalterliche Kirche
Freiburg/Basel/Wien 1968
Jung, Carl Gustav
Einführung in das Wesen der Mythologie
Leipzig 1941
Jung, Carl Gustav
Psychologie und Alchemie
Zürich 1944
Juraschek, Franz von
Albrecht Dürer. Gemälde, Kupferstiche, Holzschnitte, Handzeichnungen
Leipzig 1936
Juraschek, Franz von
Das Rätsel in Dürers Gottesschau. Die Holzschnittapokalypse und Nikolaus von Cues
Salzburg 1955
Kaplan, Stuart R.
The Encyclopedia of Tarot
New York 1978/1979
Kaufmann, Hans
Dürers »Nemesis«
in: Tymbos für Wilhelm Ahlmann, Berlin 1951
Keller, Ludwig
Die böhmischen Brüder und ihre Vorläufer
in: Vorträge und Aufsätze der Comenius-Gesellschaft, II, 3, Leipzig 1894
Keller, Ludwig
Die Anfänge der Reformation und die Ketzerschulen
in: Vorträge und Aufsätze der Comenius-Gesellschaft, IV, 1 u. 2, Berlin 1897
Keller, Ludwig
Zur Geschichte der Bauhütten und der Hüttengeheimnisse
in: Vorträge und Aufsätze der Comenius-Gesellschaft, VI, 1, Berlin 1898
Keller, Ludwig
Die römische Akademie und die altchristlichen Katakomben im Zeitalter der Renaissance
in: Vorträge und Aufsätze der Comenius-Gesellschaft, VII, 3, Berlin 1899
Keller, Ludwig
Die Anfänge der Renaissance und die Kultgesellschaften des Humanismus im 13. und 14. Jahrhundert
in: Vorträge und Aufsätze der Comenius-Gesellschaft, XI, 2, Berlin 1903
Keller, Ludwig
Latomien und Loggien in alter Zeit. Beiträge zur Geschichte der Katakomben.
in: Vorträge und Aufsätze der Comenius-Gesellschaft, XIV, 1, Berlin 1906
Keller, Ludwig
Die heiligen Zahlen und die Symbolik der Katakomben
in: Vorträge und Aufsätze der Comenius-Gesellschaft, XIV, 2, Berlin 1906

Keller, Ludwig
Bibel, Winkelmaß und Zirkel. Studien zur Symbolik der Humanitätslehre
in: Vorträge und Aufsätze der Comenius-Gesellschaft, XVIII, 6, Jena 1910
Kenton, Warren
Astrologie. Eine Bilddokumentation
Frankfurt M. 1976
Kerényi, Karl
Die Mythologie der Griechen, Bd. I: Die Götter- und Menschheitsgeschichte
München [4]1979
Klibanski, Raymond, Erwin Panofsky und Fritz Saxl
Saturn and Melancholy. Studies in the history of natural philosophy, religion and art
London 1964
Kingston, Jeremy
Hexenzauber, Hexenwerk
Frankfurt M. / Berlin / Wien 1978
Klossowski de Rola, Stanislas
Alchemie – Die geheime Kunst
München/Zürich 1974
Knappe, Karl Adolf
Albrecht Dürer, Das graphische Werk
München 1964
Knappich, Wilhelm
Geschichte der Astrologie
Frankfurt M. 1967
Krämer, Hans Joachim
Der Ursprung der Geistmetaphysik. Untersuchungen zur Geschichte des Platonismus zwischen Platon und Plotin
Amsterdam 1964
Kristeller, Paul Oskar
Die Philosophie des Marsilio Ficino
Frankfurt M. 1972
Kunisch, Hermann (Hrsg.)
Eckhart, Tauler, Seuse. Ein Textbuch der altdeutschen Mystik
Hamburg 1958
Kutzli, Rudolf
Die Bogumilen
Stuttgart 1977
Labbeus, Philipp und Gabriel Cossartius
Sacrosancta Concilia...
Vol. XIV, Nic. Loletus, Venetiis 1728 ff.
Ladendorf, Heinz
Antikenstudium und Antikenkopie. Vorarbeiten zu einer Darstellung ihrer Bedeutung in der mittelalterlichen und neueren Zeit
Berlin 1958
Lais, Hermann
Dogmatik, 1. Teil
Kevelaer 1965
Lauts, Jan
Sandro Botticelli. Die Geburt der Venus
Stuttgart 1958
Leidinger, Georg
Albrecht Dürer und die Hypnerotomachia Poliphili
in: Sitzungsberichte der Bayerischen Akademie der Wissenschaften, Philos.-hist. Abteilung, Jg. 1929, H. 3, München 1929
Leisegang, Hans
Die Gnosis
Stuttgart 1924
Lexicon Iconographicum Mythologiae classicae
II/1, Zürich/München 1984
Lichtenberger, Johann
Die weissagunge deudsch
Wittenberg 1527
Lohse, Bernhard
Epochen der Dogmengeschichte
Stuttgart 1963
Lüdecke, Heinz
Albrecht Dürers Wanderjahre. Ein Beitrag zur Geschichte des Realismus in der deutschen Graphik
Dresden 1959
Maximilian I.
Ausstellungskatalog Innsbruck/Wien 1959
Meder, Joseph
Dürer-Katalog. Ein Handbuch über Albrecht Dürers Stiche, Radierungen, Holzschnitte...
Wien 1932
Merkelbach, Reinhold
Die römischen Mithrasmysterien
in: Spätantike und frühes Christentum, Ausstellungskatalog Frankfurt M. 1983/84, S. 124–137
Monnerjahn, Engelbert
Giovanni Pico della Mirandola. Ein Beitrag zur philosophischen Theologie des italienischen Humanismus
Wiesbaden 1960
Müller-Jahnke, Wolf-Dieter
Von Ficino zu Agrippa. Der Magia-Begriff des Renaissance-Humanismus im Überblick
in: Antoine Faivre und Rolf-Christian Zimmermann, Epochen der Naturmystik. Hermetische Tradition im wissenschaftlichen Fortschritt, Berlin 1979
Nagler, Georg Kaspar
Die Monogrammisten und diejenigen bekannten und unbekannten Künstler aller Schulen, welche sich zur Bezeichnung ihrer Werke eines figürlichen Zeichens,

der Initialen des Namens, der Abbreviaturen desselben etc. bedient haben
München 1919
Neue Deutsche Biographie
hrsg. von der Hist. Kommission bei der Bayer. Akademie der Wissenschaften
Bd. 11, Berlin 1977
Neumann, Erich
Ursprungsgeschichte des Bewußtseins
München ³1963
Noethlichs, Karl Leo
Die historische Entwicklung vom 1.–5. Jh. n. Chr.
in: Spätantike und frühes Christentum, Ausstellungskatalog Frankfurt M. 1983/84, S. 1–8
Oberhuber, Konrad
Polarität und Synthese in Raphaels »Schule von Athen«
Stuttgart 1983
Oertel, Robert
Die Frühzeit der italienischen Malerei
Stuttgart/Berlin/Köln/Mainz 1966
Otto, Karl
Die Sprachgesellschaften des 17. Jahrhunderts
Stuttgart 1972
Panofsky, Erwin
Dürers Darstellung des Apollo und ihr Verhältnis zu Barbari
in: Jahrbuch der preuß. Kunstsammlungen XLI (1920)
Panofsky, Erwin
Dürers Stellung zur Antike
Wien 1922
Panofsky, Erwin
Zwei Dürerprobleme (Der sogenannte »Traum des Doktors« und die sogenannten »Vier Apostel«)
in: Münchner Jahrbuch der Bildenden Kunst NF VIII (1931)
Panofsky, Erwin
Das Leben und die Kunst Albrecht Dürers
(Albrecht Dürer, Princeton 1943, übers. von Lise Lotte Möller)
München 1977
Panofsky, Erwin
Die Renaissancen der europäischen Kunst
(Renaissance und Renascences in Western Art, Stockholm 1960, übers. von Horst Günther)
Frankfurt M. 1979
Panofsky, Erwin und Fritz Saxl
Dürers »Melencolia I«. Eine quellen- und typengeschichtliche Untersuchung
Leipzig 1923
Paoletti, Pietro und Gustav Ludwig
Neue archivalische Beiträge zur Geschichte der venezianischen Malerei
in: Repertorium für Kunstwissenschaft XXII (1899)
Papus (Gérard Encausse)
Tarot der Zigeuner
Schwarzenberg (Schweiz) 1979
Pastor, Ludwig
Geschichte der Päpste im Zeitalter der Renaissance. Von der Thronbesteigung Pius II. bis zum Tode Sixtus IV.
Freiburg Br. ³/⁴1904
Pastor, Ludwig
Geschichte der Päpste im Zeitalter der Renaissance. Von der Wahl Innozenz VIII. bis zum Tode Julius II., 1484–1513
Erste Abt., Freiburg Br. ⁵⁻⁷1924
Peuckert, Will-Erich
Pansophie. Ein Versuch zur Geschichte der weißen und schwarzen Magie
Berlin 1956
Peuckert, Will-Erich
Astrologie
Stuttgart 1960
Pfeiffer, Gerhard
Die Vorbilder zu Albrecht Dürers »Vier Apostel«
Nürnberg 1960
Pfeiffer, Heinrich
Zur Ikonographie von Raffaels Disputa
Rom 1975
Pochat, Götz
Figur und Landschaft. Eine historische Interpretation der Landschaftsmalerei von der Antike bis zur Renaissance
Berlin/New York 1973
Reiners, Ludwig
Steht es in den Sternen?
München 1951
Riemeck, Renate
Jan Hus. Reformation 100 Jahre vor Luther
Frankfurt M. 1966
Riemeck, Renate
Glaube, Dogma, Macht. Geschichte der Konzilien
Stuttgart 1985
Rosenberg, Alfons
Zeichen am Himmel. Das Weltbild der Astrologie
München 1984
Rupprich, Hans
Dürer. Schriftlicher Nachlaß
Bd. 1, Berlin 1956, Bd. 2, Berlin 1966

Rupprich, Hans
Vom späten Mittelalter bis zum Barock
in: De Boor/Newald, Geschichte der deutschen Literatur, Bd. IV/1, München 1970
Schilling, Edmund
Dürers »Pupila Augusta«
in: Zeitschrift des deutschen Vereins für Kunstwissenschaft XXII, 1/2 (1968)
Schock-Werner, Barbara
Bauhütte und Zunft
in: Die Parler und der Schöne Stil 1350–1400, Ausstellungskatalog Köln 1978, Bd. 3, S. 64 f.
Schöne, Albrecht
Götterzeichen, Liebeszauber, Satanskult
München 1982
Schütze, Alfred
Mithras
Stuttgart [1]1937, [3]1972
Seckel, Curt
Die Symbolik in Dürers Melancholie
in: Die Kunst und das schöne Heim LXXXIII, 12 (1971)
Sède, Gerard de
Die Templer sind unter uns
Berlin/Wien/Frankfurt M. 1962
Settis, Salvatore de
Giorgiones Gewitter. Auftrag und verborgenes Sujet eines Bildes in der Renaissance
(»La Tempesta« interpretata, Torino 1978, übersetzt von Maja Pflug)
Berlin 1982
Spätantike und frühes Christentum
Ausstellungskatalog Liebieghaus Frankfurt M., 1983/84
Steiner, Rudolf
Das Christentum als mystische Tatsache und die Mysterien des Altertums
GA 8
Steiner, Rudolf
Die Geheimwissenschaft im Umriß
GA 13
Steiner, Rudolf
Ursprungsimpulse der Geisteswissenschaft. Christliche Esoterik im Lichte neuer Geist-Erkenntnis
21 Vorträge vom 29. 1. 1906–12. 6. 1907, GA 96
Steiner, Rudolf
Das christliche Mysterium
31 Vorträge vom 9. 2. 1906–17. 3. 1907, GA 97
Steiner, Rudolf
Das Johannes-Evangelium
Vorträge vom 29. 1. 1906–12. 6. 1907, GA 103
Steiner, Rudolf
Das Matthäus-Evangelium
12 Vorträge vom 1.–12. 9. 1910, GA 123
Steiner, Rudolf
Das esoterische Christentum und die geistige Führung der Menschheit
23 Vorträge in den Jahren 1911 und 1912, GA 130
Steiner, Rudolf
Entsprechungen zwischen Mikrokosmos und Makrokosmos
16 Vorträge vom 9. 4.–16. 5. 1920, GA 201
Steiner, Rudolf
Alte und neue Einweihungsmethoden
14 Vorträge vom 1. 1.–19. 3. 1922, GA 210
Steiner, Rudolf
Das Verhältnis der Sternenwelt zum Menschen und des Menschen zur Sternenwelt
12 Vorträge vom 26. 11.–31. 12. 1922, GA 219
Steinlein, Stephan
Astrologie, Medizin, Aberglaube
München 1905
Steinlein, Stephan
Astrologie, Sexualkrankheiten und Aberglaube in ihren inneren Zusammenhängen
Bd. 2, München 1915
Steinmann, Ernst
Botticelli
Leipzig 1925
Stöckl, Albert
Geschichte der Philosophie des Mittelalters
Neudruck der Ausgabe Mainz 1865, Aalen 1968
Strauss, Walter L.
The Complete Drawings of Albrecht Dürer
Vol. 1, New York 1974
Strauss-Kloebe, Sigrid
Melencholia I
in: Münchner Jahrbuch der Bildenden Kunst (1925)
Stutzinger, Dagmar
Der Gnostizismus
in: Spätantike und frühes Christentum, Ausstellungskatalog Frankfurt M. 1983/84, S. 82–97
Tavel, Hans Christoph von
Dürers Nemesis und Manuels Frau Venus
in: Zeitschrift für Schweizerische Archäologie und Kunstgeschichte XXXIII (1976)
Tietze, Hans und Erika Tietze-Conrat
Kritisches Verzeichnis der Werke Albrecht Dürers
2 Bde., Basel/Leipzig 1937/38
Tilman Riemenschneider – Frühe Werke
Ausstellungskatalog Mainfränkisches Museum Würzburg, 1981

Thausing, Moritz
Albrecht Dürer. Geschichte seines Lebens und seiner Kunst
Leipzig 1884
Thorndike, Lynn
A History of Magic and Experimental Science
Vol. IV, New York/London [4]1966
Vol. V, New York [3]1953
Torre, Arnaldo della
Storia dell'Accademia Platonica di Firenze
Firenze 1902, Nachdruck Torino 1960
Tschmelitsch, Günther
Harmonia est discordia concors
Wien 1966
Tuchmann, Barbara
Der ferne Spiegel. Das dramatische 14. Jahrhundert
München 1982
Waetzold, Wilhelm
Dürers »Ritter, Tod und Teufel«
Berlin 1936
Warburg, Aby
Gesammelte Schriften
Bd. 2, Leipzig/Berlin 1932
Warburg, Aby
Italienische Kunst und internationale Astrologie im Palazzo Schifanoia zu Ferrara (1912)
in: Ausgewählte Schriften und Würdigungen, hrsg. von Dieter Wuttke, Baden-Baden 1979, S. 173–198
Wehr, Gerhard
Esoterisches Christentum
Stuttgart 1975
Wind, Edgar
Giorgiones Tempesta
Oxford 1969
Wind, Edgar
Heidnische Mysterien in der Renaissance
(Pagan Mysteries in the Renaissance, London 1958, übers. von Christa Münstermann)
Frankfurt M. 1981
Winkler, Friedrich
Die Zeichnungen Albrecht Dürers
Bd. 1: Berlin 1936
Bd. 2: Berlin 1937
Bd. 3: Berlin 1938
Bd. 4: Berlin 1939
Wistinghausen, Kurt von
Der verborgene Evangelist. Studien zur Johannes-Frage
Stuttgart 1983
Wittber, Alfred
Ritter trotz Tod und Teufel
Berlin 1959
Yates, Francis Amelia
Giordano Bruno and the Hermetic Tradition
Chicago 1964

Register

Abbildungsverzeichnis

32 *Studienblatt mit dem Raub der Europa und verschiedenen anderen Darstellungen*, Federzeichnung, 29 x 41,5 cm (Namenszeichen von fremder Hand), um 1494/95, Graphische Sammlung Albertina Wien (Winkler 87)

33 *Wappen mit Mann hinter dem Ofen*, Federzeichnung, 23 x 18,5 cm, zwischen 1490 und 1494, Museum Boymans – van Beuningen Rotterdam (Winkler 41)

34 *Der Traum des Doktors*, Kupferstich, 18,8 x 11,9 cm, um 1497 (Meder 70, Panofsky 183, Knappe 22)

35 *Der Verzweifelnde*, Eisenradierung, 18,5 x 13,5 cm, 1515, Statens Museum for Kunst Kopenhagen (Meder 95, Panofsky 177, Knappe 82)

36 *Der Engel des primum mobile*, teilweise lavierte Federzeichnung, 19,7 x 10,7 cm, um 1495, British Museum London (Winkler 128)

37 *Kosmos*, Federzeichnung, 18 x 9,5 cm, um 1495, Cabinet des Dessins Louvre Paris (Winkler 136)

38 *Genius der Zeit*, Federzeichnung, 19,7 x 9,5 cm, um 1495, British Museum London (Winkler 134)

39 *Gerechtigkeit*, Federzeichnung, 20,4 x 10,6 cm, um 1495, Museum Boymans – van Beuningen Rotterdam (Winkler 138)

40 *Muse Urania*, Federzeichnung, 19,1 x 9,9 cm, um 1495, Cabinet des Dessins Louvre Paris (Winkler 135)

41 *Apollo*, Federzeichnung, 19 x 10,9 cm, um 1495, Museum Boymans – van Beuningen Rotterdam (Winkler 133)

42 *Papst*, Federzeichnung, 19,2 x 10 cm, um 1495, British Museum London (Winkler 130)

43 *Apollo und Diana*, Federzeichnung, 28,5 x 20,2 cm, 1502, British Museum London

44 *Apollo und Diana*, Kupferstich, 11,6 x 7,3 cm, 1503, British Museum London (Meder 64, Panofsky 175)

45 *Nackter Mann (sog. Apollo Poynter)*, Federzeichnung, 22,3 x 15,4 cm, um 1500/1502, Metropolitan Museum of Art New York (Winkler 262)

46 *Nackter Mann (Apollo)*, Federzeichnung, 32 x 23 cm, um 1502, Kunsthaus Zürich (Winkler 264)

47 *Nackter Mann mit Glas und Schlange (sog. Äskulap)*, lavierte Federzeichnung, 32,5 x 20,5 cm (Namenszeichen von fremder Hand), um 1500, Kupferstichkabinett Berlin-Dahlem (Winkler 263)

48 *Nemesis (Das Große Glück)*, Kupferstich, 33,3 x 22,9 cm, um 1501/1502, Sammlung Otto Schäfer Schweinfurt (Meder 72, Panofsky 185, Knappe 36)

49 *Adam und Eva*, Kupferstich, 24,8 x 19,2 cm, 1504, Germanisches Nationalmuseum Nürnberg (Meder 1, Panofsky 108, Knappe 43, nach Tietze Bd. 1, S. 76, ist der Papagei, an einer Weintraube tippend, ein spätmittelalterliches Symbol der Begehrlichkeit)

50 Sandro Botticelli, *Der Frühling*, Tempera auf Holz, 203 x 314 cm, um 1477/78, Galleria degli Uffizi Florenz

51 Sandro Botticelli, *Geburt der Venus*, Tempera auf Leinwand, 172,5 x 278,5 cm, um 1484, G. d. Uffizi Florenz

52 Raphael, *Die Schule von Athen*, Wandfresko, Länge der Unterkante 814 cm, 1509/10, Stanza della Segnatura des Vatikan

53 Giorgione, *La Tempesta (Das Gewitter)*, Ölgemälde auf Leinwand, 83 x 73 cm, um 1506/1508, Gallerie dell' Accademia Venedig

54 Giorgione, *Die drei Philosophen*, Ölgemälde auf Leinwand, 123,3 x 144,5 cm, um 1508, Kunsthistorisches Museum Wien

55 *Melencolia I*, Kupferstich, 23,9 x 18,8 cm, 1514, Sammlung Otto Schäfer Schweinfurt (Meder 75, Panofsky 181, Knappe 74)

56 *Ritter, Tod und Teufel*, Kupferstich, 24,4 x 18,9 cm, 1513, Sammlung Otto Schäfer Schweinfurt

57 *Die vier Hexen*, Kupferstich, 19 x 13,1 cm, 1497, Staatliche Graphische Sammlung München (Tietze, Bd. 1, S. 34 f., deutet die Szene als Zeremonie zur Gewinnung der Mutterschaft)

58 *Die Hexe*, Kupferstich, 11,7 x 7,1 cm, um 1501/1502, Kupferstichkabinett Berlin-Dahlem (Meder 68, Panofsky 174, Knappe 35)

59 *Die Versuchung*, Federzeichnung, 27,5 x 20,8 cm (Namenszeichen und Datierung von fremder Hand), um 1500/1502, Graphische Sammlung Albertina Wien (Winkler 258)

60 *Sturz des Simon Magus*, Federzeichnung, 27 x 19,6 cm (Datierung und Namenszeichen von fremder Hand), um 1500, Schloß Georgium Dessau (Winkler 219)

61 *Pupila augusta*, Federzeichnung, 25 x 19,4 cm, um 1496 (Datierung von fremder Hand), Schloß Windsor (Winkler 153)

62 *Thronender Greis mit Zepter und kniender Jüngling*, Federzeichnung, 25,2 x 18,9 cm (Namenszeichen und Aufschrift von fremder Hand), um 1490/94, Ashmolean Museum Oxford (Winkler 42)

63 *Fünf nackte Figuren*, Federzeichnung, 25,8 x 22,5 cm, 1516, Städelsches Kunstinstitut Frankfurt (Winkler 667)

64 *Nackte Frau mit Fackel und Akte*, Federzeichnung, 29 x 21,6 cm (Namenszeichen von fremder Hand), 1514, Kupferstichkabinett Berlin-Dahlem (Winkler 668)

65 *Hieronymus im Gehäus*, Kupferstich, 24,7 x 18,8 cm, 1514, Germanisches Nationalmuseum Nürnberg

Abbildungsnachweis

1, 2, 12, 13, 20, 22, 24, 31, 49, 65 Germanisches Nationalmuseum Nürnberg

7 Dorothea Zwicker Würzburg

8 Staatsbibliothek Bamberg (Alfons Steber)

9, 27, 30, 47, 58, 64 Kupferstichkabinett Staatliche Museen Preußischer Kulturbesitz, Berlin-West (Jörg P. Anders)

10 Bayerische Staatsbibliothek München

11 Bayerische Staatsgemäldesammlungen München

15 Kunsthistorisches Museum Wien (Udo F. Sitzenfrey)

17, 18, 26, 28, 36, 38, 42, 44 British Museum London

19, 23, 32, 59 Graphische Sammlung Albertina Wien

25 Museo del Prado Madrid

34, 57 Staatliche Graphische Sammlung München

35 Statens Museum for Kunst Kopenhagen

37, 40 Musée du Louvre (Documentation photographique de la Réunion des musées nationaux Paris)

45 The Metropolitan Museum of Art, Gift of Mrs. William H. Osborn, 1963

46 Graphische Sammlung Kunsthaus Zürich

48, 55, 56 Sammlung Otto Schäfer Schweinfurt

50, 51, 52, 53 Scala Firenze

54 Kunsthistorisches Museum Wien

60 Staatliche Galerie Dessau

61 Royal Library Windsor Castle, reproduced by gracious permission of Her Majesty Queen Elizabeth II.

62 Ashmolean Museum Oxford

63 Städelsches Kunstinstitut Frankfurt M. (Ursula Edelmann)